武汉市乡村旅游地农户土地流转效益感知及其影响研究

WUHAN SHI XIANGCUN LÜYOUDI
NONGHU TUDI LIUZHUAN XIAOYI GANZHI JIQI YINGXIANG YANJIU

刘春燕　著

中国地质大学出版社
ZHONGGUO DIZHI DAXUE CHUBANSHE

图书在版编目(CIP)数据

武汉市乡村旅游地农户土地流转效益感知及其影响研究/刘春燕著. —武汉:中国地质大学出版社,2024.1
ISBN 978-7-5625-5816-3

Ⅰ.①武… Ⅱ.①刘… Ⅲ.①农业用地-土地流转-研究-武汉 Ⅳ.①F321.1

中国国家版本馆 CIP 数据核字(2024)第 061195 号

武汉市乡村旅游地农户土地流转效益感知及其影响研究　　　　　　刘春燕　著

责任编辑:舒立霞	选题策划:洪梦茜	责任校对:徐蕾蕾
出版发行:中国地质大学出版社(武汉市洪山区鲁磨路388号)		邮编:430074
电　　话:(027)67883511	传　　真:(027)67883580	E-mail:cbb@cug.edu.cn
经　　销:全国新华书店		http://cugp.cug.edu.cn
开本:787 毫米×1092 毫米　1/16	字数:307 千字	印张:12
版次:2024 年 1 月第 1 版	印次:2024 年 1 月第 1 次印刷	
印刷:广东虎彩云印刷有限公司		
ISBN 978-7-5625-5816-3		定价:68.00 元

如有印装质量问题请与印刷厂联系调换

前　言

乡村振兴是实现中华民族伟大复兴的一项重大任务,乡村旅游发展和土地流转问题是我国乡村振兴中重要的研究课题,乡村旅游和土地流转是实现乡村振兴的两种手段,二者相辅相成。土地流转是乡村旅游发展的重要路径,乡村旅游是土地流转的重要方向,对二者的综合研究是实践和理论研究的共同需求。

乡村旅游给农户带来了积极影响的同时也给农户带来消极影响。农户作为乡村发展的重要主体,他们掌握着农村土地的承包权和使用权。发展乡村旅游需要从农户手中流转农用地,而土地流转中风险与收益并存。依据社会交易理论,只有当农户感知到流转出土地资源发展旅游能够获得较高的效益时,他们才会愿意流转出土地。基于 Abler 的"感知-态度-行为模型"预测,乡村旅游地农户土地流转效益感知将影响农户的土地流转意愿、乡村旅游发展态度和乡村旅游参与行为,而农户的土地流转意愿、乡村旅游发展态度和乡村旅游参与行为对乡村旅游发展又至关重要。基于此,本书将研究乡村旅游地农户土地流转效益感知及影响。

然而现有研究中有关农户土地流转效益感知和农户乡村旅游参与行为的研究尺度及衡量标准不一致,且缺少对农户土地流转效益感知及其影响的农户土地流转意愿、农户乡村旅游发展态度和农户乡村旅游参与行为的综合研究。为了改善这一状况,首先采用文献整理、农户访谈、专家咨询和试调研等方法形成调查问卷;其次通过到武汉市的乡村旅游目的地发放问卷收集到武汉市农户的问卷数据;再运用信度分析、效度检验、项总计相关分析和探测性因子分析等数学统计方法,建立乡村旅游地农户土地流转效益感知及其影响的综合评估尺度,并评估武汉市乡村旅游地农户土地流转效益感知、农户土地流转意愿、农户乡村旅游发展态度和农户乡村旅游参与行为;在评估的基础上,通过相关性分析、回归分析、Bootstrap 分析和结构方程分析方法分析样本数据,构建乡村旅游目的地农户土地流转效益感知、农户土地流转意愿、农户乡村旅游发展态度和农户乡村旅游参与行为的关系模型;通过独立样本 T 检验和单因素方法分析农户土地流转效益感知及影响的农户特征差异;依据分析结果为土地合理有效流转和乡村旅游可持续发展提供建议。

经过以上分析,本书主要得出以下结论:

(1)乡村旅游地农户土地流转效益感知及影响的评价体系包含农户土地流转效益感知、农户土地流转意愿、农户乡村旅游发展态度和农户乡村旅游参与行为,其中农户土地流转效益感知包含产业经济效益感知、社会生活效益感知和生态效益感知 3 个维度,农户乡村旅游参与行为包含认知行为、促进行为和监管行为3个维度。

（2）武汉市农户的土地流转效益感知不高，特别是农户的产业经济效益感知和生态效益感知较低。农户的土地流转意愿不高，很大一部分人并不愿意将土地流转出去发展乡村旅游。武汉市农户对发展乡村旅游的支持度较高，他们希望发展乡村旅游来改善村民的生活质量。农户在乡村旅游发展中的参与度很低，农户乡村旅游认知行为、农户乡村旅游促进行为和农户乡村旅游监管行为都很低，农户并没有深入参与乡村旅游开发和决策。

（3）农户土地流转效益感知对农户土地流转意愿、农户乡村旅游发展态度和农户乡村旅游参与行为有显著的正向影响。乡村旅游目的地附近农户对土地流转效益感知得越好，越愿意流转土地，越支持发展乡村旅游，也更加愿意参与旅游发展。农户土地流转意愿对农户的土地流转效益感知和农户乡村旅游发展态度有中介作用。农户土地流转意愿和农户乡村旅游态度对农户的土地流转效益感知和农户乡村旅游参与行为有中介作用。农户乡村旅游发展态度对农户的土地流转效益感知和农户乡村旅游参与行为有中介作用。然而在分维度研究中发现他们之间的关系更复杂。农户土地流转效益感知中只有农户的土地流转产业经济效益感知正向影响农户的土地流转意愿，农户的土地流转社会文化效益感知和生态效益文化感知与农户的土地流转意愿没有显著关系。农户土地流转社会生活效益感知和生态效益感知与农户的乡村旅游发展态度有显著正相关关系，但是农户的土地流转产业经济效益感知却与农户的乡村旅游发展态度不直接相关。农户土地流转产业经济效益感知对农户乡村旅游认知行为有显著正向影响；农户土地流转社会生活效益感知对农户乡村旅游认知行为和农户乡村旅游促进行为有显著正向影响；农户土地流转生态效益感知对农户乡村旅游认知行为和农户乡村旅游促进行为有显著正向影响；农户土地流转效益感知各变量与农户乡村旅游监管行为均没有显著的相关关系。

（4）农户土地流转效益感知及其影响的农户土地流转意愿、农户乡村旅游态度和农户乡村旅游参与行为有显著的个体差异。农户因年龄、受教育程度、社会关系、旅游相关度、对土地流转政策的认知程度以及与乡村旅游目的地的距离不同，导致农户的土地流转效益感知、农户土地流转意愿、农户乡村旅游态度和农户乡村旅游参与行为都可能不同。

最后结合研究结论，提出了研究启示、研究不足和未来展望。

著　者
2024年1月

目 录

第1章 绪 论 ……………………………………………………………… (1)
  1.1 研究背景 …………………………………………………………… (1)
  1.2 研究目的与意义 …………………………………………………… (6)
  1.3 国内外研究进展 …………………………………………………… (8)
  1.4 研究内容及技术方法 ……………………………………………… (23)

第2章 理论与模型研究 …………………………………………………… (28)
  2.1 基本概念界定 ……………………………………………………… (28)
  2.2 研究的理论基础 …………………………………………………… (30)
  2.3 研究构建与假设 …………………………………………………… (34)

第3章 研究区域与研究设计 ……………………………………………… (40)
  3.1 研究区域 …………………………………………………………… (40)
  3.2 问卷设计 …………………………………………………………… (43)
  3.3 数据分析方法 ……………………………………………………… (60)

第4章 农户土地流转效益感知及影响的评价体系 ……………………… (62)
  4.1 正式调研收集数据 ………………………………………………… (62)
  4.2 样本数据分析与评价体系 ………………………………………… (64)
  4.3 本章结论 …………………………………………………………… (75)

第5章 农户土地流转效益感知及影响分析 ……………………………… (79)
  5.1 农户土地流转效益感知及影响评价 ……………………………… (79)
  5.2 农户土地流转效益感知及影响的关系分析 ……………………… (85)
  5.3 本章结论 …………………………………………………………… (100)

第6章 农户土地流转效益感知及影响的农户特征差异 ………………… (103)
  6.1 农户土地流转效益感知的农户特征差异 ………………………… (103)
  6.2 农户土地流转效益感知影响的农户特征差异 …………………… (119)
  6.3 本章结论 …………………………………………………………… (149)

第7章　研究结论、启示与展望 (152)
7.1　研究结论 (152)
7.2　启　示 (157)
7.3　研究不足及展望 (159)
主要参考文献 (161)
附　录 (177)
附录1　访谈提纲 (177)
附录2　试调研问卷 (177)
附录3　正式调研问卷 (181)

第1章 绪 论

1.1 研究背景

1.1.1 乡村振兴是实现中华民族伟大复兴的一项重大任务

乡村振兴是实现中华民族伟大复兴的一项重大任务,21世纪以来,中央政府颁布了一系列文件促进乡村发展,详见表1.1。2017年的《中国共产党第十九次全国代表大会报告》将乡村振兴作为重大国家发展战略。2021年的中央1号文件《中共中央 国务院关于全面推进乡村振兴加快农业农村现代化的意见》更是将全面推进乡村振兴作为实现中华民族伟大复兴的一项重大任务。乡村旅游作为促进乡村发展的有效手段受到重视并得到快速发展。研究乡村振兴和乡村旅游发展中存在的一些问题,为促进乡村的可持续发展提供优化建议,具有重大现实意义。

表1.1 中国乡村发展政策

年份	来源	内容
2002	中国共产党第十六次全国代表大会	江泽民主席指出"统筹城乡经济社会发展,建设现代农业,发展农村经济,增加农民收入,是全面建设小康社会的重大任务"。这是中国经济社会发展战略的历史性转变,中国政府重视中国乡村发展
2004	中共中央经济工作会议	胡锦涛总书记指出,中国实际上已经进入到了"以工促农、以城带乡"的发展阶段
2005	《十一五规划纲要建议》	提出中国要建设"生产发展、生活宽裕、乡风文明、村容整洁、管理民主"的社会主义新农村。新农村建设目标为中国乡村发展提供思路
2012	《中国共产党第十八次全国代表大会报告》	胡锦涛总书记提出"推动城乡发展一体化",促进基础设施和公共服务等资源在中国城市和乡村均衡发展
2013	《关于开展"美丽乡村"创建活动的意见》	中国农业部提出要建设产业发展、生活舒适、民主和谐、文化传承、支撑保障的美丽乡村。美丽乡村建设为乡村旅游带来良好机遇
2013	中央农村工作会议	习近平主席提出全面建设小康社会的关键是促进农村发展。中国"农业、农村和农民"的发展问题受到前所未有的重视

续表 1.1

年份	来源	内容
2017	《中国共产党第十九次全国代表大会报告》	首次将乡村振兴作为重大国家发展战略
2021	《中共中央 国务院关于全面推进乡村振兴加快农业农村现代化的意见》（中央1号文件）	把全面推进乡村振兴作为实现中华民族伟大复兴的一项重大任务

1.1.2 乡村旅游发展的潜力与问题并存

近几十年来，乡村出现经济活动下降、传统手工业破败、青年人不断外迁、农村老龄化和空心化等问题，于是许多小城镇和乡村地区将乡村旅游看作振兴乡村地区经济和社会的重要手段[1-3]。与此同时，旅游业的兴起也促进了乡村旅游的发展，越来越多的市民厌倦了工业化和城市化，逐步走向宁静的乡村寻找自然风光和原汁原味的民俗风情[3]。中国政府将发展目光转向农村，尤其是中国政府新农村和美丽乡村建设理念提出后，乡村旅游发展受到前所未有的重视[4-6]。中国乡村旅游在 21 世纪发展迅猛，目前正处于快速上升阶段并正进入蓬勃发展时期[7]。相关资料显示，2019 年我国乡村旅游接待游客 33 亿人次，占国内游客接待人次的 55%；营业总收入超 8500 亿元，占国内旅游总收入的 14.8%。乡村旅游的"井喷式"发展给乡村建设和农户生活带来巨大影响。

乡村旅游是一把"双刃剑"，在近 20 年的发展中对中国乡村产业发展、村庄建设和村民生活改善等方面起到重大影响[8,9]。不过它在带来一定的经济收益、促进社会进步和文化繁荣的同时，还可能会带来相应的环境污染、文化同化和物价上涨等问题。如果重视短期的快速收益而忽视现有乡村旅游发展中存在的问题，这些问题将可能在长时间内阻碍乡村可持续发展。研究乡村旅游中的效益和问题，将有利于乡村旅游的优化发展（图 1.1）。

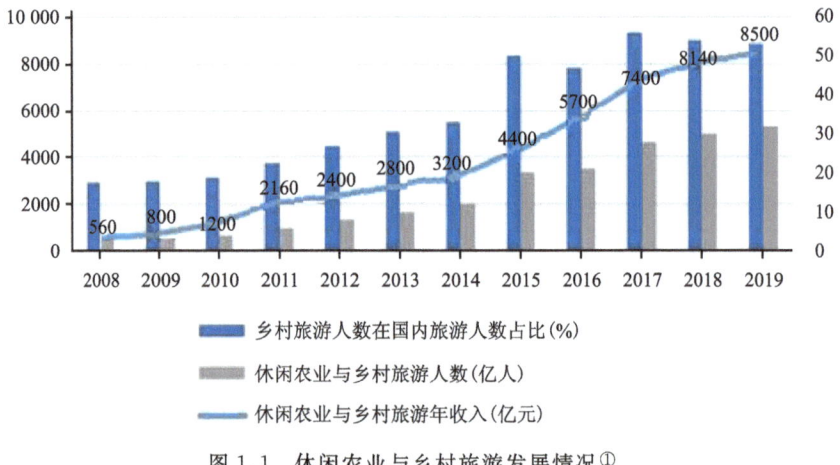

图 1.1 休闲农业与乡村旅游发展情况①

---

① 数据来源：作者依据网络和相关文献中的数据整理。

1.1.3 土地流转效益与风险并存,需重视农户土地权益

21世纪,我国城市化率快速提升,农村人口大规模外出务工,农村空心化问题突出,大量农村土地被闲置。国家高度重视这些问题,为充分合理利用乡村土地资源,我国逐步探索有关农村土地三权分置和使用权流转的土地管理制度。随后颁布多个政策放松土地流转的限制,并鼓励发展土地流转和适度规模经营。这些政策为农村土地流转提供了支撑,土地流转面积快速增加,2007年到2018年我国家庭承包土地流转面积从0.64亿亩(1亩≈666.67m²)增加到5.39亿亩,详见图1.2。

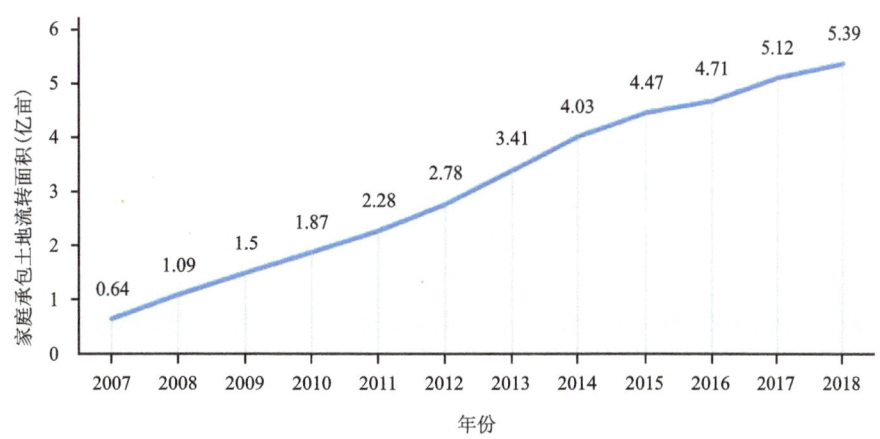

图1.2 家庭承包土地流转情况①

乡村旅游作为推动农村经济发展和进行社会主义新农村建设的重要手段,在开发过程中极大地改变了农村产业结构,增加了农村集体用地中的旅游功能,也必然会引导农村集体用地向旅游用地转变,带来土地权益和权利的流转。农用地旅游化流转一方面可以为农户带来土地转出的经济收入,另一方面也会引起"搭便车""政府寻租"和"分配不公"等风险。乡村旅游开发中的风险在短期内可能不会带来严重后果,但很可能会危害乡村地区的可持续发展。农户作为农村土地流转的主体性存在,是构成农村土地流转最重要的微观基础,农户的主体性地位决定了我国的土地流转需要充分尊重农户的土地流转意愿,以保护农户土地权益为前提,以提高农民的土地收益为目标,提高农民在土地流转中的获得感。

1.1.4 重视农户效益感知是乡村发展的必然要求

农村土地归村集体所有,农户拥有土地的承包经营权。乡村旅游发展所流转的土地基本上是从农户的手中流转出来的,农户土地流转效益感知会影响农户的土地流转意愿和其对乡村旅游的态度,进而影响农户的乡村旅游参与行为,最终影响乡村旅游发展。且土地是农户重要的生存资源,农户对土地流转效益感知最为直接,最重视土地流转的效益,因此在土地流转和乡村旅游发展时要重视农户的土地流转效益感知。

---

① 数据来源:作者依据网络和相关文献中的数据整理。

农户是乡村旅游发展的重要利益相关者,乡村旅游发展带来的效益以及不断出现的问题所带来的不良影响主要是由乡村旅游地和乡村旅游地的社区农户来承受。因此,我们要对乡村旅游的影响及旅游目的地农户对发展乡村旅游的感知给予充分的考虑。但目前,无论是政府部门,还是学界、业界对此都没有投以足够的关注,而是将注意力更多地集中在了旅游者和旅游开发上面。"以人为本"的规划哲学也往往多局限于满足旅游者的需求,而忽视了旅游地农户的感受与长期利益。这种不合理的忽视现象,近年来有所改观。受旅游发展各种新思潮以及国外学术发展导向的影响,国内的旅游地农户旅游影响感知方面的研究逐渐增多,并尝试从不同角度、以不同学科的理论为基础开展研究。借鉴国外已经取得的成功经验,从多学科视角,对我国旅游地农户的旅游影响感知进行科学、全面的研究,是当前也是今后旅游研究的重要方向,是国家旅游发展与和谐社会建设优先支持的研究领域和范围之一,也是我国旅游可持续发展的保障。

1.1.5 农户意愿、态度和行为对乡村旅游可持续发展有重要作用

乡村旅游地农户是与土地流转和旅游发展接触最直接、关系最密切的主体。一方面,农户掌握着村集体农用地的使用权,而乡村旅游的发展又与土地流转密切相关。农户对本地发展乡村旅游的态度以及他们土地流转的意愿在一定程度上决定了本地乡村旅游的长远发展。另一方面农户长期生活在乡村旅游区内部或附近,他们对乡村旅游发展带来的效益变化有强烈的感知,因此他们有更强烈的欲望也能更便利参与到乡村旅游发展中,他们学习、促进和监管旅游发展的行为也会给乡村旅游发展带来重要影响。

农户对土地流转效益的感知一定程度上反映了乡村旅游的发展情况。农户对土地流转效益感知不同,他们对乡村旅游的态度不同,他们流转出土地的意愿也不同,进而可能会采取不同的应对行为来参与乡村旅游的发展。农户能在第一时间对当地土地的利用和乡村旅游发展情况作出感知和反应,其行为结果也起到直接的作用。因此,无论是农户学习行为或是促进旅游的行为,还是监管旅游行为,都对乡村旅游区的土地可持续利用和旅游有效发展具有极其重要的影响作用。

1.1.6 跨学科综合研究的需求

乡村发展热潮中,许多问题都亟待学者研究。随着乡村的发展,学者对于乡村发展的研究热情也快速提升。知网中以乡村发展为主题的文章数量在21世纪以来快速增加,尤其2015年以来发展迅猛。研究主题多从乡村旅游、新农村建设和乡村振兴战略等单一角度出发,单视角研究能解决某些特定主题的问题,但是不能很好地研究乡村发展中跨越学科的综合问题。依据相关文献[10]以及前文中乡村建设和乡村旅游发展政策可以看出,我国乡村振兴和乡村旅游发展是协同发展的,乡村振兴推动了乡村旅游发展,乡村旅游发展进而促进乡村振兴,而土地是乡村振兴和乡村旅游发展的基础支撑,土地流转问题研究是近年来乡村振兴和乡村旅游发展中的重要课题,将乡村社会发展、乡村旅游、土地等学科结合研究是社会发展和科学研究的需求,但是目前关于这方面的研究相对匮乏。促进学科融合,实现跨学科研究,有利于打破现代学科划分带来的学术结构壁垒,深化单学科研究的内容,开拓综合问题的研

究方法。目前乡村发展领域鲜有对乡村旅游发展、农户感知行为和土地流转的综合研究,本书将旅游管理、社会学和土地管理结合起来,有利于突破原有的单个研究旅游或者土地问题带来的研究壁垒,更能找到问题的关键,对农村土地流转和乡村旅游的可持续发展具有现实意义(图 1.3)。

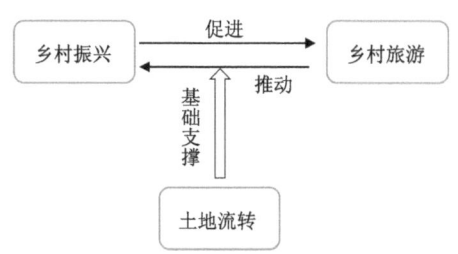

图 1.3 乡村振兴、乡村旅游和土地流转关系图

在乡村振兴热潮中,乡村旅游作为乡村振兴的重要路径繁荣发展,但乡村旅游给农户带来了积极影响的同时也带来消极影响。农户作为乡村发展的重要主体,他们掌握着农村土地的承包和使用权。发展乡村旅游需要从农户手中流转农用地,而土地流转中风险与收益并存。依据社会交易理论,只有当农户感知到流转出土地资源发展旅游能够获得较高的效益时,他们才会愿意流转出土地。且基于 Abler 的"感知-态度-行为模型"预测乡村旅游地农户土地流转效益感知对农户的土地流转意愿、乡村旅游发展态度和乡村旅游参与行为有影响,而农户的土地流转意愿、乡村旅游发展态度和乡村旅游参与行为对乡村旅游发展又至关重要。而建设美丽乡村的重要目标是提高农户的获得感和幸福感,这与农户的土地流转效益感知息息相关。基于此,笔者将研究乡村旅游地农户土地流转效益感知,为管理者制定提高农户获得感和促进土地合理流转以及乡村旅游可持续发展对策提供依据。

农户土地流转效益感知会给农户带来诸多影响,笔者集中研究农户的土地流转意愿、农户乡村旅游发展态度和农户乡村旅游参与行为 3 个方面。土地是乡村旅游发展的重要基础之一,没有土地,乡村旅游很难展开。乡村地区农用地的使用权分散在农户手中,企业开发乡村旅游需要从农户手中流转土地,农户的流转和继续流转意愿对乡村旅游发展至关重要。农户乡村旅游发展态度表明农户对本地发展乡村旅游的看法,这在一定程度上体现农户在以后有关乡村旅游发展事项上的决策和行为。农户作为生活在乡村旅游地附近的重要乡村旅游利益相关者,农户在乡村旅游发展活动中的参与行为能在一定程度上促进或阻碍乡村旅游的发展。本书中的农户乡村旅游参与行为包含农户乡村旅游参与意愿和行为,即农户是否愿意流转出农用地、农户是否支持当地发展乡村旅游和是否愿意或已经参与到乡村旅游发展建设的活动当中,对乡村旅游业的可持续发展具有重要的意义,且从研究乡村旅游地农户的土地流转效益感知及其对农户土地流转意愿、农户乡村旅游发展态度和农户乡村旅游参与行为的影响,能够分析出它们之间的作用机制,为提升农户获得感和乡村旅游可持续发展提供借鉴。

1.2 研究目的与意义

1.2.1 研究目的

农户是我国乡村发展的重要主体,"让广大农民在乡村振兴中有更多获得感、幸福感"是新时代的乡村发展目标。土地是农户的重要资源、财产和资产,农户可以利用承包的土地资源获取多种效益。然而过去,人们往往注重土地资源属性的开发、利用与保护,注重土地资产属性的经济价值与资本运作,却忽视了土地作为财产属性的财产权保护与财富增长,因而对农户土地财产权的流转、价值实现与权益获得重视不够,理论与政策研究也有所欠缺[11]。因此结合乡村旅游繁荣发展的背景,研究农户土地流转效益感知及影响将丰富有关农户土地利用、价值感知和社会交易等理论研究。

基于此,笔者立足武汉市的乡村旅游发展和土地流转情况,以地租理论、社会交换理论和认知行为理论等为基础,探析乡村旅游发展中农户土地流转效益感知及其影响。农户土地流转效益感知会给农户意愿、态度和行为带来诸多影响,本书紧紧围绕农户土地流转意愿、农户乡村旅游发展的态度和农户乡村旅游参与行为这3个与农户和乡村旅游可持续发展密切相关的影响,其中为了更详细地测量农户的参与行为,本书将农户的乡村旅游参与意愿也融入了旅游参与行为级别中。在构建影响关系模型的基础上通过理论分析和实证研究,本书拟实现:

(1)构建乡村旅游地农户土地流转效益感知及影响的评价体系,丰富农户土地权益和乡村旅游发展研究的基础理论与技术方法体系。

(2)评估武汉市乡村旅游地农户土地流转效益感知,分析乡村旅游地土地流转给农户生活质量带来的具体影响,为进一步提升有利影响和改善乃至消除不利影响,提升农户获得感和幸福感,实现乡村振兴提供借鉴。评估武汉市农户土地流转意愿、农户乡村旅游发展态度和农户乡村旅游参与行为,了解农户的意愿、态度和行为,为优化乡村旅游发展、可持续利用土地以及振兴乡村提供政策依据。

(3)分析农户土地流转效益感知对农户土地流转意愿、农户乡村旅游发展态度和农村旅游参与行为的影响关系,揭示农户土地流转效益感知影响对农户土地流转意愿、农户乡村旅游发展态度和农户乡村旅游参与行为的作用机制,检验农户土地流转效益感知的重要性,为制定优化农户土地流转意愿、农户乡村旅游发展态度和农户乡村旅游参与行为对策提供依据。

(4)依据农户的个体特征、家庭特征、旅游相关度特征和土地流转市场特征,分析不同特征的农户在乡村旅游发展中的土地流转效益感知以及土地流转意愿、乡村旅游发展态度和参与乡村旅游发展行为的不同表现。从农户个体特征角度找出优化土地流转效益感知、提高土地流转意愿、改善乡村旅游发展态度和促进乡村旅游发展行为的影响要素,为从农户特征视角制定优化乡村旅游发展对策和建立可持续的土地利用模式提供理论依据。

1.2.2 研究意义

1) 理论意义

综合运用土地管理学、旅游学和社会学等相关学科的理论与方法,采取理论分析与实证研究相结合的方式,评估乡村旅游发展中农户感知的土地流转的效益,测评农户对流转出农用地的意愿和发展乡村旅游的态度,分析农户参与乡村旅游发展的行为,探究农户土地流转效益感知对农户土地流转意愿、农户乡村旅游发展态度和农户乡村旅游参与行为的影响机制,并分析农户个人因素对农户土地流转效益感知、农户土地流转意愿、农户乡村旅游发展态度和农户乡村旅游参与行为的影响。本书具有以下几方面重要的理论意义:

将农户土地流转效益感知作为重要研究主体,研究农户流转出土地资源发展旅游后的土地权益获得情况,丰富了有关农户土地权益和获得感的理论研究。

对乡村旅游开发、农户土地流转效益感知、农户土地流转意愿、农户乡村旅游发展态度以及农户乡村旅游参与行为进行综合分析,突破了以往从单一视角(土地流转效益、土地流转意愿或农户乡村旅游影响感知等)研究乡村旅游可持续发展或土地流转问题的局限,深化了乡村旅游可持续发展理论和土地管理理论,并为不同学科之间的融合提供了理论支撑。

农户土地流转效益感知、农户土地流转意愿、农户乡村旅游发展态度和农户乡村旅游参与行为测量量表是本书在相关研究和武汉市乡村旅游及土地流转实证调查的基础上获得的评价体系,可以为后续土地流转和乡村旅游发展相关研究提供测评尺度借鉴,评估结果可以为政府和管理者提供制定管理政策的理论依据。

将感知-态度-行为模型应用到土地流转的研究中,全面评估农户土地流转效益感知、农户土地流转意愿、农户乡村旅游发展态度和农户乡村旅游参与行为,以及它们之间的影响机制及其与不同农户特征的关系,并构建乡村旅游地农户土地流转感知效益-意愿-态度-行为评价体系,深化了感知-态度-行为理论在乡村土地流转领域的使用。

2) 实践意义

乡村旅游的可持续发展是我国实现乡村振兴的重要渠道,也是我国"改善农户生活质量缩小城乡差距"发展理念的重要体现。立足农户感知视角探讨乡村旅游地农户的土地流转效益以及影响,是一个涉及落实乡村振兴、发展乡村旅游、科学管理农村土地和提高农村农户生活质量的重大科学问题。本书的实践意义在于:

为乡村旅游地的农户土地流转效益感知及影响提供了评价体系,政府和相关企业在相关评估中可以借鉴。且对乡村旅游地的农户土地流转的效益感知、土地流转意愿、乡村旅游发展态度和乡村旅游参与行为的评价结果,有利于了解武汉市乡村旅游发展与土地流转中存在的问题、短板以及提升方向,为武汉市优化土地流转、经营模式和乡村旅游可持续发展提供决策依据。

分析了农户土地流转效益感知以及土地流转意愿、乡村旅游发展态度和参与乡村旅游发展行为的农户特征差异,有利于找到农户土地流转效益感知及影响的农户特征因子,为从农户特征视角制定优化农户土地流转效益感知以及土地流转意愿、乡村旅游发展态度和参与乡村旅游发展行为对策提供借鉴。

1.3 国内外研究进展

1.3.1 乡村旅游地农户土地流转效益与效益感知研究进展

本书的主要研究对象是乡村旅游地的农户土地流转效益感知,它是指农户流转出农用地并发展乡村旅游后,农户感知到的生活环境的变化。首先这些变化包括经济、社会文化和生态各方面的变化。其次这里不仅涉及土地流转带来的影响,而且也与乡村旅游发展带来的影响有关。因此本书将在土地流转效益与效益感知研究的基础上,结合农村土地流转影响研究和旅游影响感知研究,分析乡村旅游地的土地流转效益与效益感知研究进展。

1. 土地流转效益与效益感知研究进展

土地流转问题一直是学者们关注的重点、热点,关注的领域包括土地流转内涵的界定、流转模式的探讨、阻碍其流转因素的研究、土地流转中存在的问题、流转动因的分析及推动土地更好流转的对策,但是很少有学者对土地流转效益问题进行深入的探讨。根据搜集到的文献整理后发现,目前关于土地流转效益的文章,绝大多数是从经济效益和社会效益的角度出发,少数学者从生态效益的角度考虑,从经济、社会和生态三者的综合视角研究土地流转效益的文章在近年来开始逐渐显现,但研究成果仍然较缺乏。对土地流转效益的研究应多从如何取得较好的流转效益方面入手。部分学者通过定性的方法评价了土地流转的效益,仅少数学者通过定量的方法较为科学地分析了土地流转的效益问题。

土地流转效益是指由土地流转行为产生的,对土地流转双方、农业生产及整个农村经济社会产生的直接或间接的影响[12]。土地流转效益总体包含3个方面:第一方面,土地流转的经济效益,指土地流转对产业经济发展以及农户收入等经济方面产生的影响;第二方面,土地流转的社会效益,指土地流转对社会发展带来的积极影响;第三方面,土地流转的生态效益,指土地流转后,乡村地区的生态环境产生的变化情况。

1)土地流转经济效益的定性分析与评价

最早对此进行研究的是杨涛和朱博文[13],他们认为土地的流转带来了规模效益,并且促进了规模经营的发展,促进了农村分工分业的发展,土地流转使种田的专业化与社会化初步显露,使得机械化程度提高,规模农业、特色产业的形成因为土地流转加快了步伐,农民对农村土地制度深化改革的热情被激发,并总结出农村土地流转不论是其所产生的社会效益还是经济效益,从总体与长远的角度来看都是积极有效的。罗江龙等[14]基于收入分配调整的角度研究后指出,农村土地使用权流转制度对经济的促进作用,根源在于提供资源的合理配置,而它对现有的收入分配制度进行调整所产生的重大社会意义也会逐渐得到体现和发挥。赵俊锐和朱道林[15]在对淄博市集体建设用地使用权流转情况的调查中发现,农村集体建设用地的流转缓解了农村经济发展所带来的用地需求与现有土地供应指标紧缺的矛盾,可以为农村经济的发展提供部分资金;可降低农村经济发展的成本,有利于农村城镇工业的集聚和产业结构升级;可以减少城镇建设对耕地的占用。肖云[16]发现了土地流转效用递增效应,并以成都城乡统筹为背景进行研究后指出农村土地规模化集约经营的方式使得土地流转的边际效用出现递增趋势。

谷树忠等[17]认为土地流转的正面效应是提高农村土地利用率,提高农业生产效率,扩大农村土地经营规模,促进工业化和城镇化健康发展。负面效应是出现用途偏差,权属与利益纠纷,违背农民意愿,违反法规,任意改变权属,土地风险加剧。阙小虎[18]认为土地流转经济效益主要表现在促进农村人口收入结构调整。夏渝[19]从边际产出拉平效应和交易收益效应研究出发,认为农地流转的资源配置效应,就是在农地市场下,资源配置效率的提高。

汤钦乐[20]从制度经济学的角度分析了农地流转双方的成本收益,建立了流转双方成本和收益的经济分析框架。董国礼等[21]总结了3种土地流转模式私人代理、政府代理和市场代理模式,并对各种模式下的土地代理绩效作出了比较分析。

2)土地流转社会效益的定量分析与评价

部分学者通过构建评价体系和数学模型评价土地流转效益的评价体系。卫军帅[22]建立了农村土地流转目标和效益的分析框架,设计了农村土地流转效益综合评价指标体系,为有效实现流转制度实施前后的比较分析提供了依据,并运用农村土地流转效益综合评价指标体系,结合数据资料的统计结果,对湖北四县农村土地流转的目标和效益进行了实证研究,最后得出中央的农村土地流转制度实施效益比较显著,但是在局部、具体的制度操作上还需要进一步完善。李纯锴[23]采用DEA模型从土地投入-产出的视角研究了乡村旅游发展中土地流转的经济效益。田玉兰[24]通过建立数学模型,对农村建设用地流转与征地制度效益进行了对比分析。肖绮芳和张换兆[25]分析了由市场主导的农地租赁市场和政府主导的农地租赁市场的经济绩效,通过模型,得出结论:市场主导的农地租赁市场是一种在较少经济管制的条件下,在现行产权制度下自发地优化农地资源配置的经济行为,从资源配置效率本身判断是比较有效率的。

大多数情况下土地流转能够带来正面的经济和社会效益。曹建华等[26]通过设置的土地流转意愿度指标分析农户土地流转的供给意愿,定量地评价了土地流转的经济效率,发现土地流转交易使土地资源和劳动力资源得到重新配置,增进了土地供给者和土地需求者的福利,提高了经济效率。冯应斌等[27]运用物理动力学的分析方法,从农村土地流转的几个利益相关方角度运用成本收益法对两类农户在土地流转前后的收益进行探讨,并建立模型,最后结合实地调查资料,运用模型进行实证分析和讨论,发现农村土地流转是促进农户收入增加的有效措施之一。胡初枝等[28]基于对常熟市、如东县和铜山区户农户调查数据,使用模型对农户农地流转的福利经济效果进行实证分析。研究结果表明,农户农地流转提高了家庭人均年收入和人均年消费,改善了家庭就业结构,显著提高了农户家庭的福利水平。

当然土地流转并不是所有时候都会带来正面的经济效益。贺振华[29]提出"土地流转的剩余"的概念,并对"土地流转的剩余"的分配通过建立模型的方式加以推论,推出土地的流转并不会提高土地的生产效率,除非流转后增加了新的生产要素或者原有的生产要素发生了质的提高,进而总结出土地流转后来自土地的剩余总是不多的,也并不存在令人兴奋的土地的产出规模效应。涂军平和黄贤金[30]研究了土地流转对农产品商品化的影响。他们用计量模型对土地流转的实际影响进行了估计,根据他们的模型,土地流转率对土地流出户和土地流入户农产品商品化率的影响是相反的。Schoneveld[31]在研究非洲的农用地投资需求问题时,通过对埃塞俄比亚、赞比亚、尼日利亚等国家的38个案例进行分析,得出对农用地的大规模经营和开发对当地环境产生了负面效益,可以等价为一种剥夺。

在研究了土地流转给乡村地区和村民带来的经济和社会影响后,土地流转对乡村地区生态景观的影响也逐步进入研究者的视野。赵中建[32,33]在研究中指出土地流转给乡村的景观生态带来影响。董平等[34]研究了土地流转对乡村生态的影响。除了对土地流转带来的经济、社会和生态效益分开研究或将经济效益和社会效益结合研究外,综合经济效益、社会效益和生态效益的综合效益研究也慢慢进入学者的研究范围。苏浩和王冬艳[35]利用政府统计数据从客观视角评价了土地承包经营权流转带来的经济效益值、自然效益值、社会效益值、土地利用效益值和综合效益值。戴月坤[36]依托客观数据综合研究乡村旅游发展中土地利用的经济、社会和生态3个方面的综合效益,他的指标主要为农民收入、接待的游客、单位土地产值、主干道路硬化、旅游植物占有率等。李季[37]从经济、社会、生态这3个方面选取12项土地利用效率客观指标,评价了武汉市黄陂区乡村旅游发展中采用的农户自发的分散流转模式、政府主导的集中流转模式和市场主导的集中流转模式3种土地流转模式中的乡村旅游发展中土地流转效益,结果表明乡村旅游发展中不同土地流转模式的效益存在异同。总体来说,不同模式的综合效益、经济效益和社会效益多数情况下产生积极效益,乡村旅游发展中土地流转带来的经济贡献比较突出,也有助于解决一定的社会问题;但除农民自发的分散流转模式外,其他两种土地流转模式都产生了负的生态效益,对当地生态环境有一定消极影响。

3)研究评述

通过研究发现,目前土地流转效益研究还处于不成熟的探索阶段。前期以理论研究为主,多采用定性分析方法。随着研究的深入,案例研究越发丰富,对案例地收集的土地流转效益相关的数据进行定量分析的研究越来越多。早期的研究内容主要关注土地流转带来的经济效益,搜集到的文献特别是早期文献中大部分在未说明的情况下就直接将经济效益作为效益的代名词,并且还将社会效益当作经济效益的附属衍生效益,后来逐渐将社会效益单独列出,最近几年开始考虑生态效益,并出现综合经济、社会和生态三者的综合效益研究。此外土地流转效益也并不总是积极的,也有消极的。研究中采用客观数据的多,从农户主观感知视角的研究特别缺乏,仅有少量文献从农户感知视角研究土地流转效益[38]。现有的关于土地流转效益的研究比较散、碎,各行其通,没有一个合理、统一的评价体系。

2. 农村土地流转的影响研究进展

1)土地流转对农户收入影响的研究

部分学者从微观视角研究了土地流转对农户收入的影响。洪名勇等[39]基于中国家庭动态跟踪调查数据库,利用PSM方法分析了土地流转对我国农户家庭收入的影响。研究表明,农地租入与租出促进了农户收入的增加,劳动力学历为高中及以上农户,流转土地后收入的增加幅度更大;农地流转行为对农民增收的影响具有明显的区域差异,中、东部地区租入农地农户的收入增加效应显著高于西部地区,西部地区租出农地的收入增加效应大于中、东部地区。钱忠好和王兴稳[40]利用2006—2013年江苏、广西、湖北、黑龙江四个省(区)1872个农户的调查数据研究农地流转对农户家庭收入的影响。结果表明,土地流转可以促进转出户家庭总收入、家庭经营性、工资性、财产性和转移性收入的增加。夏玉莲和匡远配[41]研究发现,农地流转具有显著的多维减贫效应,其中,收入维度和就业维度的减贫效应尤为突出,教育维度的减贫效应逐渐显现。农地流转不仅缓解贫困表象,对消除贫困根源也具有重要的意义。

然而,也有专家指出,农村土地流转后农作物种植人均纯收入和家庭畜禽养殖人均纯收入两者呈下降趋势[42]。对于此现象,研究者认为是因为农作物种植和家庭畜禽养殖与非农务工和土地出租相比,收入稳定性和持续性较差且需要承担自然灾害、动物疫情和市场价格波动风险。对于收入下降研究者作出的解释,还需要作范围更广和时间维度更长的研究。

2) 土地流转对农村生产效率的影响

技术效率不是用来衡量收入或者产出,而是对管理效率和生产效率的测量。陈海磊等[43]通过对江西农户的实地调查数据证明生产效率高的农户更倾向于流入土地,且对流入规模有着正向影响。戚焦耳等[44]、蔡荣等[45]、姚洋[46]、罗必良和刘茜[47]、高鹏和傅新红[48]等研究表明土地流转带来的大规模农业发展,在一定程度上提高了土地产出的效益。黄祖辉等[49]通过实证研究证明扩大生产规模能引起经济效益的增加,在适度规模经营下,长期平均成本最低。农地流转可改变农村的生产状况,使农业生产由小规模农户的劳动密集型向大规模农户的土地和资本密集型转变。彭继权和吴海涛[50]分析了土地流转对农业机械使用的影响,认为无论是从整体土地流转来看,还是不同的土地类型,土地转入转出都有利于促进农业机械化的提升。但是也有研究表明,规模化生产一方面由于土地产出率的下降,并不能保证一定会带来土地经营收益的提高[51],另一方面农户之间自发的土地流转往往是单个斑块分散式地流转,难以形成规模效益[52]。

3) 土地流转对耕地保护与粮食安全的影响

土地流转在一定程度上促进了耕地保护。邵景安等[53]以武陵山区为样区,使用多角度两因素散点分析和单因素相关分析研究山区耕地流转对缓解耕地撂荒的作用。研究表明,在村级尺度上,耕地流转与撂荒率呈显著负相关,流转率高的村庄,撂荒率较低。耕地撂荒仍然受到土地租赁市场的完善程度所左右,且土地租赁市场在优化耕地资源利用方面的作用已有一定程度的显现。进一步完善耕地租赁市场化程度,有助于降低耕地撂荒现象的发生,可以避免优等耕作条件的耕地浪费。赵丹丹和周宏[54]基于供给侧结构性改革背景,系统梳理了农户对耕地保护行为的选择机制,并实证分析了土地流转租期和流转方式对不同类型耕地保护行为的选择差异。研究结果表明,有土地转入行为的农户比无土地流转的农户对耕地的保护意识更强;流转租期越长对耕地保护行为均具有促进作用;流转方式对不同类型的耕地保护影响并不相同,土地租金能推动劳动力偏向型耕地质量的保护,却阻碍了资金偏向型耕地质量的保护。

在粮食数量安全上,辛良杰等[55]通过实证研究建议吉林省推进土地流转,促进耕地的适度规模化生产,提高资源利用率与土地产出率;而晋洪涛[56]则认为合并土地,减少农户耕地块数,可能比简单地推进农地流转更能有效地实现粮食生产各种效率的提高。在粮食质量安全上,研究者认为:第一,土地流转易于形成规模化经营,借助多种发展模式,有助于发展绿色生态农业,并且合作社在一定程度上可以抑制"一家两制",减少对销售的农产品施用过量化肥、农药,从而保障食品安全[57];第二,土地流转能促进农产品的商品化率。因此,涂军平和黄贤金[30]以实地调查的数据建立计量模型,结果显示,土地流转率每增加1个百分点,土地流出户的农产品商品化率将下降1.992个百分点,而土地流入户的农产品商品化率将增加1.392个百分点。

但是在开展土地流转的地区,同时也出现了较多的不利于粮食安全的"非农化""非粮化"现象。通过调查研究发现,在农村专业合作社发展中,专业经营粮食生产的案例较少,因为在比较利益下,粮食经营的收益较低,理性的农民必然会选择经济效益附加值更高的作物,甚至改变土地用途[58]。朱忠贵[59]将其原因归纳为4点,除了上面所述一点外,还有农产品内部价格不合理,对非粮化认识的危害不足以及制度建设不健全等原因。当然,土地利用的方式、区位因素也反向地对土地流转产生影响。叶剑平等[60]研究认为耕地面积比例越高,则越不容易发生非农化,距离城镇中心越近的村庄土地市场参与率越高。

4) 土地流转对农村剩余劳动力转移的影响

土地流转影响劳动力转移已成为普遍共识,衣保中和张凤龙[61]通过对实证数据的回归分析认为,农地流转和农村劳动力转移之间有高度正相关关系。胡奇[62]研究认为土地流转制度影响农村剩余劳动力数量。刘淑俊和张蕾[63]认为,土地流转有利于实现农业生产规模化,获得规模效益;有利于推动农村剩余劳动力的转移,实现非农就业;有利于提高农产品品质与农业生产效益。曹志杰和芦丽丽[64]认为,土地流转有助于释放大量农村劳动力,加快农村劳动力的转移,促进农村剩余劳动力利用率的提高,促进统筹城乡一体化建设,而农民在进城务工的同时,可以保留土地承包权,进行土地经营权的流转,解决了后顾之忧,为进城务工的农村人口提供了社会保障的功能。同时也增加了农村流动人口的经济收入。

土地流转与农村劳动力转移并不是无条件的正相关。刘晓宇和张林秀[65]认为,土地产权的稳定性对农业人口的转移影响可能是双向的:一方面,基于土地产权不稳定带来的收益不稳定,农民迫切需要从非农就业方面获取经济支撑,进入非农生产领域;另一方面,土地产权不稳定意味着随时面临失地换地的风险,这便会抑制农业人口转移。张良悦和刘东[66]、朱梦蓉[67]认为现有的社会保障制度、城市户籍制度和农村土地制度对劳动力转移存在制约与束缚,只有改革这些方面的制度,才能实现农村劳动力的永久转移。

5) 土地流转对景观生态的影响

我国由于人多地少,农业经营的地块呈现出细碎化的特点,农户经营的土地数量不多且面积小,土地经营无法集中连片,土地利用呈现插花、无序和分散的状态[68],并且呈现出细碎加剧的趋势[69]。而土地流转被认为是降低土地细碎化程度,形成大面积斑块的重要手段,其对耕作田块的形状、面积规模以及生态可持续性等土地景观生态方面产生影响[70]。此外,土地流转也会引起土地斑块(类型、性质、形状、内容)的重组及其使用性质的变化,进而直接或间接地引发乡村人文景观、自然景观、农田景观和聚落景观的演变[32,71]。刘同等[72]对流转前后的土地利用类型在景观格局上的特征对比发现,流转后农业土地规模化经营程度有所提高,土地斑块整体上较为方正,但建设性地类的大量分布导致部分土地零碎化;与此同时,在土地流转的作用下,部分斑块的合并,必然导致景观整体边界密度的降低,引发农田生态系统不稳定性增加。孙雁和刘友兆[68]也认为细碎化程度的不同对土地资源的可持续利用能力也会造成不同影响,即细碎化程度越低,土地资源的可持续利用能力越高;反之,则越低。目前在对土地流转的研究中,针对景观格局这方面的研究还较少,一方面是多停留在理论层次的研究,缺乏在实践经验上有力的数据支撑;另一方面是对土地流转对景观生态安全产生的影响出现不一致的看法,还需要进一步探索。

6) 研究评述

综上所述,农户土地流转的影响主要包括对农户收入的影响、对农村生产效率的影响、对耕地保护与粮食安全的影响、对农村剩余劳动力转移的影响以及景观生态的影响5个方面,既有积极的也有消极的。大部分学者研究表明农户土地流转能给农户带来经济效益,增加农户收入,也有学者研究表明土地流转没有增加农户收入。土地流转在大多数情况下能够带来规模发展,提高农村生产效率。土地流转能够在一定程度上保护耕地,但同时也出现了较多的不利于粮食安全的"非农化""非粮化"现象。土地流转影响劳动力转移已成为普遍共识。土地流转能够改变乡村的人文景观、自然景观和农田景观。

3. 旅游影响感知研究进展

自20世纪70年代以来,研究旅游地农户对旅游发展的感知和态度逐渐成为国外旅游影响研究的重要课题。利益相关者旅游感知对其行为有重要影响,其乡村旅游旅游感知与其参与乡村旅游的意愿呈正相关[73]。旅游地农户旅游感知和态度研究的内容主要集中在农户对旅游影响的感知和态度、农户旅游感知和态度的影响因素、农户旅游影响感知评价、相关理论解释、农户旅游感知和态度差异的群体聚类5个方面[74]。通过分析农户对旅游发展的感知可以了解旅游业的演变和动态,Bimonte和Punzo[75]通过模型分析主客之间的互动,能够影响居民对旅游的看法和游客的支付意愿。Kim等[76]认为旅游业的发展能够提高当地居民社会生活质量的满意度。Campbell[77]研究发现经济危机爆发时,居民更能感知到旅游的积极影响。关于哥斯达黎加奥斯辛诺发展乡村旅游的研究显示,虽然多数当地居民对旅游持支持态度,社区居民进一步从旅游获益的机会却受到各种限制。Brunt和Courteney[78]、Andereck等[79]发现随着目的地旅游者的增加,乞讨、扒窃、毒品交易等情况也会出现。Tosun[80]、Yoon等[81]和Dyer等[82]认为居民对旅游的感知除了受到经济水平、环境意识以及文化偏见等因素的影响,还会受到环境感知的影响。杨兴柱和陆林[83]、卢松等[84]、史春云等[85]和尹华光等[86]通过对不同旅游地的居民旅游感知研究发现,不同类型旅游地的不同类型居民对旅游发展态度存在明显差异。然而Li等[87]分别研究了美国亚利桑那州以自然环境为主的乡村旅游地塞多纳的居民和英国有悠久历史的城市约克居民的旅游感知和态度,发现尽管两地的旅游发展背景存在较大差异,但居民态度聚类结果却极为相似。

随着旅游影响研究的深入和研究技术的改进,影响居民旅游感知和态度的因素也将日渐增多与细化。2002年,Gursoy等[88]批评了以往学者有关居民旅游支持模型中仅从经济、社会文化和环境方面考察旅游影响感知的三分法,他认为应该从成本和利益两个角度研究居民的感知并构建了新的理论模型。到2004年,Gursoy和Rutherford[89]认为2002年将影响感知划分为成本和利益两个方面,限制了其适用性,于是在其先前研究的基础上又将居民的旅游影响感知划分为经济利益、社会利益、社会成本、文化利益和文化成本5个维度。宣国富等[90]以海南省海口市及三亚市实地调研为依据,分析了海滨旅游地居民对旅游的经济、社会文化、环境影响的感知程度及其对旅游业的态度,比较了不同人口学特征及与旅游业关系密切程度不同的居民对旅游影响的感知和对旅游业态度的差异。胡巧娟[91]分析了乡村旅游地居民对旅游经济、社会和生态效应的感知,并表明居民的性别、年龄、旅游相关度和居民社区依附程度等特征对乡村旅游地居民的旅游效应感知产生显著影响。章锦河[92]、王琼[93]和王祎[94]都从经济、社会文化和环境方面的综合视角分析了社区居民旅游影响感知,并探讨了旅游地生命周期和社区居民特征对居民旅游感知的影响。苏勤和林炳耀[95]以西递、周庄、九华山3个旅游地的居民对旅游影响的感知进行实地调查,调查项目包括38项,基于态度与行为对我国旅游地居民进行了类型划分,其中使用了聚类分析的方法。黄洁和吴赞科[96]以浙江省兰溪市诸葛、长乐村为例,借鉴了 Ap 和 Crompton 的研究框架,根据实际情况设计了代表积极和消极影响的20个因子的项目,并采用主成分因子分析的方法,分析了当地居民旅游影响的感知,且通过聚类分析进行细分,划出了对旅游发展持不同观点的3类人。从国内外的研究成果来看,大部分都是从旅游经济影响感知、旅游社会文化和旅游环境影响感知3个方面设置评价指标。

与理论研究相比较,近些年来目的地居民的感知的个案研究占主导。李琛等[97]研究御道口森林草原风景区旅游地居民的旅游感知;尹立杰等[98]以安徽天堂寨为例从地方感知角度出发对乡村旅游地居民旅游影响感知进行了深入研究。梁旺兵和史雯[99]研究敦煌当地居民的旅游影响感知发现,跨文化旅游对当地居民的影响主要集中在文化交往、经济发展和环境变化3个方面。

从以上的研究我们可以看出,近些年,学者们对旅游影响从独宠旅游带来的经济影响,到全面研究旅游的经济、社会和文化3个方面影响。目前旅游影响研究已经作得比较细致且充分。从居民感知角度研究旅游影响出现较晚,虽然居民旅游感知的研究在旅游学术界日渐受到重视,但是还存在如下问题:①学者们在研究的过程中多倾向于采取实证研究方法,利用问卷调查和社会统计分析方法来进行问题的检验。②实践个案研究多,相关的理论研究少。③国内居民感知与态度实证研究主要借鉴了国外现有的量表。但由于文化背景差异,国内对相关量表的开发研究具有理论和现实意义[100]。

1.3.2 乡村旅游地农户土地流转效益感知的影响研究进展

本书主要从农户土地流转意愿、农户乡村旅游发展态度和农户乡村旅游参与行为3个方面研究乡村旅游地的农户土地流转效益感知的影响。因此下面将分别分析农户土地流转意愿、旅游发展态度和旅游社区参与行为的研究进展。

1. 农户土地流转意愿研究进展

农户土地流转意愿研究一般围绕农户土地流转的倾向和影响因素。蔡海燕等[101]综合分析大量土地流转的相关文献发现经济发达地区农户的土地流转意愿和土地流转程度远高于欠发达地区的农户农地流转的意愿,这受农户所在地区的经济发展程度、二三产业发展程度、剩余劳动力转移情况和政府扶持政策等因素影响。

Mertens 和 Vranken[102]研究了乌干达西部居民的土地交易意愿,通过分析 401 名农民地块的所有权、地块位置和山体滑坡风险的详细数据发现,乌干达西部居民更愿意把他们的土地卖给家庭成员,即使这样土地收入可能会少一些。此外当土地不容易发生滑坡时,村民更愿意把他们的土地卖给穷一点的买家,如果土地容易发生滑坡,没有居民愿意把土地卖给经济状况不好的人。Macours[103]在对租赁市场的分析中发现不稳定的产权是制约米尼加国土地租赁市场的因素之一。Krusekopf[104]也指出土地使用权制度会对土地交易产生影响。Deininger 等[105]对埃塞俄比亚的研究中也证实了土地登记认证使土地租赁的安全性提高,从而增加了人们参与土地租赁的积极性。Deininger 等[106]在对 1995—1998 年间尼加拉瓜的数据展开分析后指出信贷市场的不完善抑制了土地销售市场的需求。Jin 和 Jayne[107]在对肯尼亚的分析中发现家庭收入和贫困是对土地租赁市场作用较大的因素。Gandorfer 等[108]指出农户的风险意识对其生产决策行为影响很大。Vranken 和 Swinnen[109]在对匈牙利的研究中验证了户主的受教育程度与土地租赁正相关,而农户的经验与能力决定了其是否参与土地租赁。Duesberg 等[110]则认为在没有继任者时老年户主倾向于不流转家庭农场的土地。Huy 和 Nguyen[111]认为农田租赁市场会受到交易成本的限制。

国内对土地流转的影响因素的研究很丰富,研究结果展示的影响土地流转的因素也呈现多样性。刘卫柏和李中[112]通过调研和数据分析法对新时期的农村土地流转的模式运行绩效进行了研究,发现不同地区农村土地流转数量存在差异以及土地流转市场发达程度低等问题。蔡海燕等[101]于 2016 年对当时有关农户土地流转的影响因素进行综合分析后,认为农户土地流转的影响因素分为劳动力(劳动力数量、年龄、受教育程度、职业类型、健康情况和非农技能等)、资本(收入状况、非农收入比例等)、土地(规模、产权、种植作物、土地资源禀赋等)、市场(地区经济发展水平、社会保障、政策、法律)4 个类型。黄金榜[113]在 2013 年对当时有关农民土地流转动力机制的影响因素的研究进行综合分析,发现影响农户土地流转的因素分为制度性因素和非制度性因素两大类。其中制度性因素主要有土地流转的政策法规、政府的监督管理、社会保障政策、土地流转市场和信息机制、土地产权继承制度、交易成本以及社会因素等方面。非制度性因素主要有农民个人情况、土地流转情况以及交易收益等诸多因素,其中农民的个人情况包括农民观念和素质、农民受教育程度、年龄、未成年子女数、性别、农地经营能力、劳动力素质和数量、劳动力转移、非农就业技能、非农就业选择、农民家庭收入、外出务工、人地矛盾、家庭支出以及家庭生存发展方式等;土地流转情况包括每亩农业纯收入、原有土地面积,气候、地形等自然条件,土地价格,土地流转规范性,流转途径,流转期限,农户土地分布规模,土地用途,流转方式以及土地经营类型等;交易收益因素主要包括土地租金、非农收入、流转后的社会保障水平以及土地流转溢出效应等因素。崔惠斌等[114]综合分析了国内外有关土地流转影响因素的文献,认为国内外学者从宏观的政策体系和制度安排、中观的市场发育和建设以及微观的市场主体禀赋特征 3 个层面研究居民土地流转的影响因素。其中,宏观上主要包括土地产权制度安排、惠农政策和农村社会保障制度等因素;中观层面主要包括农村市场化、劳动力转移和土地流转市场中政府行为、工商资本和交易费用等因素;微观层面主要包括农户个体禀赋和农户家庭禀赋。沈萌[115]基于解构计划行为理论,分析了武汉城市圈居民土地流转的影响因素,表明农户的个体特征是农户农地转出意愿的影响因素,且土地转出带来的经济收益是农户农地转出意愿最大动力,而就业保障程度则是农户农地转出意愿产生的最大阻力,感知风险对农户农地转出意愿具有负向影响。张方云[116]研究了农户主体特征、农户家庭特征、土地流转市场认知特征、社会保障特征以及农户对旅游影响的感知5个方面对农户土地流转意愿的影响,结果表明农户的旅游影响感知因素对农户的土地流转意向影响最大,其次是土地流转中介组织的成立、家庭年收入、受教育程度、土地流转合同的签订。农户旅游负面影响的感知对居民土地流转意愿产生消极影响,其他因素对农户土地流转意愿呈积极影响。冀县卿和钱忠好[117]基于江苏、广西、湖北、黑龙江四省(区)的调查数据,对影响农地流转的关键因素进行了实证分析。结果表明农户的家庭劳动力、土地、资本、土地确权以及村庄环境5个特征中均有变量对农地流转产生显著性影响。许恒周等[118]以天津和山东两地为例,分析了农户农地流转意愿的影响因素,结果表明农户的年龄、文化程度、非农就业技能、非农收入比重、职业类别、职业分化程度、经济分化程度、对农地产权稳定性的认知、是否参与社会养老保障和家庭农业劳动力人口数量对农户农地流转意愿具有显著的影响;而农户的性别、婚姻状况、健康状况、家庭土地承包面积、有无流转中介组织和是否签订书面流转合同对农户农地流转意愿没有显著影响。

从以上研究可以看出,学者通常将农户的土地流转、交易意愿和其影响因素一起研究。土地交易与土地制度、居民家庭情况和居民的风险意识受教育程度等个人情况有关。农户的土地流转主要受农户个人特征因素(如性别、年龄、受教育程度、就业情况、恋土情节等)、农户家庭特征(如家庭收入及收入来源、家庭社会关系、交通情况)、土地流转市场特征(土地流转价格、土地流转政策的了解程度、土地用途等)、政策制度因素(如养老保险制度、医疗保险制度以及我国现行的土地制度和户籍制度等)以及其他因素[113-116]影响。

2. 旅游发展态度研究进展

旅游接待地的农户是否支持开发旅游项目是旅游能否取得成功和实现可持续发展的关键[119,120]。探究旅游目的地的农户对旅游发展的态度,有利于厘清当地农户和乡村旅游发展之间的关系,对当地政府和旅游开发商有效管理旅游并实现旅游的可持续发展都具有非常重要的意义[121]。在旅游研究领域,农户对旅游发展的态度一直在旅游研究中占有重要地位。

国外有关农户旅游发展态度的研究起步较早,他们的相关研究多结合旅游感知来探讨农户对旅游发展的态度以及影响因素,并获得了实证研究结果,形成了相关理论[120]。

1)居民旅游发展态度的类型研究

旅游的有效发展可以给当地居民带来经济、社会文化和生态等方面的积极影响,但不合理的旅游发展也会给当地的经济、社会文化和生态带来负面影响。不同的旅游发展情况下,居民对旅游发展的态度不同。Doxey在1975年提出了旅游发展阶段理论和"愤怒指数"模型,他指出随着旅游开发的深入,处于不同旅游发展阶段的居民对旅游发展的态度不同。该模型认为随着旅游的发展,旅游目的地的居民对旅游发展的态度从最初的愉快(乐于接触旅游),演变为冷漠(对游客逐渐感到冷漠)、恼怒(对物价上升、犯罪率提高及文化遭受破坏等负面影响表示愤怒),最后转变为对抗(对游客进行冒犯)。Smith和Krannich的研究结果表明较高的旅游发展水平下居民对社区社会条件的满意度反而较低,对旅游的态度也不太好[122]。不同的居民的个体特征可能不一致,导致不同居民对旅游发展的态度存在差异。Gursoy[88]的研究指出,居民对旅游发展态度可能包括反对(resistance)、回避(retreat)、有条件维护(boundary maintenance)、主动支持(revitalization)和接受(adoption)5种类型。Fredline和Faulkner[123]依据居民对旅游发展的不同态度将居民分为矛盾支持者(ambivalent supporter)、憎恨者(hater)、现实主义者(realist)、热爱者(lover)和顾虑者(concerned for a reason)5类。Presenza等[124]研究了意大利一个滨海目的地,依据居民对旅游发展的不同态度将居民划分为积极主动者(activists)、无期待者(disenchanted)、支持者(favorers)和反对者(opposers)4种类型。

虽然可以将居民对旅游发展态度分为不同的类型,但是在很多研究中将居民对旅游发展的态度分为积极和消极两种,或者用"旅游支持度"(support for tourism development)这个单一指标来衡量居民对旅游发展的态度[125-127]。在居民旅游感知对旅游态度影响以及旅游态度对其他因素的影响时,通常居民对旅游的态度都是用旅游支持度来衡量[126,128]。Teye指出居民对旅游业的期望并没有得到满足,乡村旅游从业人员对旅游发展的态度也比较消极[129]。本质上,居民对旅游发展的不同类型的态度也就是居民对旅游支持度的差异。因此,为了方便研究村民的土地流转效益感知、土地流转意愿、乡村旅游发展态度和旅游参与行为之间的相互关系,本书采用基于对旅游发展支持程度的"支持旅游的态度"作为居民乡村旅游发展态度的测量变量。

2) 居民旅游态度的影响因素

国外有较多学者研究社区居民旅游发展态度的影响因素。社区居民相关的许多因素,如旅游影响感知、与旅游的相关度和社区参与度等,都可能会影响社区居民对旅游发展的态度[128]。Gursoy等[130]通过分析社区居民对大众旅游和非大众旅游的不同态度,认为社区对旅游的支持受到社区关注水平、社区依恋、生态中心价值、旅游资源利用基础、当地经济发展状况、旅游影响感知等多因素的影响。Stylidis等[131]和Tovar等[132]指出,社区居民对旅游产生的经济影响、社会文化影响和生态环境影响的感知,影响其对旅游发展的态度。

Nunkoo和Gursoy[133]从认同的视角出发,认为基于资源的职业认同、环境认同和性别认同对居民支持旅游发展的行为有显著的影响。Sinclair-Maragh[134]基于认同理论,分析了性别、年龄、月收入、受教育水平、种族、居住时长等人口统计特征与支持旅游态度的关系,研究发现女性比男性更支持旅游发展,而且18岁至25岁的居民和黑种人更支持旅游。Woo等[135]则认为居民感知到的旅游发展价值对居民的物质和非物质生活满意度均有正向的影响,并促进其总体生活质量提高,而高水平的总体生活质量将正向影响居民旅游发展支持度。也有研究认为居民的旅游积极影响感知对居民的旅游发展态度产生影响,但是居民的旅游消极影响感知对居民的旅游发展态度不产生影响[136]。社区居民参与旅游的目的就是从旅游发展中获得日常生活和生产所需的经济收益,当人们从旅游发展中感知或获得经济方面的收益时,将表现出支持旅游发展,因为这与他们的利益诉求相一致[128]。因此,经济因素被认为是影响居民支持旅游态度的重要因素之一。实际上,这符合社会交换理论的假设。根据社会交换理论,那些把旅游产业视为优先发展的产业的人,会比其他人感知到更多的收益,而他们也将更可能支持旅游的发展。例如，McGehee 和 Andereck[137]、Sirakaya 等[138]、Brunt 和 Courtney[78]的研究结果都表明，旅游产业的员工，或者收入依赖本地旅游业发展的居民，他们对旅游发展的态度更积极。Fernando 等[128]对众多居民旅游发展态度的相关文献进行综合分析，结果表明许多学者的研究证明性别、年龄、收入水平、受教育程度以及与旅游地的距离等人口统计变量也影响居民对旅游发展的态度。

居民旅游发展态度的研究在国外起步较早，且得到了较多学者的研究，但在我国，居民旅游发展态度相关的研究起步较晚，且文献数量相对较少。史春云等[85]以九寨沟、庐山和周庄为例，比较了不同的旅游地居民感知与态度的差异，结果表明居民对社区的情感依赖和旅游开发正面影响的感知是居民支持旅游发展稳定的重要因子。汪彦[139]评价了社区居民对乡村旅游发展的态度，并认为居民的年龄、职业、文化水平以及与旅游业的密切程度会影响居民的旅游态度。不同的旅游发展阶段的居民对旅游发展的态度存在差异[140-142]。陈燕[140]以云南的傣族和哈尼族村寨为例，比较了不同旅游生命周期阶段民族旅游地居民对旅游的态度，发现虽然两地村民都支持旅游发展，但是处于不同生命周期阶段的民族旅游地居民对旅游发展的态度仍然存在显著差异，旅游发展成熟的傣族村寨居民由于与旅游经营者以及政府出现了矛盾，导致傣族村寨居民对旅游发展的支持度相对较低。王雪娇[143]研究了海南省居民旅游影响感知对居民旅游开发意愿的影响，结果表明旅游目的地居民对旅游的正面影响感知对居民的旅游开发意愿呈正向影响，而他们旅游的负面影响感知对居民旅游开发意愿不产生影响。蔡伟[144]和黄杰龙[145]研究了乡村旅游中居民对旅游发展的态度。蔡伟[144]的研究结果表明，居民某些个人特征对居民的旅游态度产生影响，且居民对旅游的认知与态度间存在显著的正相关性，居民对旅游的认知程度越高，越支持本地发展旅游。黄杰龙[145]的研究表明农户的旅游感知对其乡村旅游发展态度具有部分显著的效果，且农户个体特征对农户的旅游感知和旅游态度存在部分显著影响。胡巧娟[91]研究了乡村旅游地居民旅游效应感知和态度，结果表明研究地处于旅游地生命周期的发展初期，根据 Doxey 旅游发展态度阶段理论，当地的居民态度处于"融洽阶段"，该研究将对旅游发展持不同态度的居民分成 3 类，即积极支持者、理性支持者和冷漠支持者。该研究结果还表明居民态度与居民的性别、年龄、社区依附程度以及对旅游效益的感知有关。

3）研究评述

居民旅游发展态度在国外研究中受到广泛的关注，而在我国相关研究成果相对有限。在已有研究中，学者们较为关注旅游对居民生活的影响以及这些影响与居民旅游发展态度的关系，也关注认同、地方依恋、公平感知等心理因素的作用。目前仍未见有从土地流转的角度对居民旅游发展态度的研究。根据社会交换理论，在乡村旅游情境下，"交换"行为包括村民生活与土地流转和旅游开发之间的"交换"。如果社区居民从土地资源的开发利用中感知到的收益大于成本，他们更愿意支持乡村旅游的发展。土地流转效益感知实际上是村民在乡村旅游背景下对收益与成本感知的另一种体现。因此，研究土地流转效益感知与支持乡村旅游态度的关系可以进一步加深对村民乡村旅游发展态度的认识，有利于更好地促进乡村旅游可持续发展。

3. 旅游社区参与行为研究进展

社区参与是旅游的基本要求,也是旅游成功开发的关键因素。1985 年,Murphy[146]在《旅游:社区方法》(Tourism:A Community Approach)一书中首次定义了旅游发展中的社区参与(community participation/involvement)行为。他提出,在旅游目的地规划时应尊重并考虑社区居民的想法与意愿,利用提高社区参与来降低旅游的消极影响,强调社区居民的意见在旅游开发、规划和管理中具有重要影响。保继刚和孙九霞[147]认为社区参与旅游发展是指在旅游的决策、开发、规划、管理、监督等旅游发展过程中,充分考虑社区的意见和需要,并将其作为开发主体和参与主体,以便在保证旅游可持续发展方向的前提下实现社区的全面发展。

无论国内外,最初在进行旅游开发建设时,往往忽视了社区参与,大多数是由政府或旅游企业主导的自上而下的开发建设行为,这使得旅游发展与社区脱离,带来了很多方面的问题[147]。随着社区居民作为主体参与当地旅游发展的作用越来越显著,国内外学者们对社区居民参与旅游的实证研究主要有社区参与模式和机制、社区参与的影响因素、社区参与内容等方面。

1)社区参与模式和机制

在研究中,国外学者们普遍积极倡导乡村旅游"社区参与"(community participation)的管理模式,但就当地旅游发展阶段的不同和国情的不同,分为有"由下而上"(bottom-up)、"由上而下"(top-down)或二者兼而有之的管理模式[148]。Jenkins 和 Henry[149]分析了发展中国家政府干涉旅游业发展给社区居民带来的影响,研究认为政府应该负责旅游规划,而旅游发展的具体执行者应当由当地居民负责,政府要和居民一起合作,实施"政府+居民"的发展模式。Hampton[150]对印尼 Java 和 Borobudur 地区居民的参与模式进行调研,研究发现当地社区居民主要以公司员工、私营商业部门和个体户 3 种形式参与旅游,也使得当地社区居民的旅游收入直接从游客处获得。Campos[148]认为发展乡村旅游除了促进当地社区经济发展外,还对当地的社会文化起到推动作用。但由于在旅游发展中投资成本过高以及社区管理能力较弱,作者认为发展旅游不能仅靠外部自上而下发展模式,应该由社区居民自主形成自下而上的参与模式,这种模式具有较长的生命周期,能够激发社区居民参与的热情,带来更多效益[148]。

我国国内的社区参与模式研究成果丰富,学者们提出了国内现有的社区参与模式主要有社区主导型、企业主导型、政府主导型以及混合型四大类型[151]。四大类型中又存在居民、公司和政府三大主体之间不同组合的合作开发和股份制模式[151]。刘静艳等[152]提出了"旅游企业主导的社区参与模式",并探讨了该模式可持续运作的关键环节和优化模式。廖珍杰[153]认为社区参与乡村旅游发展有"公司+农户"模式和股份制模式两种典型模式,并指出乡村旅游地可根据自身具体情况如资源禀赋、经济基础和制度基础等选择适合自己的模式。刘颖[154]提出乡村旅游发展中社区参与的模式主要有当地政府的引导参与、旅游企业的主导参与和社区居民的自主参与 3 种。熊金银[155]提出社区参与模式主要存在以下 4 种可供选择:农户之间的结合模式,农户与企业的结合模式,旅行社、企业、政府相结合的模式,股份制模式。蔡碧凡等[156]对比了社区参与旅游发展中的基层组织引导社区参与模式、企业(景区)带动社区参与模式以及社区居民自主参与模式这3种模式的特点和共性,指出社区参与的程度依旅游发展阶段而有所不同。

2)社区参与的影响因素

国外研究中影响社区参与的因素主要有居民的个人特征因素、地方政府、旅游企业、物理环境因素和社会环境因素五大类[151]。居民对社区参与旅游的影响因素较多。如居民参与旅游的方式[157]、居民个性[158]、性别、情感团结、知识、参与程度、意识、居民态度[159]、收入、教育[160]。Rasoolimanesh等将居民对旅游的感知分为积极和消极感知,其研究表明居民旅游发展的积极感知对社区参与旅游发展有着显著的影响,但是居民旅游发展的消极感知对社区参与旅游发展的影响不显著[157,161]。除上述居民因素外还有地理环境因素,包括社会资本[159]、气候、移民和资源与文化[162]。上述学者均是从居民对社区参与旅游发展的影响方面进行研究,然而,还有一些学者从社区旅游发展对居民和经济等方面的影响进行研究[159]。

刘静艳等[152]的研究表明社区主人翁意识、公共福利、教育培训机会以及经济收益等是影响社区参与旅游的重要因素。熊金银[155]提出乡村旅游发展中,旅游地的社会文化、政治因素、经济因素以及居民素质都会对社区参与旅游的模式造成影响,其中用地补偿、经济收入预期、自然资源产权制度、引导制度等因素对社区参与旅游的模式产生较大影响。胥兴安等[163]以山东省沂南县竹泉村为例,通过建立结构方程模型,对居民感知公平、社区支持感和社区参与旅游发展之间的关系进行了实证检验。研究表明:居民感知公平和社区支持感分别对社区参与旅游发展具有正向影响。王兆峰和向秋霜[164]基于MOA模型,研究发现参与能力对社区参与乡村旅游扶贫不存在显著正向影响,但参与机会、参与能力均对参与动机存在显著正向影响。冯伟林和冉龙权[165]以重庆武陵山片区为例,在调查研究中发现影响社区及农户参与的因素主要表现为:地方政府未给予参与的机会和权利;当地农户对旅游业不够了解;缺乏政府的引导;缺乏技能培训和资金支持等。张建荣和赵振斌[166]指出社区参与过程中权利缺失或不对等现象极为常见,村民担心维权会给自身当前处境带来负面影响,因此村民不愿提出增权诉求。路幸福和陆林[167]通过对宏村等4个乡村旅游地的实证研究表明,文化归属、利益分配、效益认同、组织需求、政策支持、参与能力6个因素是居民参与的主要影响因素。翁时秀和彭华[168]以浙江省楠溪江芙蓉村为例,发现权力关系制约着社区参与旅游发展。

3)社区参与内容

关于社区参与的内容,Scheyvens[169]认为,社区参与要求当地居民从经济、心理、社会、政治等全方位参与旅游开发,这样才能分享旅游开发所带来的利益,并促进其成功。Tosun[160,170]指出,真正意义上的社区参与旅游决策在发展中国家还未实现,多停留在协商型或操纵型参与阶段,倡议从旅游管理、旅游培训和旅游规划3个维度对社区参与现状进行评价。刘炜华[171]提出,居民参与旅游发展主要包括授权居民自行决定旅游发展目标,倾听居民对发展旅游的希望与看法,并将这些意见纳入到政府的决策中。

近年来国内居民参与旅游的方式和行为越来越多,相关研究也得到丰富。黄静波等[172]认为居民参与生态旅游发展的行为分为参与教育与培训行为、参与旅游决策行为、参与环境保护行为、参与利益分享行为。戴文俊[173]认为居民参与旅游发展的行为主要有参与旅游的经济性行为和参与旅游的管理性行为。并通过分析问卷和访谈数据发现石羊镇居民参与旅游的经济性行为虽然多样,但多数是门槛低的负责日常运行的基础性工作,当地居民很少参与旅游管理工作。雷硕等[174]研究了农户在生态旅游发展中参观景区、参与活动和参加培训等旅游参与行为。贺小荣和张杨[175]通过政府征询居民发展旅游的意见、参与旅游教育和培训次数、参与环境保护的次数来衡量居民的旅游参与行为。罗文斌等[176]和卢冲等[177]仅用是否参与旅游扶贫一个选项来衡量农户的旅游参与行为。张金鑫[178]从参与决策、参与保护和利益维护3个方面研究村民乡村旅游参与行为。范香花等[179]和卢小丽[180]从居民的旅游决策行为、利益分享行为、教育与培训行为、环境保护行为4个方面分析居民旅游参与行为。有些学者在研究居民参与行为时,研究的是居民参与旅游的意愿和态度[181]。

4)研究评述

社区参与旅游的研究中,关于社区参与旅游的模式机制和影响因素的研究较为丰富和完善;而关于社区居民具体参与旅游行为的研究起步较晚,结果少且没有形成一套较完善的评价体系。虽然居民对旅游影响的感知和旅游发展态度被认为是影响社区参与的重要因素,但现有研究中仍未有关于社区居民对乡村旅游发展中土地流转效益的感知与社区参与的影响研究。本书将乡村旅游目的地居民对土地流转的经济、社会和生态效益的感知视为影响社区居民参与的重要因素,并认为它能进一步影响社区居民维护或促进乡村旅游发展的行为。该研究视角是对社区参与研究的扩展和补充。

1.3.3 乡村旅游与土地流转综合研究进展

国外学者对于乡村旅游发展中土地流转问题的研究比较少,最早开始注意到这个问题的是McMurry,他在《游憩活动与土地利用的关系》(*The use of land for recreation*)中提出农村地区的土地利用情况的变化与乡村旅游的发展存在一定关联性。之后的学者在乡村旅游开发中利益相关者的问题上对这方面也有所涉及。

2006年,乡村旅游开始蓬勃发展后,国内的旅游用地问题开始受到关注。特别是2008年10月,中共十七届三中全会通过了《中共中央关于推进农村改革发展若干重大问题的决定》,决定提出"加强土地承包经营权流转管理和服务,建立健全土地承包经营权流转市场,按照依法自愿有偿原则,允许农民以转包出租、互换、转让、股份合作等形式流转土地承包经营权,发展多种形式的适度规模经营"[182]。随后,关于旅游发展中的土地流转的总体研究数量增多,但2009—2020年,相关研究数量仍然较少,年增加文献量呈稳定波动变化。作者通过在中国知网平台以"乡村旅游"为检索词在检索项"关键词"进行第一次检索,然后以"土地流转"为第二次检索词选择关键词检索项在第一次的检索结果中进行检索,检索文献的时间不限,共检索出75篇文献,结果如图1.4所示。其中学术期刊文献52篇,学位论文15篇(博士论文1篇,硕士论文14篇),国内学术会议论文2篇,报纸文章1篇,特色期刊文献4篇,成果1篇。

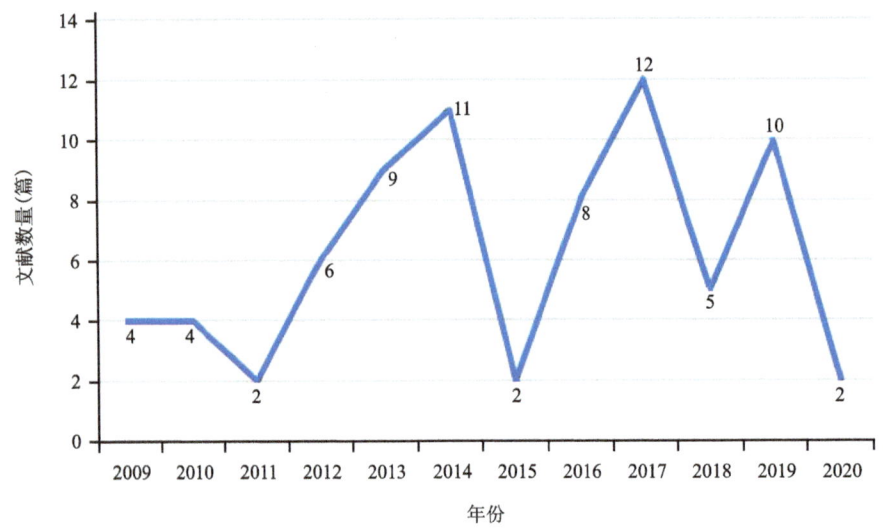

图 1.4 国内乡村旅游和土地流转综合研究成果数量①

国内乡村旅游和土地流转的综合研究起步较晚,仍处于探索发展阶段[183]。乡村旅游和土地流转综合研究的内容主要有土地流转与乡村旅游发展关系研究[184,185],乡村旅游地的土地流转效益[186-190],土地流转风险和农民权益保障[191-193]、乡村旅游地的土地流转意愿及影响因素[38,194-196]等。从研究视角及研究范式而言,实证研究及范式研究都较为薄弱,缺乏以多视角、多学科角度进行交叉系统研究,主要是对乡村旅游土地流转的操作模式、存在的问题及影响进行了分析,并提出相应的应对措施,但分析都较为浅显,缺乏深度的挖掘[183]。从研究方法而言,主要以定性方法为主,很少有研究进行定量分析,导致整个领域的研究深度不足[183,196]。

乡村旅游与土地流转综合研究的定量分析研究在 2017 年以后得到较快发展,研究成果多为硕士论文。主要是分析乡村旅游中的土地流转意愿和影响因素以及评价乡村旅游地的土地流转效益。但是乡村旅游地的土地流转意愿和影响因素研究中仅有张方云[116]和周庆[38]将居民的旅游影响感知看作是居民土地流转意愿的影响因素并进行研究,且乡村旅游地的土地流转效益研究中绝大数以统计年鉴中获取的客观数据评价土地流转的效益,缺乏从农户主观视角研究乡村旅游地的土地流转效益。刘昆龙[197]研究了村民乡村旅游的正负面评价和土地流转意愿,但没有研究二者之间的关系。此外土地流转还没有研究将土地流转中的土地流转效益和土地流转意愿与乡村旅游中的居民态度和社区居民参与行为这些重要领域进行综合研究。

综上分析发现随着研究的进步,现有文献中有关乡村旅游发展和土地流转的研究越来越多。总结相关研究呈现以下特点。

---

① 数据来源:中国知网。

(1)土地流转影响与效益评价研究较多,但大部分是使用土地利用数据和统计年鉴数据从客观角度评价土地流转的效益,较少从居民/农户主观感知的视角出发。

(2)土地流转意愿和影响因素研究有较多的研究成果。但由于受到学科的视角和研究方法等限制,目前更多的研究是从宏观、机构的角度对土地流转与其他要素之间的关系进行了客观探讨,在微观层面从农户视角探讨土地流转效益和意愿的研究还需要丰富。

(3)居民旅游发展态度在国外研究中受到广泛的关注,而在我国相关研究成果相对有限。在已有研究中,学者们较为关注旅游影响对居民旅游发展态度的影响,也关注认同、地方依恋、公平感知等心理因素的作用。目前少有从土地流转的角度对农户旅游发展态度的研究。

(4)社区参与和旅游发展已成为业界、学界共同关注的重点。此外,已有的研究多从社区参与和旅游发展的关系入手,或是关注社区参与本身,而较少考虑社区参与对旅游区复合系统其他因素的关联性。

总之,现有研究中,关于旅游影响感知、旅游发展态度和社区参与,以及土地流转效益、土地流转意愿等主题的单向研究较为丰富。但在不同主题的结合研究中,乡村旅游地的农户土地流转效益感知、土地流转意愿与旅游发展态度、社区参与旅游行为的结合研究很少,土地流转效益感知及对土地流转意愿、旅游发展态度和社区参与行为影响的综合研究具有理论和实践意义。

1.4 研究内容及技术方法

1.4.1 研究内容

本书基于乡村振兴的时代大背景,乡村旅游繁荣发展和土地流转持续推进潜力与风险并存的现实,在理论分析相关研究的基础上建立了土地流转效益感知及影响的模型,并以武汉市乡村旅游地的农户为研究对象,围绕"内涵梳理—体系构建—效果评估—关系验证"的思路开展实证研究。本书共分为7章,各章主要有以下内容。

(1)第1章为绪论。包括本书的研究背景、研究目的和意义、研究概况、研究内容、研究方法和研究的技术路线与创新点。

(2)第2章为理论和模型研究。界定土地流转、乡村旅游和乡村旅游地的土地流转效益感知、土地流转意愿、乡村旅游发展态度、农户参与行为等概念,分析地租理论、社会交换理论和态度行为理论为研究作好理论支撑,并基于相关理论和相关研究结论构建农户土地流转效益感知-意愿-态度-行为模型框架,并提出相关假设。

(3)第3章为研究区域与研究设计。分析武汉市的自然和社会经济概况及其乡村旅游发展和土地流转现状。基于文献分析、农户访谈、专家修正以及试调研修正来设计正式研究问卷和评价指标。

(4)第4章为构建农户土地流转效益感知及影响的评价体系。阐述选择研究区域和收集问卷数据的过程,并对收集的数据进行描述性统计分析。通过信度分析、效度检验、项目总体相关系数分析和探测性因子分析来分析样本数据情况,确定农户土地流转效益感知、农户土地流转意愿、农户乡村旅游发展态度和农户乡村旅游参与行为的评估尺度,并将农户的土地流转效益感知分为产业经济效益感知、社会生活效益感知和生态效益感知3个维度,将农户乡村旅游参与行为分为乡村旅游认知行为、乡村旅游促进行为和乡村旅游监管行为3个维度。构建了乡村旅游地农户土地流转效益感知及影响的评价体系。

(5)第5章为农户土地流转效益感知及影响分析。基于前文构建的评价体系,评价武汉市农户土地流转效益感知及其影响的农户土地流转意愿、农户乡村旅游发展态度和农户乡村旅游参与行为水平。基于前文形成的概念模型和评估尺度,验证前文提出的关于农户土地流转效益感知对农户土地流转意愿、农户乡村旅游发展态度和农户乡村旅游参与行为影响的假设。

依据正式调研获取的样本数据,评估武汉市乡村旅游目的地农户土地流转效益感知、农户土地流转意愿、农户乡村旅游发展态度和农户乡村旅游参与行为。

通过相关分析、回归分析、逐步回归分析以及结构方程分析方法,分析农户土地流转效益感知变量对农户土地流转意愿、农户乡村旅游发展态度和农户乡村旅游参与行为3个变量的影响机制。

(6)第6章为农户土地流转效益感知及其影响的农户特征差异。基于前文形成的评价体系,通过独立样本T检验和单因素方差分析方法,检验农户的个体特征、家庭特征、旅游相关度特征和土地流转市场特征各变量对农户土地流转效益感知、农户土地流转意愿、农户乡村旅游发展态度和农户乡村旅游参与行为的影响。

(7)第7章为研究结论、启示与展望。依据前文分析,全面总结本书的研究结果,提出有利于土地可持续利用和乡村旅游可持续发展的建议,总结本书的研究局限,阐述未来的研究展望。

1.4.2 研究方法

乡村旅游地农户土地流转效益感知及影响研究是一门综合性、跨学科的研究领域,其研究涉及旅游学、统计学、地理学和社会学等多个领域,笔者坚持理论与实证研究相结合、定性与定量分析相结合的原则,综合运用文献研究法、实地调查法、实证研究法和统计分析方法综合研究农户土地流转效益感知及其影响的土地流转意愿、乡村旅游发展态度和农户参与行为。具体运用的研究方法如下。

1)深度访谈法

访谈法是定性研究非常重要的方法之一,深度访谈又称为无结构访谈或自由访谈,没有事先设计的问卷,是一种引导访问式的访谈方式,可以为研究获取更为丰富详尽的资料,弥补问卷调查的不足。我们所访谈的对象主要是乡村旅游目的地附近的农户,他们的教育背景差异非常大,加之平常很少用文字书写和表达,对文字理解有一定的困难。考虑到农户生活影响感知和土地流转效益评价属于心理学的范畴等因素,本书都是采用深度个案访谈,让农户自由表达自身想法,避免他人过多的干扰。本书中关于研究地的乡村旅游发展现状、土地流转现状和部分问卷题目的资料将由此方法获得。

2) 参与观察法

参与观察是研究者深入研究对象的生活情境中,在共同的生活劳作之中,通过观察,审视他们的行为及感知变化,同时,对他们的行为在访谈过程中寻求他们自身的解释,获得研究对象所处的社会的真实图景及体验,以降低研究者以自我看法加于研究对象的可能性。

3) 问卷调查法

问卷调查是数据采集最常用的方法,也是获取第一手资料的重要手段之一。问卷调查具有标准化的特点,用同一份问卷进行询问,多使用封闭式提问和回答。本书中,关于农户土地流转效益感知、农户土地流转意愿、农户乡村旅游发展态度和农户乡村旅游参与行为定量研究所需的数据都是通过此种方法获得。

4) 统计分析法

本书对乡村旅游发展中农户土地流转效益感知、农户土地流转意愿、农户乡村旅游发展态度和农户乡村旅游参与行为及其相关关系的研究,除了定性分析之外,还采用了定量的统计分析方法。对实地调查收集回来的数据,通过综合运用 Excel、Spss24 和 Amos23 等软件,对调研收集的样本数据进行信度和效度分析、探测性因子分析、相关分析和结构方程分析,获取本书相关结论。

1.4.3　技术路线

笔者在系统梳理国内外已有的相关文献资料基础上,依据武汉市乡村旅游和乡村发展的特色,结合 Abler 的感知-态度-行为模型,设计乡村旅游地的农户土地流转效益感知及影响模型,并对农户土地流转效益感知与农户土地流转意愿、农户乡村旅游发展态度和农户乡村旅游参与行为三者的相关关系进行假设。结合学者现有的研究结果、理论模型以及研究案例地的特色,设计研究量表,并经过专家探讨和试调研修正量表。对收集到的问卷数据进行描述性统计分析,并通过信度检验、效度检验、项目总体相关系数分析、探测性因子分析来分析样本数据情况,确定"农户土地流转效益感知-意愿-态度-行为"评价体系。依据均值法评估武汉市乡村旅游地的农户土地流转效益感知以及农户土地流转意愿、农户乡村旅游发展态度和农户乡村旅游参与行为。通过相关分析、回归分析和结构方程模型分析农户土地流转效益感知对农户土地流转意愿、农户乡村旅游发展态度和农户乡村旅游参与行为的影响机制,并通过独立样本 T 检验和单因素方程分析,检验不同的农户特征统计变量对农户土地流转效益感知、农户土地流转意愿、农户乡村旅游发展态度和农户乡村旅游参与行为的影响。最后对全书进行总结,并提出相关启示和不足。

本书的框架与技术路线如图 1.5 所示。

1.4.4　创新点

笔者以武汉市乡村旅游发展中农户的土地流转效益感知及影响为研究对象,评估农户土地流转效益感知、农户土地流转意愿、农户乡村旅游发展态度和农户乡村旅游参与行为,并分析它们之间的关系,有利于从农户视角综合研究乡村旅游和土地流转可持续发展。本书有以下创新。

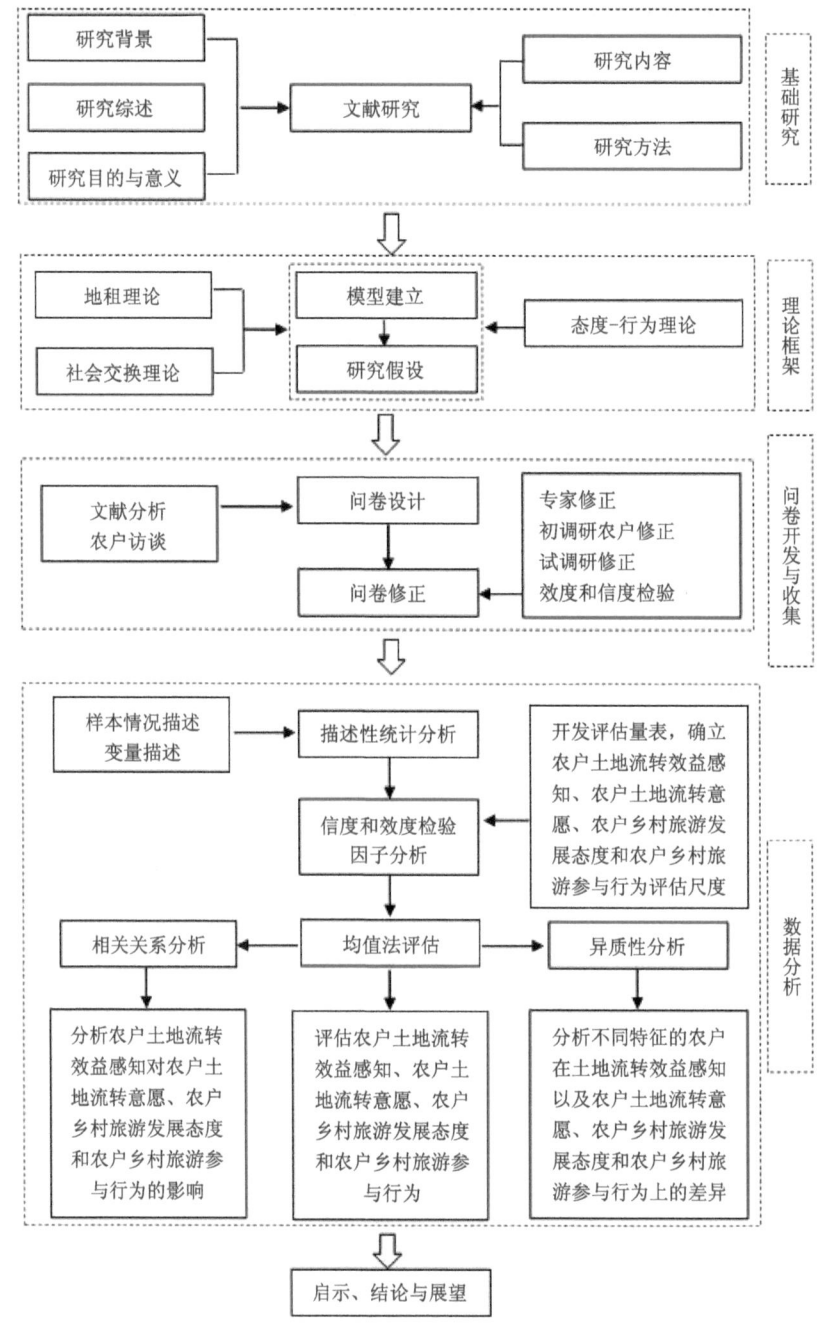

图 1.5 框架和技术路线图

创新点 1：提出并验证了乡村旅游地农户土地流转效益感知及其影响的综合评价体系

本书运用多种统计分析方法提出并验证了乡村旅游发展中农户土地流转效益感知及其影响的农户土地流转意愿、农户乡村旅游发展态度和农户乡村旅游参与行为的综合评估模型和指标，建立了土地流转效益感知-意愿-态度-行为评价体系。本书的土地流转效益感知评估尺度中，同时设计了土地流转效益指标和乡村旅游影响指标，解决了单一的土地利用指标评估乡村旅游地的土地流转效益的影响容易忽视旅游指标的现象,同时乡村旅游参与行为评估尺度中也加入了一些土地利用的指标,弥补了单一类型指标研究的不足。将 Abler 的感知-态度-行为模型从旅游研究中引用到土地利用研究领域,突破了卢小丽和徐松浚将 Abler 的感知-态度-行为模型只用于评估旅游的现象,本书的综合评价体系能够同时评估土地利用和乡村旅游学科的相关问题。同时也突破了土地流转研究[187]中重视评价土地流转效益和意愿,却忽略了结合农户行为进行研究的不足。

创新点 2:构建了乡村旅游地农户土地流转效益感知-意愿-态度-行为的一体化研究结构

现有的研究多从乡村旅游影响、土地流转意愿、乡村旅游满意度、土地流转效益等单一角度构建研究模型,部分文献实现了土地流转效益感知-意愿-态度的综合研究,但没有将居民的旅游参与行为融入其中,其他一些研究实现了旅游发展中的农户感知-态度-行为的综合研究,但没有融合土地流转内容。本书构建了乡村旅游地农户土地流转效益感知-意愿-态度-行为一体化结构方程模型。该模型能够综合分析乡村旅游发展中农户土地流转效益感知、农户土地流转意愿、农户乡村旅游发展态度和农户乡村旅游参与行为,并研究乡村旅游发展中农户土地流转效益感知对农户土地流转意愿、农户乡村旅游发展态度和农户乡村旅游参与行为的影响机制。该模型的建立弥补了在土地流转研究中缺少"感知-态度-意愿-行为"综合研究的不足,并可作为分析工具,帮助管理者识别乡村旅游中影响农户的土地流转效益感知及其带来的对农户土地流转意愿、农户乡村旅游态度和乡村旅游参与行为的影响,这样有利于管理者全面考虑提高农户土地流转效益感知,提升农户土地流转意愿,改善农户乡村旅游态度和引导村民积极参与乡村旅游,进而促进乡村土地可持续利用和乡村旅游的快速有效发展。

第 2 章 理论与模型研究

2.1 基本概念界定

2.1.1 土地流转内涵

土地流转是指土地使用权、所有权、经营权等权益人的变更。在本书中指土地使用权流转,是拥有土地承包经营权的农户将土地经营权(使用权)转让给其他村民或经济组织,即保留承包权,转让使用权。经过不断的探索和发展,农村土地流转的方式逐渐多样化,流转的具体方式主要见于《农村土地承包经营法》《物权法》的相关规定之中。得到这两部法律认可的流转方式主要有转包、出租、转让、互换、抵押、入股[198]。笔者在实践调研中了解到研究区农户很少大规模转入农用地发展乡村旅游,他们也不愿意流转出宅基地,因此本书中的土地流转特指农户流转出农用地行为。

2.1.2 乡村旅游内涵

近一个多世纪以来,乡村旅游一直被欧洲部分地区视为乡村社会经济复兴的有效驱动力[199]。例如,德国有着悠久的乡村旅游传统,其起源可以追溯到 160 多年前[200]。随着乡村旅游在世界范围内的发展,乡村旅游的概念也在逐渐演变。1994 年,欧盟(EU)和世界经济合作与发展组织(OECD)将乡村旅游(rural tourism)定义为发生在乡村的旅游活动。Lane[3]提出乡村旅游是在乡村地区的旅游活动,具有明显的乡村性、传统性,发展规模较小,反映环境、经济等各类情况。Brohman[201]认为,乡村旅游的基本属性和核心卖点是其特有的乡村性,并且特别强调乡村性在旅游实际中的具体体现方式有当地居民经营管理的小规模企业、居民社区参与、文化遗产与环境保护等。Su[5]认为乡村旅游可被定义为"乡村体验",涵盖了农业或非城市地区发生的众多景点和活动,基本特征包括广阔的空间、低水平的旅游业发展以及游客直接体验农业或自然环境的机会。王纯阳和黄福才[203]、赵静[204]、肖佑兴等[205]、蒙睿等[206]、杜江和向萍[207]认为,乡村旅游与都市旅游、名胜旅游相对,是发生在乡村地区的以有形的和无形的乡野风光等自然旅游资源与乡土建筑、乡村民俗、农事活动等人文旅游资源为吸引物,以乡土性为特色,在乡村地区开展的集观光、休闲、度假、娱乐和购物于一体的旅游形式。杨丽[208]认为乡村旅游可以分为两个层次:基础层次的乡村旅游是指发生在乡村地域的以乡村独特的自然资源和人文旅游资源为核心吸引物的旅游活动;深层次的乡村旅游在基础层次的前提下增加了经济功能,指发生在乡村区域的,以乡村特有的自然资源和人文资源为主要吸引物,满足旅游者需求并获得经济收益的经济活动方式。卢小丽等[209]筛选了中外共50篇有关乡村旅游概念研究的文献,通过定量和定性的研究方法对文献进行分析后提出,乡村旅游是指旅游者以休闲和学习为目的进行的以乡村环境为基础,以乡村物质和非物质文化遗产、自然风景和农业活动为核心旅游资源,以城市居民为主要客源市场,以可持续旅游为发展导向的旅游形式和旅游活动。

上述众多研究从不同角度阐述了研究人员对于乡村旅游概念的解析。虽然表面上这些定义的视角和表述不相同,但都认可乡村旅游定义的核心特点,即"乡村性",乡村性是乡村旅游存在的基础,表达了城市与乡村之间的差别,是乡村旅游发展的动力。基于乡村旅游学者的研究成果及其对"乡村性"的共识,乡村旅游可以概括为以城市居民为市场主体,在乡村地区,以乡野风光、乡土文化和乡村建筑等能够体现乡村性的有形和无形资源为核心吸引力的旅游活动。

2.1.3 乡村旅游地的土地流转

乡村旅游是在乡村地区,以乡村地区的自然和人文景观为吸引物,而开展的旅游活动。乡村旅游地指发展乡村地区发展旅游的目的地。但并不是每个乡村旅游目的地都会发生土地流转,或者说并不是每个乡村旅游的开发都需要流转土地。土地流转会带来土地结构和土地功能的转变。土地流转后可能保持土地的原有功能,也存在增加额外的景观功能(旅游功能)这种现象。乡村旅游地土地流转是指用来发展乡村旅游的土地流转,即土地流转的结果是土地增加了旅游功能,即特指最终会增加旅游功能的土地流转行为。本书乡村旅游的土地流转只占乡村旅游和土地流转的部分领域,但同时含有乡村旅游和土地流转特质,是二者叠加部分,如图2.1中斜线区域。基于此,此外武汉市乡村旅游地农户多流转出了农用地,很少有农户愿意流转出自己房屋和宅基地。基于此,本文中的土地流转特指乡村旅游目的地的农用地流转。

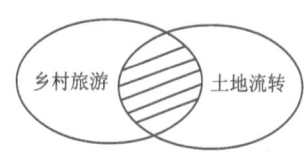

图2.1 乡村旅游地的土地流转示意图

2.1.4 乡村旅游地农户土地流转效益感知

效益,从字面上可以理解为效果和利益。在经济学中将效益解释为劳动占用、劳动消耗与获得的产出之间的比较,是一种行为过程所产生的结果。如果劳动产出多于投入,其差额为正效益;反之,为负效益。具体到土地流转的效益,目前学术界并没有十分明确的定义,本书中将土地流转的效益理解为土地流转这一行为对发生流转的农村地区的经济、社会和生态等各方面发展结果的影响,也有学者将其定义为"土地流转绩效",两者意义类似。它可能带来土地利用结构的变化、土地功能的转变、土地利用效率的变化等。本书中乡村旅游地的土地流转效益将结合土地流转和乡村旅游的综合影响,即流转出农用地并发展乡村旅游这个行为所产生的影响。不仅仅包括农户转出农用地给自身带来的效益影响,还包括被转出的农用地开发乡村旅游后给农户带来的间接影响。

在心理学研究中,感觉和知觉统称为感知觉,简称感知。感知是当前的客观事物直接作用于人们的感觉器官,在人们头脑中形成的对客观事物直观形象的反映。乡村旅游地农户土地流转效益感知是本书研究的重要内容,指农户流转出农用地且转出的土地用于旅游开发后,农户主观上对这一过程给自身带来影响的反映。

2.1.5　农户土地流转意愿

"意愿"是指人的心理活动,通常是指个人对某种事物所持有的看法或想法。它是人的一种主观倾向和想法。"农户土地流转意愿"是指农户在受到内外部因素共同作用,经过对土地流转带来的利弊影响以及其他方面的考量后所产生的一种对土地转出和转入的行为所持有的态度和观点。本书主要研究农户转出农用地的意愿程度。

2.1.6　农户乡村旅游发展态度

态度一直是社会心理学领域所关注的课题,态度塑造了我们的社会知觉和社会行为。态度是指一个人以肯定或否定的方式估价某些抽象事物、具体事物或某些情况的心理倾向。乡村旅游态度即农户对乡村旅游发展的心理倾向。农户乡村旅游发展态度受农户乡村旅游影响感知的影响[144,145,210],同时它又对农户的旅游参与行为产生影响[180,211]。本书中乡村旅游态度主要衡量农户对发展乡村旅游的支持度。

2.1.7　农户乡村旅游参与行为

参与行为从社会学的角度解释,是指社会组织、单位或个人作为参与主体,在其权利和义务的范围内有目的的一种社会行为。利益是影响参与主体的参与行为取向的首要因素。农户乡村旅游参与行为,即农户参与乡村旅游发展所做的行为,它的参与主体为农户,被参与对象为乡村旅游发展,本书的农户乡村旅游参与行为主要指农户在其权力和能力范围内实施的涉及乡村旅游发展的认知、促进、保护等行为总和。它受农户旅游影响感知和个人特征以及社会因素的影响[212,213]。

2.2　研究的理论基础

2.2.1　马克思地租理论

马克思立足于劳动价值论,创设了马克思地租理论,并揭露了资本主义地租的根源与形式,对农业地租的分析是其地租理论的典型,马克思地租理论将地租分为级差地租、绝对地租与垄断地租[214]。级差地租是农业资本家经营较优土地所获得的超额利润,又可细分为级差地租Ⅰ与Ⅱ,土地肥沃程度不同和地理区位的差异导致了级差地租Ⅰ的形成,对同一土地连续追加投资所导致的生产率提高所产生的超额利润转化来的地租为级差地租Ⅱ。农产品的有机构成低于社会平均资本有机构成,进而形成超额利润,土地所有权是超额利润转化为绝对地租的原因。垄断地租产生于垄断价格所形成的超额利润,比如有的土地可以培育出极为名贵稀缺的产品,这些产品通常以远超过其价值的垄断价格出售[214]。

马克思地租理论在我国的应用价值也较高,对于级差地租,虽然我国目前属于是社会主义阶段,但仍有一些客观因素能够导致级差地租的产生,如土地的好坏、交通的便利与否等。在我国,农业生产力仍低于工业,农业有机构成也低于平均水平,在农村土地集体所有与经营权的流转间仍然存在所有权与使用权的分离,成为了绝对地租形成的前提。此外,这些理论也对农村的土地增值收益起到了一定的指导意义[215]。

地租、地价是农民土地权益的基础理论。地租与地价就是土地产权在一般社会化商品经济或市场经济条件下土地所有者、经营者及其劳动者之间的一般利益关系的表现。绝对地租体现的是土地所有权利益关系,级差地租体现的是土地使用权利益关系,垄断地租则体现垄断集团对价格的控制利益关系;同时,地租、地价受土地供给与需求以及生产要素边际产出效益的影响。地价是地租的资本化表现,是土地所有者向土地需求者让渡所有权时获得的一次性货币收入。我国农村土地实行家庭联产承包责任制,国家行使对农地的管理权,农村集体经济组织拥有农地所有权,农民承包土地享有承包权和使用权。农民的土地权益主要体现在:使用权流转收益、承包权退出补偿收益和国家征用集体土地所有权退出含承包权和经营权同时退出绝对地租、级差地租和福利补偿收益。

农户土地经营权流转收益的实质是级差地租收益。农户从集体承包土地,农村集体经济组织享有农村土地所有权,农户享有土地承包经营权。土地所有权的经济实现在土地承包费取消农业税时一并减免了,土地承包费就是农村集体组织对土地的地租收入;农户作为市场经济的经营主体,经营土地的农户通过土地获取的主要是级差地租和经营剩余收益。如果农户将承包地使用权转让出去也必然存在级差地租收益。农户将土地转出给农业企业、旅游企业或种植养殖大户等土地需求方而获取的租金是使用权流转级差地租收益。

地租理论阐释了农业生产的一般规律。但当农业生产与乡村旅游结合时,旅游使不同地段、不同品质土地的使用价值最大化,带来了土地的增值[216]。土地增值包含要素投入增值、供求与用途性增值等方面,要素投入增值类似级差地租;供求增值来源于土地供给有限,而社会的需求不断增加;用途性增值则由土地利用方式改变引起[217]。乡村旅游在开发中定然会增设自然景观、人文景观,完善景区内的游览设施、旅游基础设施等,同时也带来了土地增值,作用在地租上。左冰等[217]分析出景区内各要素的不断投入引致的内力增值形成级差地租Ⅱ,外力增值形成级差地租Ⅰ;景区经过长期的开发,一些艺术景观、道路等成为了物化了的劳动,这部分将转移至绝对地租;为补齐景区配套基础设施,带动了周边的土地增值进而形成绝对地租;当景区所种植的自然旅游资源显示出自然吸引力价值时形成垄断地租等。前面这些学者的研究都将地租看作土地利用带来的经济效益。但是地租不仅有金钱形式,本书研究的乡村旅游地的农户土地流转效益感知,即农户将土地作为一种资源流转出,继而获得任何改善生活质量的效益,这也是一种地租形式。因此地租理论也适合本书的研究。

2.2.2 社会交换理论

社会交换理论(social exchange theory)产生于 20 世纪 50 年代末期的美国,是在古典政治经济学、人类学和行为心理学基础上发展起来的,将人与人之间的互动行为看成是一种计算得失的理性行为的社会学理论,认为人类的一切行为互动都是为了追求最大利益的满足,人与社会之间的关系都是相互作用、相互回报的,是有关资源在相互作用的个体或团体间交换的社会学理论。

社会交换理论在 20 世纪 80 年代末被有关学者运用于旅游影响研究,主要解释居民对旅游影响的感知和态度。Nunkoo 和 Ramkissoon[218]将权力与信任作为主要的变量进行研究,由居民感知到的利益、成本和他们的权利水平来预测信任。Gursoy 等[219]结合社会交换模型提出经济效益、社会效益、社会成本、文化利益和文化成本 5 个维度之间存在交互作用。Bastias-perez 和 Var[220]、Haley 等[221]、Lankford 等[222]学者结合社会交换理论认为,居民人口特征、个体属性等因素会影响居民对旅游的态度。国内学者也将社会交换理论运用到旅游影响和社区参与中。谌永生等[223]分析了敦煌居民旅游感知,指出社会交换理论的适用性。王咏和陆林[224]构建了社区旅游的支持度测度模型,提出了社区对旅游的支持度受到相关因素的直接或间接影响;政府决策者、旅游经营开发商要根据居民的不同需求有针对性地扶持,促进区域的可持续发展。胥兴安等[163]把山东省沂南县竹泉村作为案例,通过构建结构方程模型,提出了社区的支持感正向影响社区是否选择参与旅游发展。唐玲萍[225]从社会交换理论的角度,对社区参与旅游发展的动力源和动力机制的形成等问题进行研究。段雨欣[226]运用社会交换理论,研究了乡村社区参与旅游发展的现状、存在的问题。席超超[227]将社会交换理论运用到土地流转领域,他分析了农户农地流转的原因,并结合社会交换理论,为研究提出合适的土地流转模式。

综上所述可以看出,社会交换被广泛用于研究个体的感知利益、态度、意愿和行为倾向,上面学者的研究看起来研究内容不一样,但实则都是研究人的决策过程。本书对乡村旅游地农户土地流转效益感知及其影响的研究将综合研究农户在土地流转和乡村旅游发展中的各类决策,即农户根据土地流转效益感知来作出土地流转意愿、乡村旅游发展态度和乡村旅游参与行为等决策,因此社会交换理论非常适用本书的研究。

2.2.3 态度-行为理论

态度是心理学中的一个非常重要的概念,它常常被认为是影响行为的主要因素,对行为的预测具有很好的作用[228]。常用的有理性行为理论、计划行为理论和 Abler 的感知-态度-行为模型。

(1)理性行为理论(theory of reasoned action,TRA)是由 Ajzen 和 Fishbein[229]提出的,是基于期望-价值理论(Expectancy-value Theory)建立的一种用因果关系来解释人们行为的理论模型。它被运用于个体行为决策的解释与预测。其理论模型行为意向是预测行为的有效变量,而决定行为意向的是针对该行为所持有的态度,以及社会对态度的影响,即主观规范(subject norm)。Ajzen 认为每个人对任何一种行为都会拥有各种不同的信念,但并不是拥有的所有信念都能够被察觉,只有那些在特定时刻或特定情境下可以被察觉到的一小部分信念才能被定义为"凸显信念"。而这些凸显信念都来源于人们对行为的感知,态度和主观规范的出现便是如此,二者均源自行为主体对所执行行为持有的凸显信念[229]。态度取决于行为主体对所执行行为持有的信念以及行为主体对所执行行为结果的评估,而主观规范受到行为主体对他人的观点和其遵守程度双重作用的重要影响。其具体模型以及各变量之间的相互逻辑关系如图 2.2 所示。

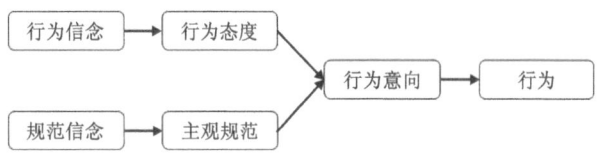

图 2.2 理性行为理论模型(转引自沈萌[115])

理性行为理论被用于分析游客旅游前的旅游决策行为[230]以及旅游后的分享推广行为[231]。理性行为理论假设行为主体是理性个体,认为行为的发生完全由个人意志所控制,但是在许多实际的决策过程中,人的意志往往会受到外界多种因素的干扰,并非所有行为都是出于百分百自愿。该理论忽略了客观现实条件对个体行为意向的影响,缺乏对外界因素的考虑,致使其适用范围存在一定的局限性。

(2)计划行为理论(theory of planned behavior,TPB)是学者 Ajzen[232]在理性行为理论的基础上提出的。他认为知觉行为控制对行为意向也有十分重要的预测作用,它与态度和主观规范公共发挥作用,对行为意向产生影响。它被广泛运用于研究行为主体的态度与个体意愿和决策之间的逻辑关系。其具体模型以及各变量如图 2.3 所示。模型中行为态度指行为主体针对某种特殊行为活动所持有的特定心理倾向(如正面或负面评价,赞成或反对);主观规范指行为主体在进行某种特殊行为活动决策时所认识到的源于周围群体给予的期望,其中所指的这部分群体主要是指能够关键性影响行为主体自身的其他团体或者个体;感知行为控制指行为主体在行为活动实施过程中所感知到的难易程度,它主要表现为行为主体对推动或遏制该特定行为执行因素的感知;行为意向是指行为主体在主观上对于是否采取某种特定行为概率大小的判断,它主要表现为行为主体计划完成某一行为的意愿程度;行为是指个人的实际行动表现。5 个变量之间的逻辑关系如图 2.3 所示。

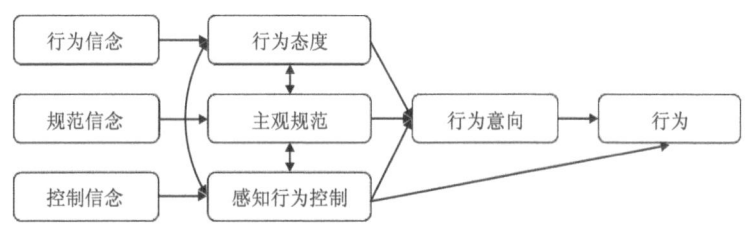

图 2.3 计划行为理论模型(转引自沈萌[115])

计划行为理论打破了理性行为理论中两个基本假设的制约,即理性行为和完全意志假设,对行为的解释力和预测力得到了进一步提高,其应用领域也得到了更进一步拓展。计划行为理论被用于研究居民的旅游参与行为以及居民旅游感知、态度和行为之间的关系[233,234]。计划行为理论还被用于研究我国农村地区的地土地流转现象。殷志扬等[235]、谢明志等[236]和王海滋等[237]运用计划行为理论分析了农户的土地流转意愿与行为。不过,也有部分学者对计划行为理论提出了质疑,并认为将行为意向直接与实际行为相关联并不是可行的做法,一些实证研究表明,行为意向与实际行为的关系并不如预期的那么强[238,239]。

(3)Abler 的感知-态度-行为模型。在地理学研究领域,Abler[240]所构建的描述文化接触的态度和行为关系模型受到广泛认同,该模型常常被用来分析居民感知、态度和行为之间的关系(图2.4)。值得提出的是,Abler的模型不仅考虑了通常的态度与行为之间的关系,还将个人因素和居民感知纳入模型,这可以更深入地理解居民态度与行为的关系。

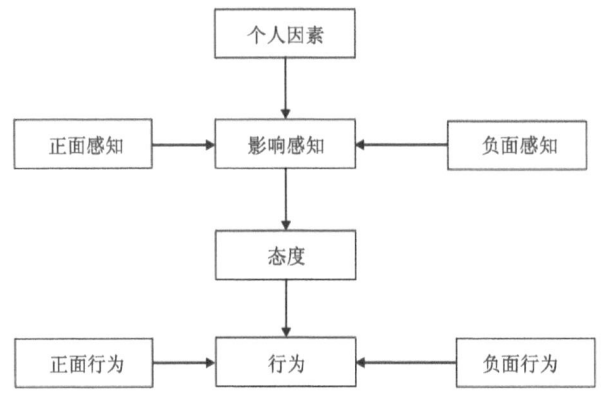

图 2.4 Abler 的感知-态度-行为模型(转引自卢小丽[241])

卢小丽[241]和徐松浚[213]运用该模型的基本观点,研究了生态旅游区居民正面和负面旅游影响感知、旅游态度和社区参与行为之间的关系;唐晓云[242]以古村落旅游社会文化影响为出发点,研究了居民感知、社区发展满意度和行为倾向之间的关系。这些研究均进一步验证了Abler的感知-态度-行为模型在研究农户感知、态度、意愿和行为中的有效性。Abler模型还没有被应用到土地流转的相关研究中。

2.3 研究构建与假设

2.3.1 模型构建

乡村旅游是我国乡村振兴背景下大力提倡的一种乡村发展方式,土地是乡村旅游发展的重要基础,也是农户生计的重要资源。乡村旅游发展需要从农户手中流转土地,而农户流转土地的目标是通过转换土地资源价值,获得更高效益,改善生活质量。对乡村旅游地而言,农户是最重要的利益相关者群体,通过他们的土地流转效益感知可以知晓本地乡村旅游发展的情况,这是因为:一方面农户长期生活在乡村旅游地附近,能最便利、最直接感受到乡村旅游发展带来的影响;另一方面乡村旅游发展需要从农户那里流转土地,改变农户的土地利用方式,乡村旅游的发展状况将对农户的日常生活和生产有着直接的影响。研究农户对流转土地发展旅游的效益感知,能够了解本地乡村旅游发展情况和农户的土地权益获得感。且农户对生活环境中经济、社会文化和生态变化的感知会对他们的决策和行为产生影响。因此本书将深入分析农户的土地流转效益感知。

土地是乡村旅游发展的重要基础之一,没有土地乡村旅游很难开展。乡村地区的农用地的使用权分散在农户手中,企业开发乡村旅游需要从农户手中流转土地,而土地资源往往是农户维持生计的重要资源之一,因此农户的流转和继续流转意愿对乡村旅游发展至关重要。

态度是针对特定环境下某一问题的持久倾向,某人对某事的态度,表明了他对某件事的喜好程度,也在一定程度上反映出他对事情的支持度。农户乡村旅游发展态度表明农户对本地发展乡村旅游的看法,这在一定程度上体现他在以后有关乡村旅游发展事情上的决策和行为。农户作为生活在乡村旅游地附近的重要乡村旅游利益相关者,他在乡村旅游发展活动中的参与行为能在一定程度上促进和阻碍乡村旅游的可持续发展,本书的农户乡村旅游参与行为包含农户是否愿意参与到乡村旅游发展中以及是否已经参与到乡村旅游中。而依据社会交易理论和 Abler 的感知-态度-行为模型,表明农户感知可能影响农户意愿态度和行为。因此本书将研究农户土地流转效益感知及其可能影响的农户土地流转意愿、农户乡村旅游发展态度和农户乡村旅游参与行为。

分析农户的个体特征对农户土地流转效益感知、农户土地流转意愿、农户乡村旅游发展态度和农户乡村旅游参与行为的影响,可以从农户个体特征的角度找出影响农户土地流转效益感知、农户土地流转意愿、农户乡村旅游发展态度和农户乡村旅游参与行为的因素,为制定改善农户特征优化土地流转效益感知、农户土地流转意愿、农户乡村旅游发展态度和农户乡村旅游参与行为的对策提供依据,这样能使土地流转和乡村旅游可持续发展,振兴乡村。

农户的土地流转效益感知怎样,哪些感知需要加强?农户的土地流转意愿和乡村旅游发展态度怎样?农户乡村旅游参与行为是否积极?哪些行为需要改进?农户会不会因为对土地流转效益感知的不同而出现不同的土地流转意愿和乡村旅游发展态度,甚至对乡村旅游活动采取不同的行为?农户的个体特征能对农户的土地流转效益感知、土地流转意愿、乡村旅游发展态度和乡村旅游参与行为产生什么影响?本书将对这些问题进行探讨,并通过实证调查数据分析实现下列研究目标:①评估乡村旅游地农户土地流转效益感知、农户土地流转意愿、乡村旅游发展态度和农户乡村旅游参与行为的现状,找出其中需要强化的短板;②厘清乡村旅游地农户土地流转效益感知与农户土地流转意愿、乡村旅游发展态度和农户乡村旅游参与行为之间的影响关系;③从农户特征出发,找出通过优化农户特征改善农户土地流转效益感知、农户土地流转意愿、农户乡村旅游发展态度和农户参与行为的路径。

基于此,本书借鉴 Abler 的感知-态度-行为模型及相关研究,构建乡村旅游地农户土地流转效益感知-意愿-态度-参与行为模型,尝试用一个模型来解释乡村旅游地农户土地流转效益感知、土地流转意愿、乡村旅游发展态度和参与行为以及可能对它们产生影响的农户特征变量之间的关系,模型见图 2.5。

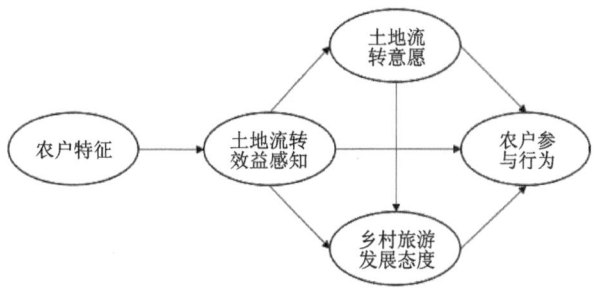

图 2.5 乡村旅游地农户土地流转效益感知-意愿-态度-参与行为研究模型

2.3.2 研究假设

1)乡村旅游地的农户土地流转效益感知正向影响农户土地流转意愿

乡村旅游地的土地流转效益感知是指乡村旅游地附近农户对流转出土地并发展乡村旅游后给他们生活带来的经济、社会和生态等方面的影响的感知。它与社区居民的乡村旅游影响感知和农户土地流转效益评价有相通之处,但侧重点不一样,乡村旅游的影响感知强调的是居民对旅游发展对生活质量影响的主观感知,而土地流转效益评价则多是对农户流转出土地带来变化的客观评价,与农户的主观情感无关。乡村旅游地的农户土地流转效益感知将二者结合起来,研究农户对流转出农用地发展乡村旅游给生活带来影响的主观感知。

因此乡村旅游研究中关于感知与意愿关系的研究结果和居民土地流转效益与意愿的研究结果在一定程度上能推断农户土地流转效益感知与土地流转意愿之间的相关关系。现有研究表明农户土地流转积极感知促进和提高土地流转意愿,而农户土地流转的消极效益感知则可能阻碍农户流转出土地[116]。张方云[116]的研究结果表明农户旅游影响感知显著影响农户的土地流转意愿。周庆[38]的研究结果表明农户土地流转的感知会受到农户对旅游效应感知的影响,并且农户的土地流转感知会影响农户的土地流转意愿,好的土地流转感知会带来高的土地流转意愿。此外,乡村旅游研究中关于感知和意愿的研究结果也表明了感知与意愿之间的相关关系。并且地租理论也表明,当流转土地获得的地租效益高,满足农户的预期时,农户的土地流转意愿更高。

依据以上相关研究结果和地租理论,本书提出以下假设:

H1　农户土地流转效益感知对农户土地流转意愿有显著正向影响。

2)乡村旅游地的农户土地流转效益感知正向影响农户乡村旅游发展态度

前文指出乡村旅游地的农户土地流转效益感知与居民乡村旅游影响感知相通,目前没有研究农户土地流转效益感知和农户乡村旅游发展态度的关系。虽然乡村旅游地的农户土地流转效益感知和居民旅游影响感知不是一个概念,但二者都体现了居民对旅游背景下社区的经济、社会文化和生态环境的状态的个人感知。因此本书将借鉴居民旅游感知和旅游发展态度关系的研究结果。

大量研究表明,积极的旅游感知和环境有利于提高社区居民支持旅游发展的态度,而消极的旅游感知将打击居民对旅游支持态度[88,89,243,244]。武晓英等[245]通过结构方程模型研究了社区居民旅游影响感知和发展态度的关系,结果表明案例地旅游社区居民的生产感知和生活感知对旅游发展态度有显著正向影响。李宁[246]研究了海口市居民对避寒旅游影响的感知与态度,结果表明海口市居民对避寒旅游发展的态度与避寒旅游所带来的经济效益、环境及社会文化效益显著正相关。

依据以上相关研究结果和前文构建的理论模型,本书提出以下假设:

H2　农户土地流转效益感知对农户乡村旅游发展态度有显著正向影响。

3)乡村旅游地的农户土地流转效益感知对农户乡村旅游参与行为有显著正向影响

由于很少有研究将土地流转效益感知和农户乡村旅游参与行为进行结合研究,因此很难从已有研究中直接获得二者之间的关系。根据社会交换理论和相关研究成果,笔者仍然可以对农户土地流转效益感知和农户乡村旅游参与行为之间的关系作出合理假设。

社会交换理论指出,"交换关系"能否实现并维持取决于个体对交换行为感知到的收益与付出的成本的协调关系,即收益等于或大于付出的成本[119]。因此,在乡村旅游情境下,当农户感知到流转土地并发展乡村旅游给他们的生活带来高效益时,为了维持这种收益水平,农户将愿意主动付出相应的"成本",即作出参与乡村旅游发展的行为,以期望长期获得这种有益的"交换关系",并确保其高于成本的"收益"的可持续性。

卢小丽[241]和徐松浚[213]的研究也指出,旅游区居民对旅游影响的经济和社会文化的正面感知可以促进居民参与并推动旅游发展。贾衍菊和王德刚[247]采用纵向研究方法,结果表明当社区存在社区利益分配冲突、产品老化、旅游经营竞争加剧等负面感知时,社区居民参与旅游业的热情将会受到负面的影响。唐晓云[242]指出,当社区居民对当地的社会文化和旅游发展水平具有较高满意度的时候(即对当地状况具有积极正向的感知和评价),他们将表现出继续参与旅游发展的行为倾向。这与态度-行为理论中理性行为理论、计划行为理论和Abler的感知-态度-行为模型所主张的积极的感知将促使个体产生相应的积极行为相一致[229,232]。也就是说,在发展乡村旅游情境下,当农户对流转出土地有积极的经济、社会和生态效益感知时,这可能会导致农户采取相应的与这种感知相一致的正面行为。

依据综上相关研究和前文构建的理论模型,本究书提出以下假设:

H3　农户土地流转效益感知对农户乡村旅游参与行为有显著正向影响。

4)农户土地流转意愿对农户土地流转效益感知和农户乡村旅游发展态度有中介效应

首先H1假设认为农户土地流转效益感知正向影响农户土地流转意愿,H2假设认为农户土地流转效益感知正向影响农户乡村旅游发展态度。此外愿意流转出土地的农户,为了获得更好的收益,会更加支持旅游发展。

基于此,本书提出以下假设:

H4　农户土地流转效益感知影响农户土地流转意愿进而影响农户乡村旅游发展态度。

5)农户土地流转意愿对农户土地流转效益感知和农户乡村旅游参与行为有中介效应

首先H1假设认为农户土地流转效益感知正向影响农户土地流转意愿,H3假设认为农户土地流转效益感知正向影响农户乡村旅游参与行为。此外愿意流转出土地发展旅游的农户,为了使自身的土地资源获得更好的收益,他们可能会更多地去参与乡村旅游活动。此外依据Abler的感知-态度-行为模型,感知影响态度进而影响行为。

基于此,本书提出以下假设:

H5　农户土地流转效益感知对农户土地流转意愿有显著正向影响进而正向显著影响农户乡村旅游参与行为。

6)农户乡村旅游发展态度对农户土地流转效益感知和农户乡村旅游参与行为有中介效应

H2假设认为农户土地流转效益感知正向影响农户乡村旅游发展态度,H3假设认为农户土地流转效益感知正向影响农户乡村旅游参与行为。此外相关研究指出,居民旅游感知正向影响居民旅游态度,居民旅游态度进而促进居民参与行为[213,241]。并且依据Abler的感知-态度-行为模型,感知态度和行为之间存在相关性。

基于此,本书提出以下假设:

H6　农户土地流转效益感知对农户乡村旅游发展态度有显著正向影响进而正向显著影响农户乡村旅游参与行为。

7)农户土地流转意愿和农户乡村旅游发展态度共同对农户土地流转效益感知和农户乡村旅游参与行为有中介效应

H4假设农户土地流转效益感知正向影响农户土地流转意愿进而正向影响农户乡村旅游发展态度,而假设H6指出农户土地流转效益感知对农户乡村旅游发展态度有显著正向影响进而正向显著影响农户乡村旅游参与行为,这表明农户乡村旅游发展态度正向影响农户乡村旅游参与行为。综合两个假设本书作出如下假设:

H7　农户土地流转效益感知对农户土地流转意愿有显著正向影响进而正向显著影响农户乡村旅游发展态度再而正向显著影响农户乡村旅游参与行为。

8)乡村旅游地的农户土地流转效益感知受农户个体特征影响

乡村旅游地的农户土地流转效益感知与个体特征关系的研究较少,现有研究不能推断农户土地流转效益感知与个体特征的差异。但是农户乡村旅游影响感知与乡村旅游地的农户土地流转效益感知相通,而且农户、居民对乡村旅游发展影响感知与个体特征差异的研究较多。因此本书将基于农户、居民乡村旅游发展影响感知与个体特征差异的研究成果来推断乡村旅游地的农户土地流转效益感知与农户个体特征关系的假设。

居民的旅游影响感知受个体特征影响[248]。何桂培[249]在研究旅游目的地的旅游影响感知中发现,旅游地居民的人口学和社会学特征如受教育程度、年龄、旅游收入比重和本地居住时间是导致其旅游影响感知差异的重要因素。刘月[250]分析了不同距离条件下的居民乡村旅游影响感知的差异,结果表明居民感知受居民与乡村旅游点的距离的影响。李宁[246]的研究表明居民的人口统计学特征(性别、年龄、学历、主要生活区域、职业以及旅游收入占家庭收入的比重)影响其对避寒旅游的感知。

依据以上相关研究结论和前文构建的理论模型,本书提出以下假设:

H8　农户土地流转效益感知存在显著的个体差异。

9)农户土地流转意愿受农户个体特征影响

相关研究表明农户的个体特征对农户的土地流转意愿有显著影响。周庆[38]认为农户的人口统计学特征包括农户的性别、年龄、文化程度、家庭收入、收入来源和是否从事景区旅游相关的行业对土地流转意愿有显著影响。Kung等[251]研究发现,农户家庭成员的非农就业对农户转出土地产生正效应。许恒周等[118]以天津和山东两地为例,分析了农户农地流转意愿的影响因素,结果表明农户的年龄、文化程度、非农就业技能、非农收入比重、职业类别、职业分化程度、经济分化程度、对农地产权稳定性的认知、是否参与社会养老保障和家庭农业劳动力人口数量对农户农地流转意愿具有显著的影响。张方云[116]研究表明农户主体特征、农户家庭特征、土地流转市场认知特征、社会保障特征以及农户对旅游影响的感知5个方面对农户土地流转意愿的产生影响。丁涛[252]运用Logistic模型实证研究了土地流转意愿的影响因素,研究结果表明:性别、年龄、就业情况、家庭人口、劳动力人口、劳动力资源、技术资源、机械化程度、农业土地收入、非农业收入会对农村土地经营权流转意愿产生较为显著的影响。

基于上述研究,本书作出以下假设:

H9　农户土地流转意愿存在显著的个体差异。

10)农户乡村旅游发展态度受农户个体特征影响

Mcgehee 和 Andereck[137]、Sirakaya 等[138]、Brunt 和 Courtney[78]的研究结果都表明,旅游产业的员工,或者收入依赖本地旅游业的发展的居民,他们对旅游发展的态度更积极。García[128]对众多居民旅游发展态度的相关文献进行综合分析,结果表明许多学者的研究证明性别、年龄、收入水平、受教育程度以及与旅游地的距离等人口统计变量也影响居民对旅游发展的态度。汪彦[139]评估了社区居民对乡村旅游发展的态度,并认为居民的年龄、职业、文化水平以及与旅游业的密切程度会影响居民的旅游态度。蔡伟[144]的研究结果表明,居民某些个人特征对居民的旅游态度产生影响,且居民对旅游的认知与态度间存在显著的正相关性,居民对旅游的认知程度越高,越支持本地发展旅游。

基于上述研究,本书作出以下假设:

H10　农户乡村旅游发展态度存在显著的个体差异。

11)农户乡村旅游参与行为受农户个体特征影响

部分研究表明居民旅游参与行为有显著的个体差异。卢小丽[180]的研究表明居民的年龄、居民是否从事旅游活动影响居民的旅游参与行为。周学军和李勇汉[253]在研究居民旅游参与意愿时发现社区居民的参与意愿与居民性别、收入、本人或家人参与旅游经营活动的情况显著相关。不同性别、不同受教育程度和不同经营模式的农户的旅游参与行为意愿有显著差异。

基于上述研究,本书作出以下假设:

H11　农户乡村旅游参与行为存在显著的个体差异。

第3章 研究区域与研究设计

3.1 研究区域

3.1.1 研究区域选择依据

为了更好地对乡村旅游地的土地流转效益感知进行研究,本书采取以下4个条件作为选择研究区域的依据。

第一,研究区域需满足乡村旅游、土地流转和当地社区紧密结合的条件,包括乡村旅游发展与土地流转过程相结合、乡村旅游地与社区在地理上的结合、土地流转和乡村旅游发展与农户日常生活和生产的结合。该依据的主要目的在于确保社区农户与土地流转和乡村旅游发展具有密切的关系,即农户通过与当地土地资源和旅游发展环境长期的相互影响和作用,使农户对当地土地流转并发展乡村旅游产生直接和长期的感知。

第二,研究区域的土地流转应具备一定的规模且研究区乡村旅游发展具备一定的年限和规模,只有这样不同程度的土地流转和乡村旅游发展问题才可能已经显现,且主观上当地社区农户对这些问题具有一定程度的感知,并对此较为关注。

第三,研究区域应便于开展调研,交通可达性好。本书涉及量表开发,需在一定时间段内多次前往研究区域进行实地调研,因此调研的便捷性和交通可达性是案例地选择的另一重要依据。

第四,研究区域应具备调研顺利开展的可行性。这既要求调研者能够找到足够多的被调研者,且调研者与社区农户能够无障碍进行沟通交流,便于获取调研数据。

综合以上4个方面的研究区域选择依据,考察多个地区后,选取武汉市作为研究区域。具体而言,武汉市作为本书的研究区,具有以下几方面的典型性与代表性。

首先,武汉市具有较多通过大规模流转土地发展起来的乡村旅游景区。在这些景区的土地基本上是从附近农户手中流转而来,土地是这些农户的生存资源,农户对土地流转感知强烈,且农户居住在乡村旅游景区附近,土地发展乡村旅游后,村民会很直接地感知到土地流转用来发展旅游后对他们生活质量的影响。

其次,据《中国农村经营管理统计年报(2018年)》数据显示湖北省开展休闲农业和乡村旅游的合作社数为879个,数量位居全国省份第一[254]。农村土地流转面积比也位居全国前列。近年来,武汉市乡村旅游发展迅猛,2019年末当地乡村休闲旅游综合收入达185亿元。武汉市的乡村土地大规模流转和乡村旅游正快速发展,在这个过程中当地的土地流转和旅游发展已经对农户的生活产生了较大影响,当地农户也都对此有一定的感知和认识。

再次,作者从2013年起在武汉生活和学习,并多次前往周边乡村旅游景区调研,长期向农户了解社区土地流转情况以及附近乡村旅游景区的发展情况,并时刻了解和关注农户对这些现象的心理感知。

最后,武汉市的农户普通话水平较高,且调研人员能够听懂当地方言,在调研过程中,调研人员能够与农户进行无障碍交流。武汉市的乡村旅游景区虽然分散在各个乡村,但交通通达性比较好,调研人员通过驾车都能够便利抵达。

因此,根据武汉市土地流转和乡村旅游发展迅猛,土地流转、乡村旅游发展与农户生活结合紧密及其便利的调研条件,本书将武汉市作为研究区域对当地农户的土地流转效益感知及影响等进行研究。

3.1.2 研究区域概况

1. 武汉市自然和社会经济概况

武汉市位于江汉平原,河湖众多,水源充沛,地貌较为平坦,属鄂东南丘陵经江汉平原东缘向大别山南麓低山丘陵过渡地区,中间低平,南北丘陵、垄岗环抱,北部低山林立。全市低山、丘陵、垄岗平原与平坦平原的面积分别占土地总面积的5.8%、12.3%、42.6%和39.3%,海拔大部分在50m以下。

武汉市是湖北省的省会城市,位于长江中游九省通衢之地。截至2019年末,武汉市下辖江岸区、江汉区、硚口区、汉阳区、武昌区、青山区、洪山区、蔡甸区、江夏区、黄陂区、新洲区、东西湖区、汉南区13个行政区,总面积8 569.15km^2,常住人口1 121.2万人,地区生产总值1.62万亿元,三次产业结构比为2.3∶36.9∶60.8。2019年末武汉市A级旅游景区44个,全年旅游总人数31 898.31万人,旅游总收入3 570.79亿元,其中乡村休闲旅游综合收入185亿元,增长17.8%。

武汉市13个行政区中,江岸区、江汉区、硚口区、汉阳区、武昌区、青山区、洪山区7个区为中心城区。依据乡村旅游概念和武汉市各个区的发展情况,本书的研究范围主要指中心城区以外的发生土地流转的乡村旅游区域,主要分布在黄陂区、江夏区、蔡甸区、东西湖区、新洲区、汉南区6个远城区,远城区概况详见表3.1。

表3.1 武汉市远城区概况

行政区	总面积/km^2	人口/万人	2019年湖北省休闲农业示范点
黄陂区	2 256.70	113.32(2017年户籍人口)	脉地花都景区 田园武当·新博小镇 武汉木兰花乡景区 丰华现代农业观光园 湖北省现代农业展示中心

续表3.1

行政区	总面积/km²	人口/万人	2019年湖北省休闲农业示范点
江夏区	2 018.30	91.37(2017年常住人口)	阳夏绿洲当代薰衣草风情园 初阳生态乐果小镇 品农园休闲农庄 三味归谷风情园
蔡甸区	1 093.57	46.66(2018年常住人口)	香草花田
东西湖区	499.71	58.48(2018年常住人口)	吉农田间超市 石榴红村都市田园综合体
新洲区	1 500.66	105(2017年常住人口)	紫薇都市田园综合体 绿洲源凤凰生态农业园区 武汉花朝河湾生态园区 我家的地田园综合体
汉南区	288.00	21(2017年常住人口)	

2. 武汉市乡村土地流转概况

2009年,武汉市成为全国第二个成立农村综合产权交易所的城市。2011年11月底,武汉成为新批准的全国农村改革试验区之一。近年来武汉市乡村地区土地流转主体变得多元化,农地流转不再局限于农户与农户之间,越来越多的企业、家庭农场和土地股份合作社参与到武汉市的土地流转中来。

截至2020年上半年,武汉市农村累计办理交易项目4095宗,土地流转面积964.13km²,交易金额221.53亿元。据相关区不完全统计,近年来,武汉市黄陂区、新洲区、江夏区、蔡甸区、东西湖区和汉南区6个区有45个村实现了整村流转,整村流转面积达64.63km²,有254工商资本参与,工商资本长时间大面积流转土地达243.19km²,涉及56 465户农户。

武汉市出台措施积极推动土地流转和适度规模经营,2015年武汉市出台《关于切实规范农村土地经营权流转 积极发展农业适度规模经营的实施意见》,从稳定土地承包关系、防范土地流转风险和建设新型农业经营体系等方面推动农村土地适度规模经营。2018年,武汉市出台《发展农业适度规模经营补贴资金实施方案》对大规模转入并经营农村土地的业主给予奖励。在多重政策的鼓励和扶持下,2019年,武汉市土地适度规模化经营比重达到51%。

3. 武汉市乡村旅游概况

武汉市乡村旅游资源丰富,近年来乡村旅游发展迅猛。武汉市乡村旅游发展主要有起步阶段、快速发展和逐步规范阶段、科学引导和差异化发展阶段。

第一阶段,起步阶段为20世纪90年代中期—2004年。1997年,武汉木兰生态旅游区开始建设,标志着武汉市乡村旅游的开始。它以武汉市城区人口为主要游客市场,带领周边农户取得了一定的效益。在这段时间内,新洲区道观河景区、江夏区汤逊湖和蔡甸区的九真山景区等也逐步开发,但都处于开发初期,没有形成名气和规模。

第二阶段:快速发展和逐步规范阶段,2005—2008年。这一阶段,武汉市乡村旅游点增长较快。黄陂区、江夏区和东西湖区等6个城郊区都涌现了大量乡村旅游点,且景点质量有较大升级。2005年,武汉市颁布实施了《武汉市休闲农舍、休闲山庄质量等级划分与评定》《武汉旅游名镇评定规范》《武汉旅游名村评定规范》和《武汉旅游特色街区评定规范》等一系列行业标准,并发布了《关于实行标准化管理进一步规范我市乡村休闲游发展的通知》和《关于加强乡村休闲游产业发展规划编制和管理工作的通知》,这些文件形成了一整套乡村旅游发展标准,促使武汉市乡村游经营活动规范发展。

第三阶段:科学引导和差异化发展阶段,2009年至今。这个阶段,武汉市乡村旅游快速发展,乡村旅游点的数量、质量快速提高,游客数量和经营收入也快速增加。这得益于湖北省和武汉市政府对乡村旅游的分类指导和支持,各区乡村旅游走上了规范化、差异化的发展道路。如东西湖区、黄陂五湖等地乡村旅游以都市观光农业为主导,一般设置有农家乐餐馆、农耕体验、垂钓、采摘等项目;黄陂区木兰天池、锦里沟和清凉寨的乡村旅游则以森林生态观光和旅游扶贫为特点;东西湖石榴红村则与新农村建设紧密结合。武汉市的乡村旅游形成了一区一特色、一村一品和乡村旅游专业村等差异化发展模式。

近年来武汉市大力发展乡村旅游,经营主体已经突破了3000个(户),2018年乡村游客接待量达4000万人次,实现收入123.04亿元。截至2019年底,武汉市共有2个全国休闲农业和乡村旅游示范县(市、区)和19个省级休闲农业示范点,乡村旅游产品以乡村度假型旅游产品和农业观光产品居多。

3.2 问卷设计

3.2.1 研究方向

本书开展的早期阶段,作者初步将研究区域定为湖北省大冶市。因为大冶市政府在2012年将旅游业作为资源枯竭型城市转型的重要手段,并投入了大量的人力和物力支持大冶市旅游业的发展。2012—2018年,大冶市乡村旅游蓬勃发展,大量通过土地流转发展起来的乡村旅游点被建立起来,于是作者初步选择大冶市作为研究区域。并于2018年7月28日—2018年8月13日前往大冶市的乡村旅游目的地调研当地土地流转和乡村旅游发展情况。调研中,作者发现大冶市的乡村旅游主要由生态园开发者引领,受效益低且长期效益没保障等的因素影响,农户参与乡村旅游发展的积极性低,进而导致农户对乡村旅游问卷的填写意愿较低,很多指标问题不能得到很好的回复。此外大冶市外出务工现象显著,白天村庄内几乎只有老人,他们对很多问卷内容的回答不明确。并且大冶市的方言为赣语,与普通话的差异较大,导致调研者较难听懂大冶市农户的话语。所以本书决定选取社会经济发展水平高、乡村旅游发展较为成熟的武汉市作为研究区域。

在大冶市的初调研中,作者发现,目前农户利用房屋发展农家餐馆和民宿等方式参与乡村旅游的现象相对少见,且农户目前极少流转房屋或宅基地发展乡村旅游,未来也不愿意流转房屋或宅基地发展乡村旅游。农户将房屋和宅基地作为自己的重要财产,具有很强的权属感,即使房屋在一年中有大量的时间和空间是空置的,但农户也不轻易将它们转出,鉴于此本书将研究内容设定为武汉市乡村旅游地的农户农用地转出效益感知及影响。

3.2.2 量表开发

为设计出符合本书研究内容的科学合理的问卷,本书经过下列过程才最终确认问卷内容和变量指标:①确定本书的研究目标和内容,框定研究指标范围;②通过收集、整理和分析国内外乡村旅游影响感知和土地流转效益感知、土地流转意愿和乡村旅游发展态度、农户参与行为和农户个人特征的文献以及实地访谈农户来建立问卷变量指标库;③邀请相关领域专家提意见并修正指标;④通过对农户的预调研来修正指标和问卷内容;⑤通过对农户的试调研确认问卷指标。最终问卷经过研究内容与研究区域的修正和确定、初级调研问卷指标的生成(文献和访谈)、量表的提纯与修正(同行专家评议)、预调研与量表的二次修正(农户评价)和试调研修正确认5次修改调整,才确定了本书的量表指标、测量量表和调研问卷。在确定最终问卷后,调研团队才开始正式调研。本书变量指标获取流程见图3.1。

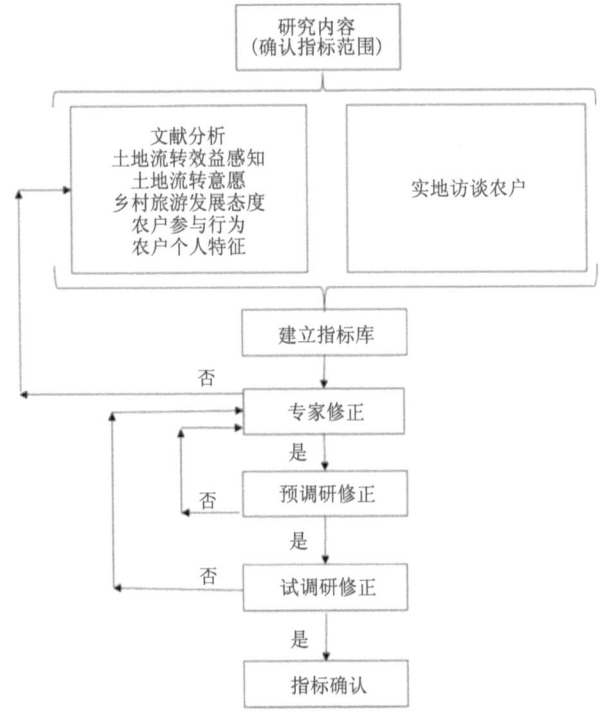

图 3.1 变量指标获取流程

1. 初始量表的确定

变量指标能够表现所要研究的对象的状态及其变化的信息,是对客观存在的事物或现象的测量与描述。变量指标的设计和计算是对乡村旅游地的农户土地流转效益感知、农户土地流转意愿、农户乡村旅游发展态度和农户乡村旅游参与行为以及它们之间的关系进行综合评估和分析的最根本依据。与土地流转和乡村旅游自身及其发展相关的经济、社会、环境以及农户特征等许多因素会对土地流转、乡村旅游的可持续发展以及乡村振兴产生影响和制约。因此,在研究乡村旅游地的农户土地流转效益感知-意愿/态度-参与行为的过程中,需要全面系统地了解与之相关的各类指标因素。

1)指标选取的原则

一个事物的特性可以用多种指标来评价,那么,选取的指标是否科学适用,将直接影响到对乡村旅游地的农户土地流转效益感知-意愿/态度-参与行为的评估是否合理科学。因此,本书指标的选取应该由本书的研究问题、目标和所选区域共同决定。为科学、有效地构建乡村旅游地的农户土地流转效益感知-意愿/态度-参与行为评价指标体系,指标的选取在充分考虑武汉市土地流转和乡村旅游发展情况的前提下,遵循以下 4 个原则。

(1)可操作性原则。指标的选取应该概念清晰,含义明确,符合客观所具备的条件。更重要的是方便数据的获取、统计和分析,确保数据具有代表性,保证分析评价的说服力。

(2)系统性原则。乡村旅游地的农户土地流转效益感知-意愿/态度-参与行为的评价指标体系是由若干个相互联系、相互作用的要素构成的大系统,因此指标之间是具有一定的逻辑关系的,不是完全孤立的。指标的选取应尽可能全面地反映大系统的内在关系。

(3)整体性原则。本书研究综合了乡村旅游和土地流转两个不同的研究领域,乡村旅游发展和土地流转利用都是在自然资源的基础上的人类的经济活动。因此,指标的选取应从全面角度出发,同时包含乡村旅游和土地流转的特点,要从多层次的角度出发,全面包含经济、社会和生态层面,这样综合选择的指标才能够科学、全面反映本书的研究内容。

(4)因地制宜原则。不同的地区因具有不同的自然条件和社会经济发展状况,所以,指标的选取应当尊重研究区域的实际情况,选择适宜于武汉市的指标进行分析。

2)指标库建立

依据第一次调研后确定的研究区域、研究内容和研究框架,作者在综合分析大量土地流转效益、土地流转效益感知、乡村旅游影响、乡村旅游影响感知、土地流转意愿、乡村旅游发展态度和农户旅游参与行为等相关文献的基础上,形成包含了 67 个指标的量表库。

此外作者于 2019 年 3—7 月期间多次对武汉市多个乡村旅游目的地附近的农户进行半结构访谈和参与观察,主要目的是通过访谈对研究者通过文献分析提取的量表指标进行确认、修改和补充,同时通过参与观察进一步了解武汉市乡村旅游地的旅游发展现状、趋势及存在的问题。本次半结构化访谈共采访 12 位当地社区居民,访谈时长一般为 25~45 分,访谈对象概况见表 3.2。访谈提纲见附录 1。

表 3.2 半结构化访谈对象基本信息表

编号	性别	年龄	工作内容	访谈时长/分	居住地点
1	女	32	餐馆服务员	35	江夏区老屋潘
2	女	57	农民	45	江夏区老屋潘
3	男	71	农民	25	江夏区童周村
4	女	63	农民	30	江夏区蒋家村
5	男	72	农民	28	江夏区道士湾
6	男	42	村委会工作人员	33	江夏区道士湾
7	女	46	副食店主	31	黄陂区杜堂村
8	女	39	生态园工作人员	29	黄陂区杜堂村
9	女	43	餐馆服务员	37	黄陂区杜堂村
10	男	64	农民	39	黄陂区杜堂村
11	女	53	草莓种植户	33	东西湖区石榴红村
12	男	68	退休人员	42	东西湖区石榴红村

笔者结合访谈结果对量表指标集进行修改,形成初始量表库。研究量表分为农户个人基本情况、农户对土地流转效益的感知、农户的土地流转意愿和农户的乡村旅游发展态度、农户乡村旅游发展中的参与行为四大部分,共筛选出 78 个指标。

(1)农户特征量表的开发。

不同农户的特征会产生不同的问卷结果,尤其是基于农户主观认知所获得的数据结果这样的形式中,农户的个人特征显得尤为重要。一般的农户特征主要包括农户性别、年龄、受教育程度、工作类型、收入和家庭成员等信息。

本书将很多研究问卷中的有关农户从家里到最近主路和到县城的便利程度调整为农户家去乡村旅游点的便利程度。添加了是否有亲戚朋友在乡村旅游企业上班、是否有亲戚朋友在村委会或政府上班以及是否流转出了土地用于乡村旅游开发指标。农户基本情况的指标主要参考了 Sinclair-Maragh 等[134]、Udimal 等[255]、乐章[256]、周庆[38]和张方云[116]等学者的相关研究。农户基本特征量表详见表 3.3。

表 3.3 农户基本特征量表

变量名称	变量指标表达	指标来源
农户个体特征	性别	乐章[256]、周庆[38],张方云[116],Sinclair-Maragh 等[134],Moghavvemi 等[158],Udimal 等[255]
	年龄	乐章[256],韩星焕和田露[257],张方云[116],Sinclair-Maragh 等[134],Zhang 等[258],Udimal 等[255]
	受教育程度	乐章[256],牛星和李玲[259],张方云[116],Sinclair-Maragh 等[134]
	工作类别	赵光和李放[260]

续表 3.3

变量名称	变量指标表达	指标来源
农户家庭特征	家庭年收入水平	蔡鹭斌等[261],李景刚等[262],周庆[38],张方云[116], Sinclair-Maragh 等[134]
	家庭收入来源(生计方式)	周庆[38],赵光和李放[260],钱忠好[263],许恒周等[118], Zhang 等[258],胡晨成等[264]
	家庭社会资本(家人、朋友是否有公务员或村干部)	Udimal 等[255],王正环[265],沈萌[115],邱韦玮[266]
旅游相关度	家人、朋友是否在附近从事旅游相关工作或生意	周庆[38],黄杰龙[145],Sinclair-Maragh 等[267],邱韦玮[266]
	与乡村旅游点的距离	García 等[128],汪彦[139],张金鑫[178],邱韦玮[266]
	附近乡村旅游点游玩频率	访谈后自拟
土地市场特征	土地用途	Udimal 等[255],王正环[265]
	土地流转政策的了解程度	郭嘉和吕世辰[268],宋良言[269]
	是否已流转出农用地	赵光和李放[260],周庆[38],Udimal 等[255],胡晨成等[264],王正环[265],张方云[116]
	农用地流转出的价格	储成兵和李平[270],王正环[265]

(2)农户土地流转效益感知量表的开发。

农户土地流转效益感知原始调查问卷的题目是从现有的关于土地流转效益评价和乡村旅游影响感知文献中汲取的。但现有的研究多依据客观数据测算土地流转给农户生活带来的效益影响,而本书则是从农户感知的主观角度对农户流转出土地后,土地被用来发展乡村旅游,农户对土地流转出前后产生的差异的感知。土地感知效益问卷中的指标参考了客观角度对土地流转效益的研究,并将其中的客观指标转化成主观的问卷指标用于本书。目前关于旅游影响感知的研究较多,本书的农户土地流转效益感知指标主要参考了 Mcgehee 和 Andereck[137]、Jurowski 和 Gursoy[271]、Li 和 Alatalo[272]、Boavida-Portugal 等[273]、戴月坤[36]、王正环[265]、卢小丽[180]和黄杰龙[145]等的研究成果。量表开发思路见图 3.2。

本书将土地流转效益感知分别从产业经济、社会文化和景观生态 3 个方面展开。从字面上就可以看出传统的效益研究与本书的研究有区别,传统的综合效益评价指标仅仅包含通常的经济、社会和生态指标,而本书的效益评价指标不仅仅是一般的土地流转所带来的效益,还结合了土地流转后发展乡村旅游所带来的效益,如产业的转变、乡土文化的传承以及乡村景观的提升等旅游发展所带来的效益。农户土地流转效益感知量见表 3.4。

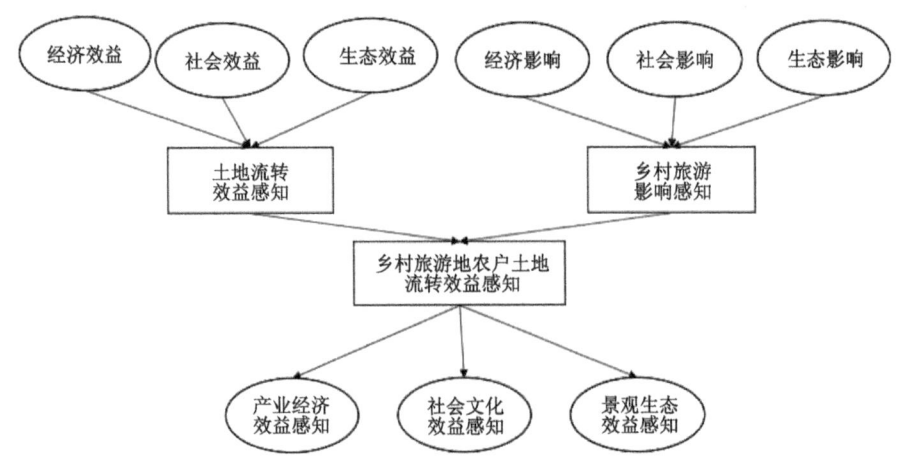

图 3.2 农户土地流转效益感知量表开发思路

表 3.4 乡村旅游地的农户土地流转效益感知量表

变量名称	变量表达	指标来源
产业经济效益感知	土地亩产值变化	李季[37]、戴月坤[36]、Fei[274]、Kijima 和 Tabetando[275]、王正环[265]、李纯错[23]
	耕作、灌溉等机械化率变化	杨涛和朱博文[276]、王正环[265]
	农田设施情况变化	王正环[265]
	种植品种种类变化	王正环[265]、涂军平和黄贤金[30]
	农产品品质变化	王正环[265]
	农户就业/创业机会变化	周庆[38]、Rasoolimanesh 等[157]、Rasoolimanesh 等[161]、Mcgehee 和 Andereck[137]、Jurowski 和 Gursoy[271]、Cucari 等[277]、张方云[116]、雷硕等[174]、卢小丽[180]、贺小荣和张杨[175]、黄杰龙[145]
	农户技能培训机会变化	Mcgehee 和 Andereck[137]
	农户收入情况变化	李季[37]、周庆[38]、Mcgehee 和 Andereck[137]、Jurowski 和 Gursoy[271]、Udimal 等[255]、王正环[265]、张方云[116]、卢小丽[180]、黄杰龙[145]
	本地经济总产值/政府税收变化	周庆[38]、Mcgehee 和 Andereck[137]、Jurowski 和 Gursoy[271]、Kijima 和 Tabetando[275]、Li 和 Alatalo[272]、Cucari 等[277]、胡晨成等[264]、李纯错[23]、卢小丽[180]、贺小荣和张杨[175]、黄杰龙[145]
	土地租金变化	杨涛[13]

续表 3.4

变量名称	变量表达	指标来源
社会文化效益感知	农用地抛荒情况变化	访谈后自拟
	非农劳动人口变化	涂军平和黄贤金[30]
	文娱活动变化	Mcgehee 和 Andereck[137]、卢小丽[180]
	休闲娱乐设施情况变化	Rasoolimanesh 等[157]、Rasoolimanesh 等[161]、Mcgehee 和 Andereck[137]、Jurowski 和 Gursoy[271]、卢小丽[180]、黄杰龙[145]
	文化保护和传承情况变化	Rasoolimanesh 等[157]、Mcgehee 和 Andereck[137]、Cucari 等[277]、卢小丽[180]、黄杰龙[145]
	农户间用地纠纷情况变化	周庆[38]、王天琪[278]
	道路餐馆等基础设施和服务设施变化	戴月坤[36]、Rasoolimanesh 等[157]、Mcgehee 和 Andereck[137]、王天琪[278]、雷硕等[174]、卢小丽[180]、贺小荣和张杨[175]、黄杰龙[145]
景观生态效益感知	亩均施肥施用量变化	李季[37]、王正环[265]
	亩均农药施用量变化	李季[37]、王正环[265]
	塑料地膜使用量变化	王正环[265]
	废弃物垃圾丢弃、焚烧变化	李季[37]、李梦微[279]
	土地观赏性变化	李季[37]、戴月坤[36]
	苗木花卉植物数量变化	Li 等[272]、Boavida-Portugal 等[273]
	野生动植物变化	戴月坤[36]、Li 等[272]、Boavida-Portugal 等[273]

产业经济效益。乡村旅游带动的土地流转为当地带来的经济效益是最直接的,对于增长农村经济、增加农民收入和实现规模经营有着明显的促进作用。从投入和产出的角度来看,乡村旅游中的土地流转能有效促进农村土地的规模经营,机械化率和农田设施等可能得到改善,土地产出值更高,农民将土地流转为旅游用地可以获得更高的经济收益。同时,旅游开发的需要加大了对荒山、荒地等的再开发利用,提高了农村土地的利用效率,有效减少了土地摞荒的现象,同时乡村旅游开发还可能会改变本地的种植养殖品种。对于村集体和当地政府而言,乡村旅游中的土地流转可以增加公共收入,如资源使用补偿费、社会福利金等,能够更好地用于村庄的建设和管理。此外,用于乡村旅游的土地流转相比于其他发展方式,能够更多地为失地农民提供再就业的机会,增加农民收入,保障农民生产生活。

社会文化效益。乡村旅游发展中的土地流转除了能产生较好的产业经济效益,也可能带来较高的社会效益。依托现代农业发展乡村旅游,使农村产业结构得到优化,是农村进行二三产业改革的重要途径。乡村旅游带动的土地流转还有利于解决农村空心化和农用地抛荒问题,将土地流转出去的农户依然可以继续在原有的土地上从事相关的工作,减少农民外出打工的现象,保障农民收入和农村社会环境稳定。土地流转出后,农户与农户之间的用地纠纷可能会减少,但是农户与旅游企业的用地纠纷则可能会增加。土地流转用于发展乡村旅游后,由于旅游开发需要较好的基础设施和服务设施支撑,因此在发展旅游后,旅游企业和政府必然会改善本地的道路、休闲娱乐场所等设施。乡村旅游发展还需要依托本地的乡土风情和文化遗产,因此乡村旅游发展后会保护和传承当地的文化遗产。

景观生态效益。在乡村旅游带动的土地流转获得经济和社会效益的同时,通过土地的集中化和旅游业的发展,也会产生一定的景观生态效益。居住的集中化和基础设施的修建能够提高农民的生活质量,而旅游业对资源环境的高要求使得很多流转后的土地仍能保持较好的生态功能。将分散的土地集中到一起进行整理和规划,能够使农村的建设用地布局更加整齐,农用地种植花卉苗木更加美观,乡村观赏性提升。乡村旅游景点的修复和建设更是增添了农村独有的田园气息,使得乡村景观更加宜人,保护和改善了当地生态环境。但是,由于乡村地区生态环境本身的脆弱性和承载力有限,而乡村旅游的发展为获得较好的景观和较高的农产品产量可能会施用较多的化肥、农药和地膜,这可能会在一定程度上加重乡村生态环境的压力,降低农户的土地利用效益感知。

(3)农户土地流转意愿量表开发。

乡村旅游地的土地流转,特指发展乡村旅游的农用地流转,因此农户土地流转意愿指农户流转出农用地并发展乡村旅游的意愿。本书通过非常不同意、比较不同意、一般、比较同意和非常同意五级指标来衡量农户的土地流转意愿,同时设置了农户愿意和不愿意流转土地的原因选项,这样既可以分析农户土地流转的意愿,也可以分析影响农户土地流转意愿的核心因素。农户自己是否愿意流转土地能在一定程度上表明农户土地流转的意愿,而是否支持其他利益相关体流转土地能够进一步表达农户对流转土地的看法。调查农户土地流转意愿指标主要参考了赵光和李放[260]、周庆[38]、沈萌[115]和王正环[265]等学者的研究。农户土地流转意愿测量内容详见表3.5。

表3.5 农户土地流转意愿量表

变量名称	变量表达	指标来源
土地流转的意愿	是否愿意流转出自家农用地	赵光和李放[260],周庆[38],胡晨成等[264],张方云[116],沈萌[115]
	是否支持亲朋好友等流转出农用地	赵光和李放[260],沈萌[115]
	愿意流转出农用地的原因	王正环[265]
	不愿意流转出农用地的原因	王正环[265]
	希望采取的流转出农用地的方式	周庆[38],王正环[265]

(4)农户乡村旅游发展态度量表开发。

调查农户是否支持本地发展乡村旅游能够直观反映农户对本地发展乡村旅游的态度,而农户是否支持政府出资发展旅游也能够间接反映农户对本地发展乡村旅游的态度。本书通过非常不同意、比较不同意、一般、比较同意和非常同意五级指标来衡量农户对乡村旅游发展的态度,同时设置了农户支持和不支持乡村旅游发展态度的原因选项,这样既可以分析农户对发展乡村旅游的态度,也可以分析影响农户乡村旅游发展态度的核心因素。本书的农户乡村旅游发展态度指标主要参考了卢小丽[180]、黄杰龙[145]、徐松浚[213]和张金鑫[178]等学者的研究。农户乡村旅游发展态度测量内容详见表3.6。

表3.6 农户乡村旅游发展态度量表

变量名称	变量表达	指标来源
乡村旅游发展的态度	支持本地发展乡村旅游	Sinclair-Maragh[134], Moghavvemi 等[158], Mcgehee 和 Andereck[137], 卢小丽[180], 黄杰龙[145], 徐松浚[213]
	支持本地发展乡村旅游的原因	张金鑫[178]
	不支持本地发展乡村旅游的原因	张金鑫[178]
	支持本地吸引更多游客	Mcgehee 和 Andereck[137], 黄杰龙[145]
	支持政府资助本地发展乡村旅游	Rasoolimanesh 等[161], 徐松浚[213]

(5)农户乡村旅游参与行为量表开发。

农户乡村旅游参与行为指在流转土地发展乡村旅游过程中的农户行为。在流转土地并发展乡村旅游的过程中,农户提升个人认知是农户增加收入,提高生活质量的必要行为。农户对本地乡村旅游产业发展的促进参与行为是本地乡村旅游产业提升和经济发展的重要需求。农户对本地土地流转、乡村旅游发展情况进行监督和管理的行为即农户的监管行为,是农户维护自身权利的体现。农户对环境的改善行为是本地土地资源可持续发展和旅游产业提升以及农户生活质量完善的有效保证。对旅游的促进和环境的保护行为是本地乡村振兴、乡村可持续发展的需求,而相关个人认知提升行为则是农户生活质量提升手段。本书从农户认知学习行为、农户促进旅游发展行为、农户监管旅游发展行为和农户保护环境行为等方面多个指标测量农户的行为,并通过非常不同意、比较不同意、一般、比较统一和非常同意五级指标来衡量农户乡村旅游参与行为的可能性。量表指标主要参考了王顺然等[280]、张金鑫[178]、徐松浚[213]和 Sinclair-Maragh 等[157]的相关研究。农户乡村旅游参与行为量表见表3.7。

表3.7 农户乡村旅游参与行为量表

变量名称	变量表达	指标来源
认知学习行为	主动了解并和农户谈论乡村旅游企业的建设和经营情况	王顺然等[280],张金鑫[178],戴文俊[173],徐松浚[213]
	主动了解、学习与土地流转相关知识和技术	胡晨成等[264],王顺然等[280],王天琪[278]
	主动了解、学习与乡村旅游经营管理相关知识和技术	雷硕等[174],卢小丽[180],贺小荣和张杨[175]

续表 3.7

变量名称	变量表达	指标来源
促进旅游发展行为	参加乡村旅游发展相关的技能培训	张金鑫[178],贺小荣和张杨[175]
	尝试在乡村旅游企业寻找工作/创业机会	贺小荣和张杨[175],张金鑫[178],徐松浚[213]
	推荐/邀请人到乡村旅游点来游玩	黄杰龙[145]
	向游客推荐/介绍附近的乡村旅游产品	雷硕等[174]
	参加旅游企业举办的传统节日/风俗习惯等活动	雷硕等[174],徐松浚[213]
	向其他人(游客)讲解/介绍本地的社会文化	徐松浚[213]
监管旅游发展行为	向旅游企业和关有部门提供乡村旅游发展建议	Sinclair-Maragh 等[267],Rasoolimanesh 等[161],张金鑫[178],徐松浚[213]
	有关部门反映违规、不正当的乡村旅游经营活动	张金鑫[178],徐松浚[213]
	向政府部门反映企业污染、破坏农用地的行为	访谈后自拟
保护环境行为	自觉保护本地生态环境	张金鑫[178],徐松浚[213]
	劝阻游客乱扔垃圾、毁坏苗木等破坏生态环境的行为	张金鑫[178],徐松浚[213]
	向有关部门反映乡村旅游企业破坏本地生态环境的行为	徐松浚[213]

2. 测量量表的专家修正

在确认了本书的研究内容和初始测量表后,笔者于 2019 年 7—10 月期间多次咨询土地流转和乡村旅游发展领域的专家对指标的看法,并邀请专家们对指标提出修正建议。专家修正量表主要通过以下两种方式:①与专家进行一对一交流,在这个过程中,作者与专家逐题探讨和修正量表的框架以及问卷指标的内容;②集合专家团队,以会议的形式,与多位专家一起共同探讨修正并敲定问卷的框架和指标内容。经过两个阶段的专家修正,农户土地流转效益感知的指标从 24 项修正为 22 项,并对部分指标进行修正和合并,评估土地流转效益的五级评价指标从普遍采用的"非常不同意、比较不同意、一般、比较同意和非常同意",改为"可测量土地流转前后变化的少很多、少一点、基本没变、多一点和多很多以及低很多、低一点、基本没变、高一点和高很多"这两种五级评价指标,这样可以方便农户直接给出效益选项。其次在专家的建议下将农户土地流转和乡村旅游行为的测量指标进行修正和合并,从 15 项变成 14 项。

3. 测量量表的预调研修正

作者在采纳专家的意见后形成了一套完整的调查问卷,并于 2019 年 9 月 10—25 日前往武汉市江夏区的乡村旅游目的地开展预调研。调研对象是生活在乡村旅游目的地附近的农户。同时,为了确保被调研农户对当地土地流转和乡村旅游发展具有明确、成熟的认知和较强的自主意识表达能力,调查对象仅选取年龄大于 18 岁的意识清醒且言语表达清楚的成年农户。在农户填写和回答问卷期间,对于比较难以给出选择和不理解的指标,征求农户意见,并记录修改意见。然后对部分指标进行适当修改,并删除了 3 个指标。将农户旅游参与行为分量表的评估指标优化为"1 不会做、2 可能会做、3 会做但还没有做、4 做过和 5 经常做"5 个指标。这 5 个选项分级区别于以前的"1 非常不同意、2 比较不同意、3 一般、4 比较同意和 5 非常同意"。以前通用的五级评级只能通过赋分测量出研究对象对实施某一行为的可能性,不能明确区分出问卷填写对象是否实施过某一行为和已实施行为的频率以及实施行为的意向。新的五级选项不仅可以测量农户之前的旅游参与行为,即是否做过和做过多少,此外"可能会做和想做但还没有做"选项还能衡量农户旅游参与行为的意向,因此本书新采用的五级测量标准能更准确地衡量农户的行为。在预调研过程中,作者发现农户对于个人和家庭信息比较敏感,于是作者将农户基本特征分量表置于问卷的末尾部分,即第四部分。农户土地流转意愿和农户乡村旅游发展态度分量表中的指标数目少且易于回答,于是将这部分的量表置于调研问卷的开头,即第一部分。农户土地流转效益感知和农户参与乡村旅游行为分别置于调研问卷的第二部分和第三部分。试调研问卷见附录 2。

4. 测量量表的试调研修正

1) 试调研数据收集

本书采用已经经过文献分析、专家咨询和农户预调研修正后的问卷采用简单随机抽样方法开展试调研。调研范围选取武汉市江夏区和新洲区的乡村旅游目的地发放试调研问卷,2019 年这两个区共有 11 个湖北省休闲农业和乡村旅游示范点,且两个区域分别位于武汉市的长江以北和长江以南,调研范围广和样本分散能够提高样本的代表性。作者随机选择了江夏区初阳生态乐果小镇和新洲区绿洲源凤凰生态农业园区两个乡村旅游目的地开展试调研,在两个乡村旅游目的地从随机碰到的农户获取试调研数据。此次乡村旅游调研地为农户家中或家门口、农家餐馆和村委会门口。在调研之前,作者先对调研问卷发放人员进行培训,确保他们能够准确理解问卷中每个指标的意思,并能够对农户疑问进行科学合理的解释,同时规定调研者不能影响或引导农户选择指标。

试调研时间为 2019 年 11 月 1—15 日,共发放正式调研问卷份 75 份,其中有效问卷 69 份,问卷有效回收率为 92%。发放问卷者在回收问卷时会对回收问卷进行检查,确保没有漏填。

2) 描述性分析

本书采用描述性分析方法,分析试调研样本数据情况,详见表 3.8。正式调研样本的男性多于女性(53.6%:46.4%)。样本人群具有年龄偏大和受教育程度普遍偏低的特点。正式调研样本中,中年人群(36～60岁)和老年人群(≥61岁)占总样本的78.6%,受教育水平为初中及以下的农户的比例高达69%,超过总样本的一半。被调研农户目前的主要活动为居家没有工作(31.9%)和在本地打工(28.8%)。大部分被调研农户(82.7%)没有亲戚朋友在政府部门工作或是村干部。大部分被调研农户(72.8%)或者其亲戚朋友没有在附近乡村旅游企业工作或做乡村旅游相关生意。大部分被调研农户只有非农业收入(60.7%)或者以非农业收入为主(27.7%)。被调研农户的年收入水平分布较均衡,从低于30 000元到高于120 000元,每个阶段的农户人数相差不是特别大。大部分被调研农户离乡村旅游目的地较近,86.2%的农户距离乡村旅游目的地少于20分钟路程,其中一半以上(66.3%)的农户10分钟以内就可以到达最近的目的地。大部分被调研农户利用承包地种粮食自家食用,只有4.9%的农户是利用承包地种粮食全部售卖的,农产品商品率低。大部分被调研农户对国家的土地流转政策不太了解(39.7%),甚至完全不了解(22.6%)。大部分(76.6%)被调研农户的家中有流转出土地用于乡村旅游发展。

表3.8 试调研数据基本情况

类别	样本分类	百分比/%
1 性别	1.男	53.6
	2.女	46.4
	总计	100
2 年龄	1.18～35	21.4%
	2.36～60	51.2
	3.≥61	27.4
	总计	100
3 受教育程度	1.未上学	11.2
	2.小学	22.3
	3.初中	43.5
	4.高中(含中专或中职)	22.7
	5.大学(含大专)以上	10.3
	总计	100
4 目前主要职业活动	1.在家从事农业生产	9.4
	2.本地打工	28.8
	3.本地做生意	12.1
	4.外地打工	13.6
	5.公务员或事业单位员工	4.2
	6.没有工作	31.9
	7.其他	0
	总计	100

续表3.8

类别	样本分类	百分比/%
5 自己或者亲戚朋友是否有在政府部门工作或是村干部	1.有	17.3
	2.无	82.7
	总计	100
6 家庭收入来源	1.没有收入	3.7
	2.只有农业收入	2.1
	3.兼业,农业为主	5.8
	4.兼业,非农业为主	27.7
	5.只有非农业收入	60.7
	总计	100
7 家庭年收入水平	1.＜30 000元	19.9
	2.30 000～59 999元	24.1
	3.60 000～89 999元	24.6
	4.90 000～119 999元	12.0
	5.≥120 000元	19.4
	总计	100
8 自己或者亲戚朋友是否有在附近乡村旅游企业工作或做乡村旅游相关生意	1.有	27.2
	2.无	72.8
	总计	100
9 采用常用交通工具从家到最近乡村旅游目的地所需时间	1.≤10分钟	63.3
	2.11～20分钟	22.9
	3.21～30分钟	6.4
	4.31～40分钟	4.4
	5.＞40分钟	3.1
	总计	100
10 土地利用现状	1.种粮食自家食用	59.1
	2.种粮食部分售卖	9.9
	3.种粮食全部售卖	4.9
	4.土地抛荒没种了	8.7
	5.土地全部转出了	21.4
	总计	100

续表3.8

类别	样本分类	百分比/%
11 对国家出台的有关农村农用地流转政策了解程度	1.完全不了解	22.6
	2.不太了解	39.7
	3.一般了解	18
	4.比较了解	17.3
	5.完全了解	2.4
	总计	100
12 家中是否有承包农用地被流转用于乡村旅游开发	1.有	76.6
	2.无	23.4
	总计	100

3)试调研问卷信度和效度检验

(1)信度分析。

信度即可靠性,它指的是采用同样的方法对同一对象重复进行测量时所得结果相一致的程度。换句话说,信度是指测量结果的一致性或稳定性。关于调查问卷信度的评判标准统计学上多采用信度分析法对问卷的各个分量表及问卷整体作信度检验。本书使用Spss24软件对试调研数据进行可靠性分析,通过计算常用的Cronbach's α系数来检验量表指标的内部一致可靠性。根据Kline[281]的研究,当一个量表的Cronbach's α系数值达到0.90以上时,表明该量表内部的一致可靠性特别好;当Cronbach's α系数值在0.80~0.90之间时,该量表内部的一致可靠性被认为非常好;当Cronbach's α系数值在0.70~0.80之间时,可以认为该量表的内部一致可靠性比较好;当Cronbach's α系数值在0.65~0.70之间时,认为该量表的内部一致可靠性可以接受;当Cronbach's α系数值在0.35~0.65之间时,应该重新设计或编制量表;当Cronbach's α系数值小于0.35时,则该量表信度过低,不被认可。

试调研的问卷有4个分量表,首先对4个分量表分别进行信度检验,然后对总样表进行信度检验,结果见表3.9。对农户土地流转效益感知量表的信度检验结果为0.832,表明此部分的问卷结果信度较好;对农户土地流转意愿量表的信度检验结果为0.728,表明此部分的问卷结果信度较好;对农户乡村旅游发展态度量表的信度检验结果为0.768,表明此部分的问卷结果信度较好;对农户乡村旅游参与行为量表的信度检验结果为0.815,表明此部分的问卷结果信度较好;对结合4个分量表的总体量表进行的信度检验结果为0.861,表明总体问卷结果信度较好。依据学者Kline[281]关于问卷信度系数Cronbach's α>0.7为比较可信的评判标准,试调研问卷的衡量项目具有较高的一致性与稳定性。

表 3.9 分量表的信度分析

序号	分量表测试内容	信度系数（克隆巴赫系数 Cronbach's α）		
		克隆巴赫 Alpha	基于标准化项的克隆巴赫 Alpha	项数
1	农户土地流转效益感知	0.832	0.845	22
2	农户土地流转意愿	0.728	0.716	2
3	农户乡村旅游发展态度	0.768	0.756	3
4	农户乡村旅游参与行为	0.815	0.814	14
5	总体量表	0.861	0.870	42

（2）效度分析。

本书对总体量表和分量表的效度都进行了检验，农户土地流转效益感知量表、农户乡村旅游发展态度量表、农户乡村旅游参与行为量表和整体问卷量表的 KMO 均大于 0.7，表明各量表之间存在较多的共同性。农户土地流转意愿量表因为只有两个测量题项，所以 KMO 为 0.5。巴特利特（Barlett）球形检验结果表明，各个分量表以及总量表的显著性均低于 0.005，相伴概率值均达到显著水平，表明各分量表变量之间的相关矩阵间存在共同因子，详见表 3.10。

表 3.10 分量表的效度分析

序号	分量表测试内容	KMO 和巴特利特检验	
		KMO	显著性
1	农户土地流转效益感知	0.806	0.000
2	农户土地流转意愿	0.5	0.000
3	农户乡村旅游发展态度	0.727	0.000
4	农户乡村旅游参与行为	0.785	0.000
5	总体量表	0.767	0.000

4）农户土地流转效益感知指标分析

根据 Sun[282] 的做法，通过计算校正的项总计相关性和项已删除的 Cronbach's α 系数对农户土地流转效益感知的测量指标进行进一步净化，以获得更好的量表信度。如果指标的校正的项总计相关小于 0.3 或删除该指标后量表的 Cronbach's α 系数被提高，则删除该指标。本书采取逐步删除法删除不达标指标，即每次仅删除校正的项总计相关性最小或项已删除的 Cronbach's α 系数提高最大的指标，然后重新计算各指标校正的项总计相关性和项已删除的 Cronbach's α 系数，直到所有的项总计相关性均大于 0.3 且项已删除的 Cronbach's α 系数不再提高为止。通过此种方法删除了指标 B4、B11、B18 和 B22。指标修正前后的项与总计相关性和 Cronbach's α 系数详见表 3.11。

表 3.11 农户土地流转效益感知量表检验

指标	修正前		修正后	
	项总计相关性	项已删除的 Cronbach's α	项总计相关性	项已删除的 Cronbach's α
B1	0.447	0.823	0.492	0.832
B2	0.447	0.823	0.414	0.833
B3	0.434	0.824	0.413	0.835
B4	0.216	0.835	—	—
B5	0.540	0.822	0.543	0.831
B6	0.485	0.823	0.445	0.832
B7	0.506	0.823	0.494	0.832
B8	0.317	0.829	0.322	0.836
B9	0.416	0.825	0.437	0.835
B10	0.464	0.824	0.445	0.833
B11	0.264	0.831	—	—
B12	0.487	0.822	0.514	0.834
B13	0.429	0.825	0.453	0.835
B14	0.485	0.822	0.545	0.831
B15	0.440	0.824	0.338	0.832
B16	0.473	0.822	0.454	0.834
B17	0.507	0.820	0.469	0.835
B18	0.243	0.835	—	—
B19	0.395	0.826	0.415	0.833
B20	0.460	0.823	0.479	0.832
B21	0.409	0.826	0.418	0.835
B22	0.059	0.841	—	—
总指标	Cronbach's α		Cronbach's α	
	0.832		0.837	
	KMO	巴特利特(Barlett)球形检验	KMO	巴特利特(Barlett)球形检验
	0.806	0.000	0.813	0.000

第3章 研究区域与研究设计

5)土地流转意愿指标分析

采用与前文相同的做法,本书对农户土地流转意愿量表的指标进行项目-总体相关系数分析,分析结果如表3.12所示。依据"修正后的项与总计相关性"<0.3或"项已删除的克隆巴赫Alpha大于原来的总Alpha就剔除指标"原则,此分析过程保留了所有的指标。

表3.12 农户土地流转意愿量表检验

指标	项总计相关性	项已删除的Cronbach's α	总指标Cronbach's α
A1	0.458	0.680	0.715
A4	0.450	0.718	

6)农户乡村旅游发展态度指标分析

采用与前文相同的做法,本书对农户乡村旅游发展态度量表的指标进行项目-总体相关系数分析,分析结果如表3.13所示。依据"修正后的项与总计相关性"<0.3或"项已删除的克隆巴赫Alpha大于原来的总Alpha就剔除指标"原则,此分析过程保留了所有的指标。

表3.13 农户乡村旅游发展态度量表检验

指标	项总计相关性	项已删除的Cronbach's α	总指标Cronbach's α
A6	0.515	0.733	0.737
A9	0.538	0.745	
A10	0.535	0.784	

7)农户乡村旅游参与行为指标分析

采用与前文相同的做法,本书对农户乡村旅游参与行为量表的总指标和各因子指标进行项目-总体相关系数分析,依据"修正后的项总计相关性"<0.3或"删除项后的克隆巴赫Alpha大于原来的总Alpha就剔除指标"原则,此分析过程剔除了指标C12、C13和C14。各分因子项目总体相关系数分析结果如表3.14所示。

表3.14 农户乡村旅游参与行为量表检验

指标	修正前		修正后	
	项总计相关性	删除项后的克隆巴赫Alpha	修正后的项总计相关性	删除项后的克隆巴赫Alpha
C1	0.495	0.800	0.482	0.801
C2	0.505	0.799	0.546	0.790
C3	0.547	0.796	0.614	0.759
C4	0.552	0.796	0.584	0.733
C5	0.565	0.794	0.572	0.761
C6	0.405	0.807	0.394	0.801
C7	0.482	0.801	0.453	0.803

续表 3.14

指标	修正前		修正后	
	项总计相关性	删除项后的克隆巴赫 Alpha	修正后的项总计相关性	删除项后的克隆巴赫 Alpha
C8	0.410	0.806	0.434	0.805
C9	0.458	0.803	0.463	0.803
C10	0.425	0.805	0.447	0.801
C11	0.351	0.811	0.318	0.812
C12	0.316	0.812	—	—
C13	0.376	0.808	—	—
C14	0.255	0.815	—	—
总指标	Cronbach's α		Cronbach's α	
	0.813		0.814	
	KMO	巴特利特(Barlett)球形检验	KMO	巴特利特(Barlett)球形检验
	0.785	0.000	0.804	0.000

3.3 数据分析方法

首先采用 Spss24 软件对试调研数据进行处理和分析。利用描述性统计方法对试调研样本进行人口统计学特征分析,研究样本的组成情况。采用 Spss24 分析试调研数据的信度和效度,在问卷的信度和效度都比较好的情况下,通过计算样本数据的校正的项总计相关性和项已删除的 Cronbach's α 系数净化指标。经过多轮修正形成的正式调研问卷见附录 2。然后采用 Spss24 和 Amos23 软件对正式调研数据进行分析。利用描述性统计方法对正式调研样本进行人口统计学特征分析,研究正式调研样本的组成情况。

采用 Spss24 软件通过信度分析和效度分析方法分别说明正式调研数据的信度和效度,在调研数据的信度和效度都比较好的情况下,通过计算样本数据的校正的项总计相关性和项已删除的 Cronbach's α 系数净化指标。通过 Spss24 软件对正式调研数据进行探测性因子分析。这个过程采用主轴因子法分别计算因子载荷、相关系数、平均提取方差和组合信度。确认农户土地流转效益感知、农户土地流转意愿、农户乡村旅游发展态度和农户乡村旅游参与行为的维度,建立农户土地流转效益感知及影响的评价体系。

通过 Spss24 评估土地流转效益感知、农户土地流转意愿、农户乡村旅游发展态度和农户乡村旅游参与行为,这个过程主要采用均值法计算每个评估变量的平均值,采用每项指标数值相加,再除以指标数获得。

通过 Spss24 软件,采用相关性分析、回归分析、Bootstrap 分析等方法,验证土地流转效益感知对农户土地流转意愿、农户乡村旅游发展态度和农户乡村旅游参与行为的影响关系以及它们的不同维度之间的关系和中介变量的中介效应。并通过 Amos 软件构建结构方程模型验证土地流转效益感知、农户土地流转意愿、农户乡村旅游发展态度、农户乡村旅游参与行为之间的关系。

采用独立样本 T 检验和单因素方差方法,分析土地流转效益感知、农户土地流转意愿、农户乡村旅游发展态度、农户乡村旅游参与行为的农户特征差异。

第4章　农户土地流转效益感知及影响的评价体系

4.1　正式调研收集数据

4.1.1　问卷收集方法

为了提高正式调研样本的全面性和准确性,正式调研采用了分层随机抽样的方法发放问卷。第一步分层,按武汉市的区级行政区将调研点分为江夏区、蔡甸区、新洲区、黄陂区、东西湖区以及汉南区6个部分,这样可以调查到覆盖武汉市所有行政区的乡村旅游点,收集到的有关武汉市土地流转和乡村旅游情况的数据就不会因为某一两个区是重点乡村旅游区或者某些区旅游发展较弱而导致数据不全面。但是在实地走访中发现汉南区为国有农场,原土地使用者已分散搬迁到较远的地方,所以无法在该区域获得调研样本。因此正式调研时在江夏区、蔡甸区、新洲区、黄陂区、东西湖区5个区发放问卷。第二步,在武汉市5个区中的乡村旅游地附近随机给农户发放问卷。为深刻了解武汉市农户对乡村旅游地的土地流转效益地感知和农户土地流转意愿、农户乡村旅游态度以及农户乡村旅游参与行为,需要选取武汉市乡村旅游发展相对成熟和土地流转规模较大且流转年限相对长远的休闲农业点附近村庄发放问卷,这样地区的农户能够比较深刻地感知土地流转并发展乡村旅游带来的效益,且这样的地方通常涉及的农户较多,能够更便利地发放问卷和收集数据。湖北省休闲农业示范点具有土地流转规模较大和乡村旅游发展较好的特征,因此笔者查询了武汉市内的湖北省休闲农业示范点,并了解每个休闲农业示范点的情况,根据每个休闲农业示范点的面积,优先选取面积较大的休闲农业示范点随机发放问卷。面积较大的休闲农业示范点涉及的社区较多,能够更便利地发放问卷和收集数据。调研团队一共在10个湖北省休闲农业示范点附近发放问卷。其中包括江夏区的湖北凡华生态农业园、梁湖农庄休闲观光园和阳夏绿洲当代薰衣草风情园,蔡甸区的香草花田,新洲区的"我家的地"田园综合体和紫薇都市田园综合体,黄陂区的木兰脉地花都风景区、武汉木兰花乡景区和湖北丰华现代农业产业园,以及东西湖区的石榴红村都市田园综合体(图4.1)。

4.1.2　样本收集

作者及其调研团队主要在农户家门口、农户家中和村委会发放和收集问卷。问卷发放过

第4章 农户土地流转效益感知及影响的评价体系

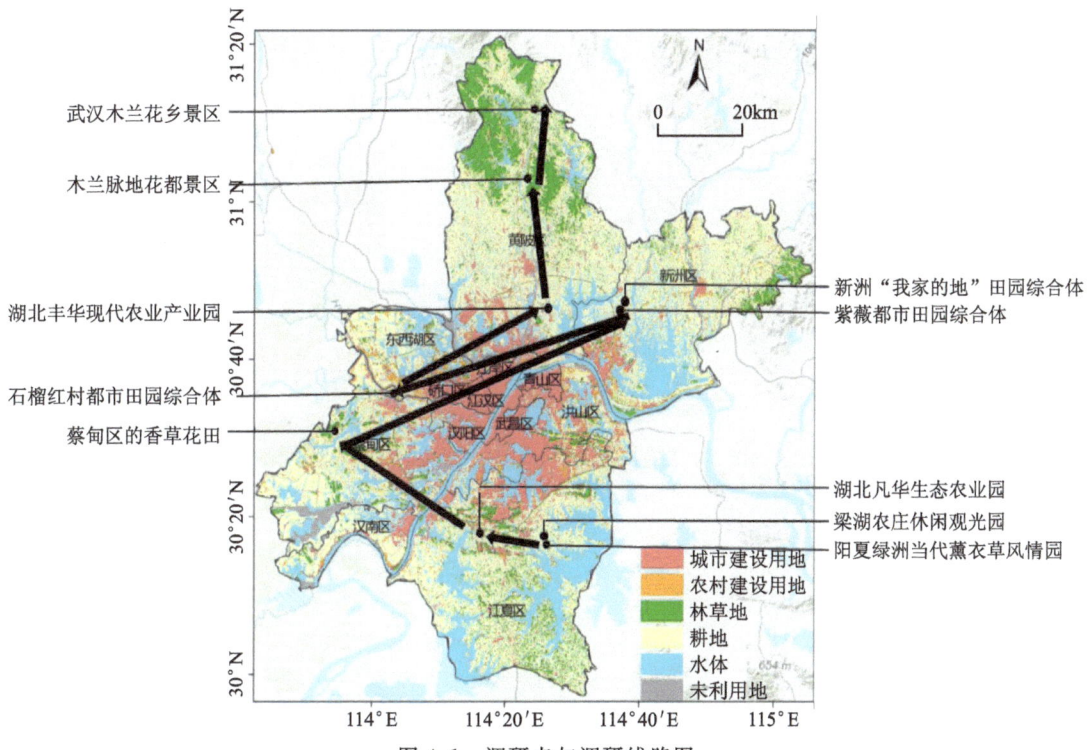

图 4.1 调研点与调研线路图

程中,采取一对一的问卷调研方式,由农户自己填写和发放问卷人协助填写(主要针对老年人)两种模式,但都确保不得干涉或引导农户作选择,且在填写过程中,如果被调查农户对其中某些变量含义理解存在疑义,调查人员将进行详细的解答说明,这样能提高问卷的数量与质量。

正式调研时间为 2019 年 12 月 10 日—2020 年 1 月 19 日,调研团队成员有 5 人。该阶段共发放正式调研问卷 432 份,为尽可能提高问卷的有效率,问卷回收后首先剔除了填答缺漏的问卷、受测者没有认真填写的问卷和回答几乎完全一致的问卷,最终获得有效问卷 382 份,问卷有效回收率为 88.63%,问卷获取地点分布在 5 个远城区的 19 个村庄,其中江夏区 75 份,蔡甸区 62 份,新洲区 71 份,黄陂区 125 份,东西湖区 49 份(表 4.1)。

表 4.1 调研地址和问卷数目

编号	调研区	调研点	调研地址	样本数/份
1	江夏区	湖北凡华生态农业园	郑店街劳七村	25
		梁湖农庄休闲观光园	五里界街唐涂村	23
		阳夏绿洲当代薰衣草风情园	五里界街童周村	18
			五里界街东湖村	9
			小计	75

续表 4.1

编号	调研区	调研点	调研地址	样本数/份
2	蔡甸区	香草花田	索河镇长河村	14
			索河镇龙潭村	27
			索河镇梅池村	21
			小计	62
3	新洲区	"我家的地"田园综合体	凤凰街四屋村	21
		紫薇都市田园综合体	仓埠街周铺村	10
			仓埠街松林村	19
			仓埠街丰乐村	21
			小计	71
4	黄陂区	武汉木兰花乡景区	木兰山风景区木兰山村	21
			姚家集街杜唐村	7
		木兰脉地花都风景区	长轩岭街道徐冲村	37
			前川街道吴店村	2
		湖北丰华现代农业产业园	大潭办事处澄湖村	21
			大潭办事处七会村	37
			小计	125
5	东西湖区	石榴红村都市田园综合体	慈惠街打网台村	11
			慈惠街石榴红村	38
			小计	49
			总计	382

4.2 样本数据分析与评价体系

4.2.1 正式调研样本描述性统计分析

表 4.2 为正式调研样本的人口统计信息概况。正式调研样本的男性多于女性,男女分别占样本总体的 57.6% 和 42.4%(220∶162)。样本人群具有年龄偏大和受教育程度普遍偏低的特点。正式调研样本中,中年人群(36～60 岁)和老年人群(≥61 岁)占总样本的 85.9%,受教育水平为初中及以下的农户的比例高达 77%,超过总样本的一半。被调研农户目前的主要活动为居家没有工作(31.9%)和在本地打工(28.8%)。大部分被调研农户(82.7%)没有亲戚朋友在政府部门工作或是村干部。大部分被调研农户只有农业收入(60.7%)或者以农业收入为主(27.7%)。被调研农户的年收入水平分布较均衡,从低于 30 000 元到高于 120 000 元,每个阶段的农户人数相差不是特别大。大部分被调研农户(72.8%)或者其亲戚朋友没有在附近乡村旅游企业工作或做乡村旅游相关生意。大部分被调研农户离乡村旅游目的地较近,82.8%的农户距离乡村旅游目的地少于 20 分钟路程,其中一半以上(61.3%)的农户 10

第4章 农户土地流转效益感知及影响的评价体系

分钟以内就可以到达最近的旅游目的地。大部分被调研农户利用承包地种粮食自家食用,只有5.2%的农户是利用承包地种粮食全部售卖的,农产品商品率低。大部分被调研农户对国家的土地流转政策不太了解(40.8%)甚至完全不了解(23.6%)。大部分(74.3%)被调研农户的家中有流转出土地用于乡村旅游发展。

表4.2 样本基本情况

类别	样本分类	百分比/%
1 性别	1.男	57.6
	2.女	42.4
	总计	100
2 年龄	1.18~35	14.1
	2.36~60	48.2
	3.≥61	37.7
	总计	100
3 受教育程度	1.未上学	12.6
	2.小学	21.5
	3.初中	42.9
	4.高中(含中专或中职)	15.7
	5.大学(含大专)以上	7.3
	总计	100
4 目前的主要职业活动	1.在家从事农业生产	9.4
	2.本地打工	28.8
	3.本地做生意	12.1
	4.外地打工	13.6
	5.公务员或事业单位员工	4.2
	6.没有工作	31.9
	7.其他	0
	总计	100
5 是否有亲戚朋友在政府部门工作或是村干部	1.有	17.3
	2.无	82.7
	总计	100
6 家庭收入来源	1.没有收入	3.7
	2.只有农业收入	2.1
	3.兼业,农业为主	5.8
	4 兼业,非农业为主	27.7
	5.只有非农业收入	60.7
	总计	100

续表4.2

类别	样本分类	百分比/%
7 家庭年收入水平	1.<30000元	19.9
	2.30 001~60 000元	24.1
	3.60 001~90 000元	24.6
	4.90 001~120 000元	12.0
	5.>120000元	19.4
	总计	100
8 自己或者亲戚朋友是否有在附近乡村旅游企业工作或做乡村旅游相关生意	1.有	27.2
	2.无	72.8
	总计	100
9 采用常用交通工具从家到最近乡村旅游目的地所需时间	1.<10分钟	61.3
	2.10~20分钟	21.5
	3.20~30分钟	8.4
	4.30~40分钟	5.8
	5.>40分钟	3.1
	总计	100
10 土地用途	1.种粮食自家食用	58.6
	2.种粮食部分售卖	8.4
	3.种粮食全部售卖	5.2
	4.土地抛荒没种了	8.4
	5.土地全部转出了	19.4
	总计	100
11 对国家出台的有关农村农用地流转政策了解程度	1.完全不了解	23.6
	2.不太了解	40.8
	3.一般了解	16.2
	4.比较了解	17.3
	5.完全了解	2.1
	总计	100
12 家中是否有承包农用地被流转用于乡村旅游开发	1.有	74.3
	2.无	25.7
	总计	100

4.2.2 样本总体信度分析与效度检验

1)信度分析

使用 Spss24 软件对正式调研数据进行可靠性分析,通过计算常用的 Cronbach's α 系数来检验量表指标的内部一致可靠性。依据前文内容,如果测量项目的 Cronbach's α 系数超过 0.7,则被看作是非常好的结果,如果测量项目的信度系数达 0.6,则被认为已经取得了很好的效果。因此本书以测量题目的 Cronbach's α 系数达到 0.6 以上来判别数据信度。

正式调研的问卷主要有 4 个分量表,首先对农户土地流转效益感知、农户土地流转意愿、农户乡村旅游发展态度和农户乡村旅游参与行为 4 个分量表分别进行信度检验,然后对总样表进行信度检验,结果详见表 4.3。对农户土地流转效益感知量表的信度检验结果为 0.830,表明此部分的问卷结果信度较好;对农户土地流转意愿量表的信度检验结果为 0.678,表明此部分的问卷结果信度较好;对农户乡村旅游发展态度量表的信度检验结果为 0.718,表明此部分的问卷结果信度较好;对农户旅游参与行为量表的信度检验结果为 0.813,表明此部分的问卷结果信度较好;对结合 4 个分量表的总体量表进行的信度检验结果为 0.863,表明总体问卷结果信度较好。依据问卷信度系数 Cronbach's α>0.65 为可信的评判标准,正式问卷的衡量项目具有较高的一致性与稳定性。

表 4.3 分量表的信度分析

序号	分量表测试内容	信度系数(克隆巴赫系数 Cronbach's α)		项数
		克隆巴赫 Alpha	基于标准化项的克隆巴赫 Alpha	
1	农户土地流转效益感知	0.830	0.841	18
2	农户土地流转意愿	0.678	0.703	2
3	农户乡村旅游发展态度	0.718	0.721	3
4	农户乡村旅游参与行为	0.813	0.804	11
5	总体量表	0.863	0.871	34

2)效度分析

本书主要从表面效度和构造效度两个方面对正式问卷的效度进行了检验。

首先,表面效度又称为内容效度或逻辑效度,主要是指问卷测量的内容或指标与测量目标之间的适合性和逻辑相符性。本书制定的调查问卷是依据一定的相关理论,参考了国内外众多相关文献,并经过咨询专家和试调研修正后制定的。在进行测量指标设计的时候,向一些专家进行了非正式的咨询,对各个要测量的目标或对象进行了概念的界定。这就使得各问卷指标与测量目标之间具有了很好的内在逻辑性。在问卷初稿编制完成后,分别向多位土地流转和乡村旅游领域的专家咨询,请其提出意见和建议,并进行了小范围的试调研,在此基础上对问卷进行了几番修正,保证了问卷的表面效度。

其次，对于构造效度的检验主要采用因子分析的主成分分析法来判断。本书对分量表和总量表的效度都进行了检验，因子分析检验结果表明，农户土地流转效益感知量表、农户乡村旅游参与行为量表、农户发展乡村旅游态度和整体问卷量表的 KMO 值均大于 0.7，表明各量表之间存在较多的共同性，农户土地流转意愿由于只有两项测量题项，所以 KMO 为 0.5。巴特利特(Barlett)球形检验结果表明，各个分量表以及总量表的显著性均低于 0.005，相伴概率值均达到显著水平，表明各分量表变量之间的相关矩阵间存在共同因子，且农户土地流转效益感知和农户乡村旅游参与行为分量表提取因子的累积方差贡献率均大于 60%（详细数据见表 4.7 和表 4.13），说明问卷具有较好的构造效度，详见表 4.4。

表 4.4 分量表的效度分析

序号	分量表测试内容	KMO 和巴特利特检验	
		KMO	显著性
1	农户土地流转效益感知	0.825	0.000
2	农户土地流转意愿	0.500	0.000
3	农户乡村旅游发展态度	0.705	0.000
4	农户乡村旅游参与行为	0.787	0.000
5	总体量表	0.769	0.000

4.2.3 农户土地流转效益感知评估尺度分析

依据前文分析，农户的土地流转意愿共包含 18 个指标，首先采用信度分析和效度分析方法分析获得的武汉市农户土地流转效益感知数据的可靠性和有效性，然后通过项目总体相关系数分析和探测性因子分析方法确定农户土地流转效益感知的评估尺度。

1）信度分析

根据前文分析，调研问卷的农户土地流转效益感知测量指标的 Cronbach's α 系数值为 0.830，说明调研问卷中分量表土地流转效益感知的指标具有非常好的内部一致可靠性。在此基础上，本书对农户土地流转产业经济效益感知、农户土地流转社会效益感知和农户土地流转生态效益感知分别进行信度分析，结果表明，不同效益感知的指标具有非常好的内部一致可靠性，详见表 4.5。

2）效度分析

根据前文分析，农户土地流转效益感知分量表的 KMO 大于 0.7，表明问卷构造效度较好。巴特利特(Barlett)球形检验结果表明，农户土地流转效益分量表的显著性均低于 0.005，相伴概率值均达到显著水平，表明各变量之间的相关矩阵间存在共同因子。在此基础上，本书对农户土地流转产业经济效益感知、农户土地流转社会效益感知和农户土地流转生态效益感知进行 KMO 和巴特利特检验，结果见表 4.5。

第4章 农户土地流转效益感知及影响的评价体系

表4.5 农户土地流转效益感知信度分析和效度分析

序号	分量表测试内容	Cronbach's α	KMO 和巴特利特检验	
			KMO	显著性
1	农户土地流转产业经济效益感知	0.739	0.791	0.000
2	农户土地流转社会生活效益感知	0.673	0.704	0.000
3	农户土地流转生态效益感知	0.689	0.637	0.000
4	农户土地流转效益感知	0.832	0.807	0.000

3) 项目总体相关系数分析

使用SPSS24软件对土地流转效益感知的所有指标进行项目总体相关系数分析，18项指标的项总计相关性和删除项后Alpha值详见表4.6。

表4.6 项总计相关系数分析

指标	标度平均值	标度方差	项与总计相关性	平方多重相关性	Cronbach's α
B1	61.65	53.724	0.493	0.321	0.837
B2	61.39	56.386	0.444	0.36	0.839
B3	61.64	55.704	0.417	0.317	0.841
B5	61.25	57.305	0.555	0.383	0.836
B6	61.57	57.731	0.481	0.389	0.838
B7	61.51	57.746	0.494	0.358	0.838
B8	61.72	59.686	0.329	0.272	0.844
B9	61.8	54.111	0.437	0.25	0.841
B10	61.73	57.547	0.471	0.312	0.839
B12	61.36	56.63	0.51	0.529	0.837
B13	61.26	57.552	0.433	0.487	0.84
B14	61.85	56.294	0.505	0.361	0.837
B15	61.92	56.167	0.398	0.323	0.842
B16	62.12	55.197	0.453	0.732	0.839
B17	62.04	54.64	0.479	0.75	0.838
B19	61.44	56.5	0.406	0.262	0.841
B20	61.11	56.414	0.479	0.429	0.838
B21	60.94	57.859	0.424	0.41	0.84

4) 农户土地流转效益感知探测性因子分析

为探讨农户土地流转效益感知因子结构，本书运用Spss24软件，对调研数据进行探测性因子分析。前文对土地流转效益感知的KMO和Bartlett's球形检验结果表明样本数据适合进行因子分析,此处不重复检验。

依据土地利用效益理论,将农户的土地流转效益感知分为经济效益感知、社会效益感知和生态效益感知。首先假设这3个因子的架构良好,获取的数据样本也良好,基于此,分别对3类样本进行信度分析和构造效度检验。使用Spss24软件对3类数据进行的信度分析后,农户土地流转经济效益感知数据的信度系数Cronbach's α为0.739,表明数据的信度较好。但是农户土地流转社会效益感知和农户土地流转生态效益感知数据的信度系数Cronbach's α均小于0.7,表明这两部分的数据信度不是很高。然后对这3类数据分别进行KMO检验和Bartlett's球形检验,结果见表4.5。农户土地流转经济效益感知和农户土地流转社会效益感知数据样本的KMO均大于0.7,表明数据之间存在较多的共同性,但是农户土地流转生态效益感知数据样本的KMO小于0.7,表明此部分数据之间的共同性不太高。巴特利特(Barlett)球形检验结果表明,3类数据的显著性均低于0.005,相伴概率值均达到显著水平,表明各数据之间的相关矩阵间存在共同因子。综合农户土地流转经济效益感知、农户土地流转社会效益感知和农户土地流转生态效益感知的信度和效度分析结果,笔者将对农户土地流转效益感知分量表的构造进行调整,不再将其分为农户土地流转经济效益感知、农户土地流转社会效益感知和农户土地流转生态效益感知分开测量,而是将农户土地流转效益感知分量表中的所有指标看作一个整体,最后通过"探测性因子分析"方法,对农户土地流转效益感知进行因子分类。

农户土地流转效益感知整体探测性因子分析采用主轴因子法。利用该方法对公因子进行提取的同时,采用最大方差法对因子进行正交旋转,并选取特征根大于1的因子。根据因子旋转结果,如果指标的公因子方差低于0.5或者指标因子载荷小于0.50或存在因子交叉负载的情况,则需将该指标删除后再重新进行探测性因子分析[283]。基于该原则,在多轮探测性因子分析后,逐步删除指标B1、B8、B9、B10、B14、B15和B19并提取出4个共同因子,见表4.7,因子载荷见表4.8。因子1、因子2、因子3和因子4分别可解释总变异量的33.193%、14.524%、11.870%和9.933%,4个因子的累计解释变异量为69.520%。为确保农户土地流转感知分量表的数据结果的可靠性,对经过3轮探测性因子分析后得出的量表进行信度分析和效度检验,结果表明公因子的量表数据信度和效度均较好,量表数据详见表4.9。

表4.7 农户土地流转效益感知探测性因子分析

指标	1	2	3	4	Cronbach's α	载荷平方和方差百分比/%
B12	0.695				0.739	33.193
B13	0.679					
B20	0.712					
B21	0.771					
B5			0.612		0.714	14.524
B6			0.828			
B7			0.747			

续表 4.7

指标	1	2	3	4	Cronbach's α	载荷平方和方差百分比/%
B16		0.941			0.915	11.87
B17		0.942				
B2				0.785	0.650	9.933
B3				0.74		
累计						69.52

表 4.8 因子载荷

指标	初始	因子载荷	指标	初始	因子载荷
B2	1.000	0.682	B13	1.000	0.682
B3	1.000	0.630	B16	1.000	0.912
B5	1.000	0.522	B17	1.000	0.920
B6	1.000	0.705	B20	1.000	0.611
B7	1.000	0.608	B21	1.000	0.708
B12	1.000	0.667			

表 4.9 信度和效度检验

序号	分量表测试内容	Cronbach's α	KMO 和巴特利特检验	
			KMO	显著性
1	农户土地流转效益感知	0.787	0.717	0.000
2	因子1(B12、B13、B20、B21)	0.739	0.650	0.000
3	因子2(B5、B6、B7)	0.714	0.664	0.000
4	因子3(B16、B17)	0.915	0.500	0.000
5	因子4(B2、B3)	0.650	0.500	0.000

通过分析每个因子所包含的指标含义,并结合已有相关研究文献,因子2和因子4均属于土地流转产业经济范畴,于是将二者结合为一个,最后将农户土地流转效益感知分为3个因子,分别命名为"产业经济效益感知"(B2/B3/B5/B6/B7)、"社会生活效益感知"(B12/B13/B20/B21)和"生态效益感知"(B16/B17)。由此可知,土地流转效益包含了经济("产业经济效益")、社会("社会生活效益")和生态("生态效益")三大子系统的内容。

4.2.4 农户土地流转意愿评估尺度分析

依据第3章量表分析,农户的土地流转意愿共包含两个指标:A1愿意转出/继续转出农用地用于乡村旅游开发和A4鼓励亲戚朋友流转出农用地用于发展本地乡村旅游。此部分指标少,不适合作因子分析,因此本书只采用信度分析和效度分析方法分析获得的武汉市农户土地流转意愿数据的可靠性和有效性,不对农户的土地流转意愿数据作因子分析。

1)信度分析

根据前文分析,调研问卷的农户土地流转意愿分量表测量指标的 Cronbach's α 系数值为 0.737,大于 0.7 说明调研问卷中此分量表的指标具有非常好的内部一致可靠性,农户土地流转意愿数据的信度较高,详见表 4.10。

表 4.10 农户土地流转意愿信度分析和效度分析

序号	分量表测试内容	Cronbach's α	KMO 和巴特利特检验	
			KMO	显著性
1	农户土地流转意愿	0.737	0.5	0.000

2)效度分析

本章节对农户土地流转意愿进行效度分析,巴特利特(Barlett)球形检验结果表明,结果农户土地流转意愿数据的 KMO 值为 0.5,显著性值为 0.000,由于只有两项数据,因此此处 KMO 值不作为判断因素,结果详见表 4.10。

3)本节小结

通过效度和信度分析发现,问卷获得的武汉市农户土地流转意愿数据的信度和效度均较高,指标"A1 愿意转出/继续转出农用地用于乡村旅游开发和 A4 鼓励亲戚朋友流转出农用地用于发展本地乡村旅游"能够反映出武汉市农户的土地流转意愿。

4.2.5 农户乡村旅游发展态度评估尺度分析

依据第 3 章量表分析,农户的乡村旅游发展态度共包含 3 个指标:A6 支持本地发展乡村旅游,A9 支持本地应吸引更多的游客,A10 认为本地政府/村委会应该出人力、物力和资金协助发展乡村旅游。此部分指标少,不适合作因子分析,因此本书只采用信度分析和效度分析方法分析获得的武汉市农户乡村旅游发展态度数据的可靠性和有效性,不对农户的乡村旅游发展态度数据作因子分析。

1)信度分析

根据前文分析,调研问卷的农户乡村旅游发展态度分量表测量指标的 Cronbach's α 系数值为 0.855,说明此分量表的指标具有非常好的内部一致可靠性,详见表 4.11。

表 4.11 农户乡村旅游发展态度信度分析和效度分析

序号	分量表测试内容	Cronbach's α	KMO 和巴特利特检验	
			KMO	显著性
1	农户乡村旅游发展态度	0.855	0.705	0.000

2)效度分析

根据前文分析,农户乡村旅游发展态度分量表的 KMO 值为 0.705,大于 0.7,表明问卷构造效度较好。巴特利特(Barlett)球形检验结果表明,农户乡村旅游发展态度分量表的显著性为 0.000,低于 0.005,相伴概率值达到显著水平。表明农户乡村旅游发展态度数据的效度较高,结果详见表 4.11。

4.2.6 农户乡村旅游参与行为评估尺度分析

依据前文分析,农户的土地流转意愿共包含 14 个指标,首先采用信度分析和效度分析方法分析获得的武汉市农户乡村旅游参与行为数据的可靠性和有效性,然后通过项目总体相关系数分析和探测性因子分析方法确定农户乡村旅游参与行为的评估尺度。

1)信度分析

根据前文分析,调研问卷的农户参与行为测量指标的 Cronbach's α 系数值为 0.816,大于 0.7,说明此分量表的指标具有非常好的内部一致可靠性。

2)效度分析

本书将对调研数据进行探测性因子分析,从而探讨农户参与行为数据的因子结构。前文对农户参与行为的效度进行检验,其中 KMO>0.7 且 Bartlett's 球形检验结果<0.005,表明样本数据适合进行因子分析,此处不重复进行检验。

3)项目总体相关系数分析

采用前文相同的做法,本书对农户参与行为量表的总指标和各因子指标进行项目总体相关系数分析,依据删除"项与总计相关性<0.3"或"删除项后的克隆巴赫 Alpha 大于原来的总 Alpha"指标的原则,此部分保留所有题项。项目总体相关系数分析结果详见表 4.12。

表 4.12 项目总体相关系数分析

指标	标度平均值	标度方差	项与总计相关性	平方多重相关性	Cronbach's α
C1	26.48	56.135	0.482	0.273	0.802
C2	26.87	57.367	0.546	0.43	0.795
C3	27.02	56.789	0.614	0.502	0.789
C4	26.73	57.26	0.584	0.428	0.791
C5	26.27	56.839	0.572	0.405	0.792
C6	25.55	60.038	0.394	0.294	0.809
C7	25.75	59.894	0.453	0.33	0.804
C8	27	59.842	0.434	0.305	0.805
C9	25.97	59.02	0.463	0.286	0.803
C10	26.84	59.958	0.447	0.553	0.804
C11	26.57	61.815	0.318	0.458	0.816

4)探测性因子分析

本书采用主轴因子法进行农户乡村旅游参与行为的探测性因子分析。在采用主轴因子法对公因子进行提取的同时,采用最大方差法对因子进行正交旋转,并选取特征根大于1的因子。根据因子旋转结果,如果指标的因子载荷小于0.50或存在因子交叉负载的情况,则需将该指标删除后再重新进行探测性因子分析[283]。基于该原则,分析结果剔除指标C4。在此基础上再次对剩下的指标进行探测性因子分析,并获得了1(C5、C6、C7、C9)、2(C8、C10、C11)和3(C1、C2、C3)3个因子类别,此时的三大因子的累计贡献率为62.637%。本书再次对优化后的数据指标进行效度分析和信度检验,信度系数Cronbach's α 为0.791,表明指标具有非常好的内部一致可靠性,KMO为0.780,且显著性系数低于0.05,表明指标构造效度好。探测性因子分析结果详见表4.13。

表4.13 探测性因子分析

因子	指标	因子载荷	载荷平方和方差百分比/%
1	C5	0.641	35.373
	C6	0.791	
	C7	0.770	
	C9	0.641	
2	C8	0.652	17.257
	C10	0.882	
	C11	0.863	
3	C1	0.694	10.008
	C2	0.819	
	C3	0.778	
总指标			62.637

通过分析每个因子所包含的指标含义,并结合已有相关研究文献,对农户旅游参与行为的3个因子分别命名为"乡村旅游促进参与行为"(C5、C6、C7、C9)、"乡村旅游监管参与行为"(C8、C10、C11)和"乡村旅游认知参与行为"(C1、C2、C3)。认知参与行为指农户主动去增加自己对土地流转和乡村旅游发展的知识,去了解、学习土地流转和乡村旅游发展的相关知识,这些行为是农户个人知识层面的参与行为。乡村旅游促进参与行为指农户促进本地乡村旅游发展的行为,在这个过程中农户在有意或无意中参与了乡村旅游活动,促进了乡村旅游发展。乡村旅游监管参与行为指农户对乡村旅游发展中出现的问题提出自身的建议并监督旅游企业行为,是农户对乡村旅游企业及其行为的一种制约。认知—促进—监管行为是农户参与行为3个递进层面。三者可以表明农户是否会去了解学习乡村旅游发展,是否会促进乡村旅游发展,以及是否会监督和管理乡村旅游发展中的事务。

4.3 本章结论

本章节对收集到的 382 份有关武汉市乡村旅游地的农户土地流转效益感知、农户土地流转意愿、农户乡村旅游发展态度和农户乡村旅游参与行为的有效问卷数据进行分析,通过信度分析、效度检验证明农户土地流转效益感知、农户土地流转意愿、农户乡村旅游发展态度和农户乡村旅游参与行为的数据质量都良好。并形成了农户土地流转效益感知及影响的综合评价体系,即包含农户土地流转效益感知、农户土地流转意愿、农户乡村旅游发展态度和农户乡村旅游参与行为综合评价体系,详见表 4.14 和图 4.2。评价体系不仅可有利于评估武汉市土地流转效益感知及影响,分析武汉市土地流转和乡村旅游发展的优劣点,为制定土地流转和乡村旅游发展政策提供依据,还可以为其他相关研究提供评价体系借鉴。

表 4.14 评价尺度与内容

变量		指标
农户土地流转效益感知	农户产业经济效益感知	B2 转出农用地发展旅游后,耕作/灌溉机械的使用率变化
		B3 转出农用地发展旅游后,农田设施变化产业效益
		B5 转出农用地发展旅游后,农户的就业/创业机会变化
		B6 转出农用地发展旅游后,农户的家庭年收入变化
		B7 转出农用地发展旅游后,本地的经济产值(或政府税收)变化
	农户社会生活效益感知	B12 转出农用地发展旅游后,农户的文娱活动量变化
		B13 转出农用地发展旅游后,农户可使用的休闲娱乐设施和场所变化
		B20 转出农用地发展旅游后,土地的观赏性(景观)变化
		B21 转出农用地发展旅游后,景观苗木花卉变化
	农户土地生态效益感知	B16 转出农用地发展旅游后,亩均施用的化肥量变化
		B17 转出农用地发展旅游后,亩均使用的农药量变化
农户土地流转意愿		A1 愿意转出/继续转出农用地用于乡村旅游开发
		A4 鼓励亲戚朋友流转出农用地用于乡村旅游开发
农户乡村旅游发展态度		A6 支持本地发展乡村旅游
		A9 支持本地应吸引更多的游客
		A10 本地政府/村委会应该协助发展当地乡村旅游

续表 4.14

变量		指标
农户乡村旅游参与行为	农户认知参与行为	C1 主动了解并和农户谈论乡村旅游企业的建设和经营情况
		C2 主动了解学习与土地流转和经营管理相关知识和技术
		C3 主动了解学习与乡村旅游经营管理相关知识和技术
	农户促进参与行为	C5 尝试在乡村旅游企业寻找工作/创业机会
		C6 推荐/邀请亲戚朋友到乡村旅游点来游玩
		C7 向游客推荐/介绍附近的乡村旅游产品和介绍本地文化
		C9 参加旅游企业举办的传统节日/风俗习惯等活动
	农户监管参与行为	C8 向旅游企业和有关部门提供乡村旅游发展建议
		C10 向有关部门反映违规、不正当的乡村旅游经营活动和破坏环境行为
		C11 劝阻旅游企业污染、破坏土地及本地生态环境的行为

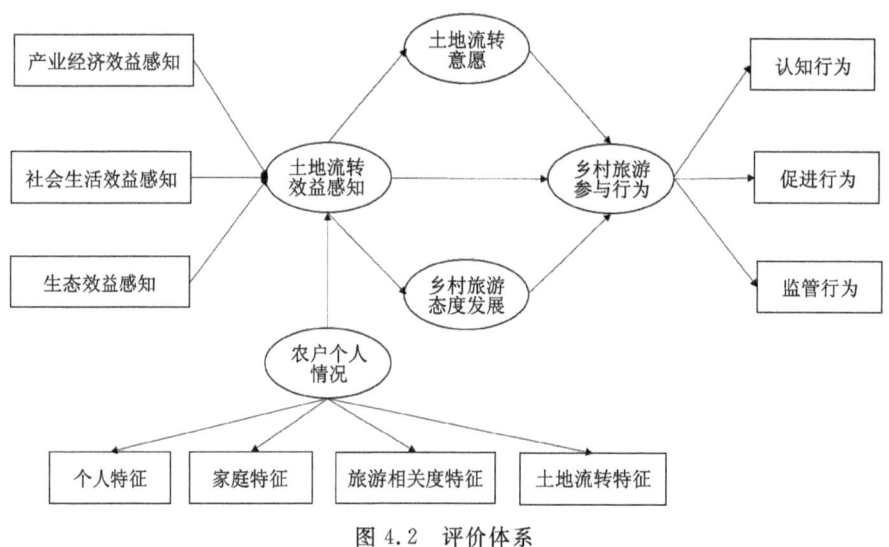

图 4.2 评价体系

4.3.1 形成了具有 3 个维度的农户土地流转效益感知评估尺度

通过有效性分析、可靠性分析、项目总体相关系数分析和探测性因子分析方法分析收集到的问卷数据,获得了农户土地流转效益感知的 3 个维度和 11 个测量指标,构建了农户土地流转效益感知的评价体系。农户土地流转效益感知的 3 个维度指农户土地流转产业经济效益感知、农户土地流转社会生活效益感知和农户土地流转生态效益感知。农户的土地流转产业经济效益感知主要测量农户感知到的流转出农用地发展旅游后耕作/灌溉机械的使用率、农田水利设施、农户就业/创业机会、农户的家庭收入和本地的经济总产值的变化,农业机械的使用率和农田水利设施情况能反映出本地产业的变化情况,农户就业/创业机会、农户的家庭收入和本地的经济总产值则是测量农户对本地经济发展的感知,这些指标共同反映出农户的产业经济效益感知。农户的土地流转社会生活效益感知主要测量农户感知到的流转出农用地发展旅游后农户的文娱活动、农户的休闲娱乐设施和场所、土地的观赏性(景观)和景观苗木花卉数量的变化,这些指标共同反映出农户的社会生活效益感知。农户的土地流转生态效益感知主要测量农户感知到的流转出农用地发展旅游后,旅游企业亩均施用的化肥量和农药的量与农户原来使用量的差别。

对农户土地流转效益感知进行因子分析,确立出农户土地流转效益感知维度,这样有利于更加细致地评估农户的土地流转效益。由于农户土地流转产业经济效益感知、农户土地流转社会生活效益感知以及农户土地流转生态效益感知可能存在较大差异,分别评估这3个维度的效益,可以知道农户的哪些效益感知较好,而哪些效益感知较差,这为制定改善农户土地流转效益政策提供了更加翔实可靠的依据,这样可以制定专门的政策提升土地流转效益感知的短板。本书中依据问卷调研数据分析出的农户土地流转效益感知维度,可以丰富目前的土地流转效益感知评估尺度,相关研究可以借鉴。

4.3.2 形成了农户土地流转意愿的评估尺度

通过有效性分析和可靠性分析,确认了农户土地流转意愿及其2项评估指标,即农户土地流转效益感知主要评估农户转出/继续转出农用地用于乡村旅游开发和农户鼓励亲戚朋友流转出农用地用于乡村旅游开发的意愿。

4.3.3 形成了农户乡村旅游发展态度的评估尺度

通过有效性分析和可靠性分析,确认了农户乡村旅游发展态度变量及其3项评估指标,即农户土地流转效益感知主要评估农户支持本地发展乡村旅游、支持本地应吸引更多的游客、支持本地政府/村委会协助当地发展乡村旅游的态度。

4.3.4 形成了具有3个维度的农户乡村旅游参与行为评估尺度

通过有效性分析、可靠性分析、项目总体相关系数分析和探测性因子分析方法分析收集到的问卷数据,获得了农户乡村旅游参与行为的3个维度10个测量指标。农户乡村旅游参与行为的3个维度即乡村旅游认知参与行为、乡村旅游促进行为和乡村旅游监管参与行为。认知参与行为指农户主动去增加自己对土地流转和乡村旅游发展的知识,去了解、学习土地流转和乡村旅游发展的相关知识,这些行为是农户个人知识层面的参与行为。乡村旅游促进行为指农户促进本地乡村旅游发展的行为,在这个过程中农户在有意或无意中参与了乡村旅游活动促进了乡村旅游发展。乡村旅游监管参与行为指农户对乡村旅游发展中出现的问题提出自身的建议并监督旅游企业行为,是农户对乡村旅游企业及其行为的一种制约。

认知—促进—监管行为是农户参与行为3个递进层面,三者可以表明农户是否会去了解、学习乡村旅游发展,是否会促进乡村旅游发展,以及是否会监督和管理乡村旅游发展中的事务。由于农户乡村旅游认知行为、农户乡村旅游促进行为以及农户乡村旅游监管行为可能存在较大差异,分别评估这3个维度的行为,可以知道农户的哪些行为参与度高,而哪些行为参与度低,这为制定改善农户乡村旅游参与行为策略提供了更加翔实可靠的依据,这样可以指定专门的政策提高农户乡村旅游参与行为的弱势维度。本书中依据问卷调研数据分析出的农户乡村旅游参与维度,可以丰富目前的农户乡村旅游参与行为评估尺度,为相关研究提供借鉴。

第5章 农户土地流转效益感知及影响分析

5.1 农户土地流转效益感知及影响评价

评估农户土地流转效益感知及农户土地流转意愿、农户乡村旅游发展态度和农户乡村旅游参与行为,对了解武汉市土地流转和乡村旅游发展中存在的问题,制定有效对策具有重要意义。评估武汉市农户土地流转效益感知,不仅可以了解武汉市农户对流转出农用地发展旅游的效益感知水平,还可以通过评估农户土地流转效益不同维度感知,了解武汉市农户土地流转效益感知的优势和不足,为制定有针对性的对策提供依据。评估武汉市农户的土地流转意愿能够了解武汉市农户流转出土地发展旅游的意愿,为政府和企业制定对策提供参考。评估武汉市农户的乡村旅游发展态度能够了解武汉市农户对发展乡村旅游的支持程度,为政府和企业制定对策提供参考。评估武汉市农户参与乡村旅游发展的行为水平,不仅可以了解武汉市农户参与乡村旅游发展的行为,还可以通过评估农户不同类型的参与行为,了解武汉市农户参与乡村旅游行为的优点和不足,为提高农户参与行为水平提供改善方向。因此本书依据前文形成的评估尺度,采用均值法评估武汉市农户土地流转效益感知、农户土地流转意愿、农户乡村旅游发展态度和农户乡村旅游参与行为。

5.1.1 农户土地流转效益感知评价

农户土地流转效益感知包括土地流转产业经济效益感知、土地流转社会生活效益感知和土地流转生态效益感知以及土地流转综合效益感知4类,将采用均值法来评估武汉市农户对每一个效益感知的结果。依据第4章形成的评估尺度,现通过对每一个因子的感知均值来比较农户对各因子认同的强烈程度差别。每一因子的感知均值采用公式(5.1)和(5.2)计算。

$$X_j = \sum_{n=1}^{N} X_{n_i}/N \tag{5.1}$$

$$X_{n_i} = \sum_{j=1}^{K} X_{n_{ij}}/K \tag{5.2}$$

式中:X_j——全体被调查农户对第 i 个土地流转效益感知因子的均值;

N——全体被调查农户总人数;

X_{n_i}——第 n 个被调查农户对第 i 个土地流转效益感知的强度;

$X_{n_{ij}}$——第 n 个被调查农户对第 i 个土地流转效益感知因子中第 j 个效益指标的感知

得分;

K——第i个影响因子所包含的土地流转效益感知指标个数。

根据公式(5.1)和(5.2)计算出农户对土地流转不同效益感知的水平,结果见表5.1和图5.1。农户土地流转综合效益感知值为3.643,土地流转产业经济效益感知均值为3.721,土地流转社会生活效益感知均值为4.028,土地流转生态效益感知均值为3.115。可见,农户对乡村旅游开发和土地流转带来效益感知中的"社会生活效益"感知最高,对"产业经济效益"感知次之,而对"土地生态效益"感知强度最低,认为土地流转和旅游发展基本没有给土地生态带来积极影响,化肥和农药使用量并没有降低。

表5.1 农户土地流转效益感知评估

	产业经济效益	社会生活效益	土地生态效益	综合效益
平均值	3.721	4.028	3.115	3.643
标准差	0.541	0.551	0.956	0.482
偏度	−0.159	−0.025	0.069	0.382
偏度标准误差	0.176	0.176	0.176	0.176
峰度	0.350	−0.709	−0.168	−0.012
峰度标准误差	0.350	0.350	0.350	0.350
最小值	1.830	2.750	1.000	2.35
最大值	5.000	5.000	5.000	5.000

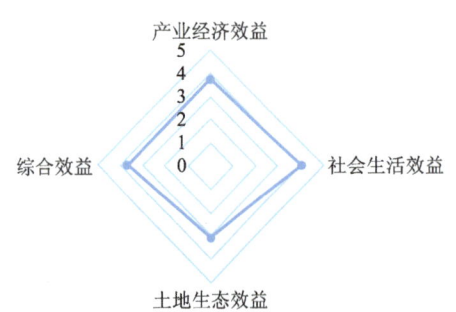

图5.1 武汉市农户土地流转效益感知评估结果

5.1.2 农户土地流转效益感知影响的评价

农户土地流转效益感知影响主要包含农户土地流转意愿、农户乡村旅游态度和农户乡村旅游参与行为,本书采用均值法来评估武汉市农户的土地流转意愿、乡村旅游态度和乡村旅游参与行为。

第 5 章 农户土地流转效益感知及影响分析

1. 农户土地流转意愿评估

依据第 4 章形成的评估尺度,现通过对每一个指标的均值来比较农户对各指标认同的强烈程度差别。每一指标的认同均值采用公式(5.3)和(5.4)计算。

$$Y_j = \sum_{n=1}^{N} Y_{n_i}/N \tag{5.3}$$

$$Y_{n_i} = \sum_{j=1}^{K} Y_{n_{ij}}/K \tag{5.4}$$

式中:Y_j——全体被调查农户对第 i 个土地流转意愿指标的均值;

N——全体被调查农户总人数;

Y_{n_i}——第 n 个被调查农户对第 i 个土地流转意愿指标的强度;

$Y_{n_{ij}}$——第 n 个被调查农户对第 i 个土地流转意愿指标中第 j 个意愿指标的认同得分;

K——第 i 个影响因子所包含的土地流转意愿指标个数。

根据公式计算出农户的土地流转意愿水平,详见表 5.2。农户的土地流转意愿平均值为 3.678,接近评估指标比较愿意,表明农户对土地流转的态度较为积极,比较愿意转出农用地。

表 5.2 农户土地流转意愿评估

	农户土地流转意愿
平均值	3.678
个案数	382
标准差	1.047
方差	1.097
最小值	1.000
最大值	5.000

2. 农户乡村旅游发展态度评价

依据第 4 章形成的评估尺度,现通过对每一个指标的均值来比较农户对各指标认同的强烈程度差别。每一指标的认同均值采用公式(5.5)和(5.6)计算。

$$T_j = \sum_{n=1}^{N} T_{n_i}/N \tag{5.5}$$

$$T_{n_i} = \sum_{j=1}^{K} T_{n_{ij}}/K \tag{5.6}$$

式中:T_j——全体被调查农户对第 i 个乡村旅游发展态度指标的均值;

N——全体被调查农户总人数;

T_{n_i}——第 n 个被调查农户对第 i 个乡村旅游发展态度指标的强度;

$T_{n_{ij}}$——第 n 个被调查农户对第 i 个乡村旅游发展态度指标中第 j 个意愿指标的认同得分;

K——第 i 个影响因子所包含的乡村旅游发展态度指标个数。

根据公式计算出农户对发展乡村旅游的态度的认同水平,计算结果详见表5.3。表5.3中农户对发展乡村旅游的态度的平均值为4.513,位于评估指标比较愿意和非常愿意之间,表明农户很支持本地发展乡村旅游,且农户对发展乡村旅游的态度数值的方差较小,表明农户非常希望发展乡村旅游的态度一致。

表5.3 农户乡村旅游发展态度评估

	农户乡村旅游发展态度
平均值	4.513
个案数	382
标准差	0.783
方差	0.613
最小值	1.000
最大值	5.000

3. 农户乡村旅游参与行为评价

农户乡村旅游参与行为包括农户乡村旅游认知行为、农户乡村旅游促进行为、农户乡村旅游监管行为以及乡村旅游综合参与行为4类,本书将采用均值法来评估武汉市农户每一个参与行为的水平。依据第4章形成的评估尺度,现通过对每一个因子的行为均值来比较农户对各因子认同强烈程度差别。每一因子的认同均值采用公式(5.7)和(5.8)计算。

$$C_j = \sum_{n=1}^{N} C_{n_i}/N \tag{5.7}$$

$$C_{n_i} = \sum_{j=1}^{K} C_{n_{ij}}/K \tag{5.8}$$

式中:C_j——全体被调查农户对第 i 个参与行为因子的均值;

N——全体被调查农户总人数;

C_{n_i}——第 n 个被调查农户对第 i 个参与行为因子的认同强度;

$C_{n_{ij}}$——第 n 个被调查农户对第 i 个参与行为因子中第 j 个参与指标的认同得分;

K——第 i 个影响因子所包含的参与行为指标个数。

根据公式计算出农户乡村旅游参与行为的水平,详见表5.4和图5.2。农户乡村旅游认知行为的均值为2.316,农户乡村旅游促进行为的均值为3.220,农户乡村旅游监管行为的均值为2.302,农户乡村旅游综合参与行为的均值为2.613。从以上数值可知,农户对乡村旅游的促进行为较高,超过了评估指标3想做还没有做阶段,但对当地乡村旅游发展的监督、对土地流转和乡村旅游的认知的行为的执行度不高,还处于2可能会做阶段。总体而言,农户乡村旅游参与行为还处于很低阶段,需要乡村旅游企业和政府采取相关举措来促进农户参与乡村旅游,这样能够促进乡村旅游的可持续发展和乡村振兴。

第 5 章 农户土地流转效益感知及影响分析

表 5.4 农户乡村旅游参与行为评估

	认知行为	促进行为	监管行为	综合参与行为
平均值	2.316	3.220	2.302	2.613
标准差	1.092	0.937	1.004	0.762
偏度	0.302	−0.282	0.403	0.314
偏度标准误差	0.176	0.176	0.176	0.176
峰度	−0.988	−0.561	−0.773	−0.193
峰度标准误差	0.350	0.350	0.350	0.350
最小值	1.000	1.000	1.000	1.000
最大值	5.000	5.000	5.000	5.000

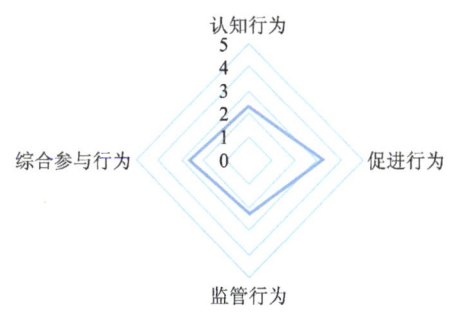

图 5.2 武汉市农户乡村旅游参与行为评估结果

5.1.3 结论与讨论

本书运用均值法采用 Spss24 软件评估武汉市农户土地流转效益感知、农户土地流转意愿、农户乡村旅游发展态度和农户乡村旅游参与行为，结果见表 5.5 和图 5.3。依据表 5.5，农户土地流转效益感知均值为 3.643，农户土地流转意愿均值为 3.678，农户乡村旅游发展的态度均值为 4.513，农户乡村旅游参与行为均值为 2.613。这表明农户对乡村旅游发展的态度非常积极，非常支持本地发展乡村旅游。相对而言，农户土地流转意愿没那么高，还没有达到比较愿意流转土地的水平。农户土地流转效益感知处于 3 没什么变化和 4 改善一点的中间段，表明农户感受不到或者仅仅感受到细微的土地流转给生活带来的积极变化。农户的乡村旅游参与行为均值很低，处于 2 可能会做和 3 想做而没有做的中间段，被调研人群平均还处于基本没有实际参与行为的状况。

农户土地流转效益感知中，农户社会生活效益感知（4.027）高于农户土地流转产业经济效益感知（3.714）和农户土地流转土地生态效益感知（3.115），表明武汉市农户的 3 类效益感知之间存在较大差异。其中土地流转并发展旅游后给农户的社会生活带来较大改善，基础设施和服务设施有较大改善，文娱活动增多。土地流转发展乡村旅游后，本地产业从农业变成农业和旅游服务业，产业结构得到完善，农户收入也有一定增加，产业经济稍有改善。但是土地流转并发展旅游后并没有给土地生态带来太大影响，乡村旅游企业在发展休闲农业时使用的化肥和农药与农户种植作物使用的化肥农药相差不大,并没有因为旅游发展而减少使用化肥和农药。

表 5.5 农户土地流转效益感知、意愿、态度和行为评估结果

变量		平均值	
农户土地流转效益感知	农户产业经济效益感知	3.721	3.643
	农户社会生活效益感知	4.028	
	农户土地生态效益感知	3.115	
农户土地流转意愿		3.678	3.678
农户乡村旅游发展态度		4.513	4.513
农户乡村旅游参与行为	农户认知参与行为	2.316	2.613
	农户促进参与行为	3.220	
	农户监管参与行为	2.302	

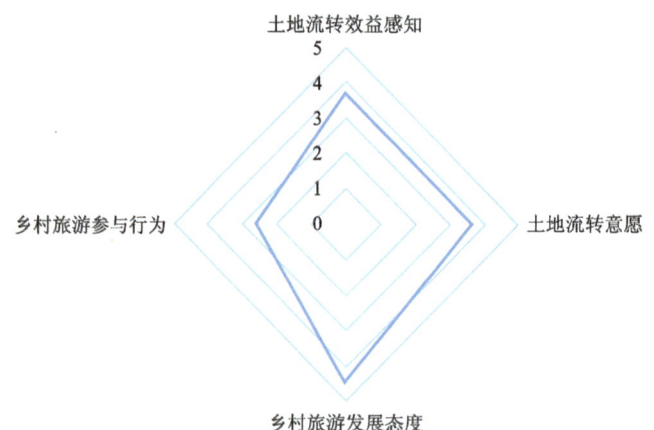

图 5.3 武汉市农户土地流转效益感知、意愿、态度和行为评估结果

武汉市农户的土地流转意愿并不是很高,均值为 3.678,还没到比较愿意流转出土地的水平。农户家庭的主要劳动力外出打工,且种地收入低,不划算,这促使农户愿意流转出土地。但是同时农户又担心转出后收益得不到保障且土地被破坏,还担心转出后不能收回农用地的使用权,这些因素又使得农户的土地流转意愿不是很高。

武汉市农户乡村旅游发展态度很积极,均值为 4.513,支持本地吸引更多的游客,也认为本地政府/村委会应该出人力、物力和资金协助推广当地乡村旅游,对旅游业抱有较大的期待,认为发展乡村旅游可以增加创业就业机会和本地的经济收入,传承传统文化,改善居民生活质量。

虽然武汉市农户态度上支持本地发展乡村旅游,但是农户自身参与乡村旅游的行为却相对消极。在武汉市农户的乡村旅游参与行为中,农户乡村旅游促进参与行为(3.220)高于农户乡村旅游认知参与行为(2.316)和农户乡村旅游监管参与行为(2.302),表明武汉市农户较多地参与旅游活动,促进旅游发展,但自身很少主动去了解、学习土地流转和乡村旅游发展的知识,更少去行使自身的管理参与和监督权,总体而言,本地农户还没有将乡村旅游发展当作

与自身利益密切相关的事,自主参与度不强。

5.2 农户土地流转效益感知及影响的关系分析

5.2.1 模型的修正

以第四章生成的农户土地流转效益感知、农户土地流转意愿、农户乡村旅游发展态度和农户乡村旅游参与行为的评估尺度为依据,本书对第3章提出的模型进行修正,修正结果如图5.4所示。

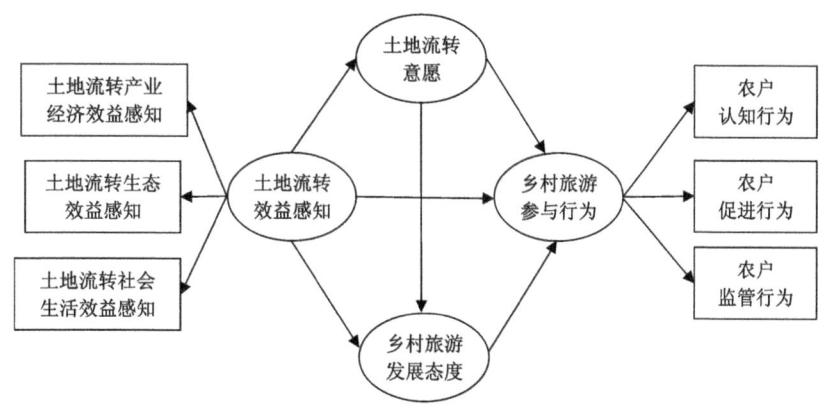

图 5.4 农户土地流转效益感知、态度、意愿和参与行为框架

结合第 3 章研究设计中的模型框架、研究假设和第 4 章获得的评估尺度和维度,本书将对第 3 章提出的有关农户土地流转效益感知的假设均扩展为农户土地流转产业经济效益感知、农户土地流转社会生活效益感知和农户土地流转生态效益感知以及农户土地流转综合效益感知,并对有关农户乡村旅游参与行为的假设均扩展为农户乡村旅游认知行为、农户乡村旅游促进行为、农户乡村旅游监管行为和农户乡村旅游综合参与行为,基于此本书得到如下假设:

H1 农户土地流转效益感知对农户土地流转意愿有显著正向影响。

H1-1 农户土地流转产业经济效益感知对农户土地流转意愿有显著正向影响。

H1-2 农户土地流转社会生活效益感知对农户土地流转意愿有显著正向影响。

H1-3 农户土地流转生态效益感知对农户土地流转意愿有显著正向影响。

H2 农户土地流转效益感知对农户乡村旅游发展态度有显著正向影响。

H2-1 农户土地流转产业经济效益感知对农户乡村旅游发展态度有显著正向影响。

H2-2 农户土地流转社会生活效益感知对农户乡村旅游发展态度有显著正向影响。

H2-3 农户土地流转生态效益感知对农户乡村旅游发展态度有显著正向影响。

H3 农户土地流转效益感知对农户乡村旅游参与行为有显著正向影响。

H3a-1 农户土地流转产业经济效益感知对农户乡村旅游认知行为有显著正向影响。

H3a-2　农户土地流转社会生活效益感知对农户乡村旅游认知行为有显著正向影响。

H3a-3　农户土地流转生态效益感知对农户乡村旅游认知行为有显著正向影响。

H3b-1　农户土地流转产业经济效益感知对农户乡村旅游促进行为有显著正向影响。

H3b-2　农户土地流转社会生活效益感知对农户乡村旅游促进行为有显著正向影响。

H3b-3　农户土地流转生态效益感知对农户乡村旅游促进行为有显著正向影响。

H3c-1　农户土地流转产业经济效益感知对农户乡村旅游监管行为有显著正向影响。

H3c-2　农户土地流转社会生活效益感知对农户乡村旅游监管行为有显著正向影响。

H3c-3　农户土地流转生态效益感知对农户乡村旅游监管行为有显著正向影响。

H4　农户土地流转效益感知对农户土地流转意愿有显著正向影响进而正向显著影响农户乡村旅游发展态度。

H5　农户土地流转效益感知对农户土地流转意愿有显著正向影响进而正向显著影响农户乡村旅游参与行为。

H6　农户土地流转效益感知对农户乡村旅游发展态度有显著正向影响进而正向显著影响农户乡村旅游参与行为。

H7　农户土地流转效益感知对农户土地流转意愿有显著正向影响进而正向显著影响农户乡村旅游发展态度再而正向显著影响农户乡村旅游参与行为。

5.2.2　总体模型中影响关系的假设检验

本书以正式调研所收集的武汉市乡村旅游点的样本数据为基础,对乡村旅游地的农户土地流转效益感知与农户土地流转意愿、农户乡村旅游发展态度和农户乡村旅游参与行为之间的相关关系模型进行检验。采用相关分析、回归分析和结构方程分析的方法检验总体模型的假设。

1)相关分析

在进行结构方程模型检验之前,先对各个研究变量进行相关性分析。相关性分析是对假设的初步检验。一般说来,假设中的两个变量应该具有较高的相关性,并且相关系数具有统计意义。表5.6给出了检验变量之间的相关系数及其显著性指标。可以看出,农户土地流转效益感知与农户土地流转意愿、农户乡村旅游发展态度和农户乡村旅游参与行为之间的相关关系显著,具有相关性,假设的各组关系、相关系数都具有统计意义。

表5.6　相关分析

	土地流转意愿	乡村旅游发展态度	乡村旅游参与行为
土地流转效益感知	0.203**	0.159*	0.343*

** 在0.01级别(双尾),相关性显著;* 在0.05级别(单尾),相关性显著。

2)回归分析

在进行结构方程分析之前,首先对模型进行了简单的路径回归分析。回归分析可以说明各个内生变量被解释的程度,以及各前因变量对内生变量的贡献,其结果可以与结构方程模型进行比较。同时,虽然在量表生成的过程中检验了各个变量的区别有效性,但是并没有给出各个变量之间潜在的关系,如果各个变量之间出现多重共线性问题,就会影响结构方程的分析结果,而在结构方程分析之前进行回归分析可以对各个变量的多重共线性问题进行检验。表5.7给出了模型回归分析的结果。分析结果表明,农户土地流转效益感知与农户土地流转意愿、农户乡村旅游发展态度和农户乡村旅游参与行为变量之间各个路径都具有统计意义。检验说明数据的残差符合回归分析的要求,各个变量的容忍率均大于0.1,说明回归的自变量之间不存在多重共线性问题。

表 5.7 回归分析

因变量	自变量	Std.B	T值	显著性	adjR^2	DW	容忍率	VIF
土地流转意愿	土地流转效益感知	0.203	2.857	0.005	0.036	1.788	1.000	1.000
乡村旅游发展态度	土地流转效益感知	0.159	2.220	0.028	0.020	1.631	1.000	1.000
乡村旅游参与行为	土地流转效益感知	0.343	5.021	0.000	0.113	1.790	1.000	1.000
乡村旅游参与行为	土地流转效益感知	0.331	4.817	0.000	0.146	1.781	0.952	1.051
	土地流转意愿	−0.115	−1.547	0.124			0.810	1.235
	乡村旅游发展态度	0.222	3.010	0.003			0.823	1.215

3) 结构方程模型分析

在相关分析和回归分析的基础上,采用结构方程模型对总体模型的假设路径进行检验。使用结构方程模型,是因为社会学和行为学的学者已经证明,结构方程模型相对于单个的统计模型而言,在对数据的拟合和模型的检验方面更具有全面性、容差性和灵活性,更能够同时估计多个观察变量和潜在变量的路径关系。由于在相关分析中,农户土地流转意愿与农户乡村旅游参与行为关系不显著,因此最终的检验模型中不验证二者的关系。本次研究采用结构方程进行检验的有模型A和模型B,分别如图5.5和图5.6所示。图中TDLZXYGZ代表农户土地流转效益感知,LZYY代表农户土地流转意愿,LYTD代表农户乡村旅游发展态度,SQCYXW代表农户乡村旅游参与行为。

通过采用Amos23作为分析工具,对整体模型进行检验。表5.8给出了农户土地流转效益感知、农户土地流转意愿、农户对发展乡村旅游的态度和农户乡村旅游参与行为之间相互关系的检验结果。

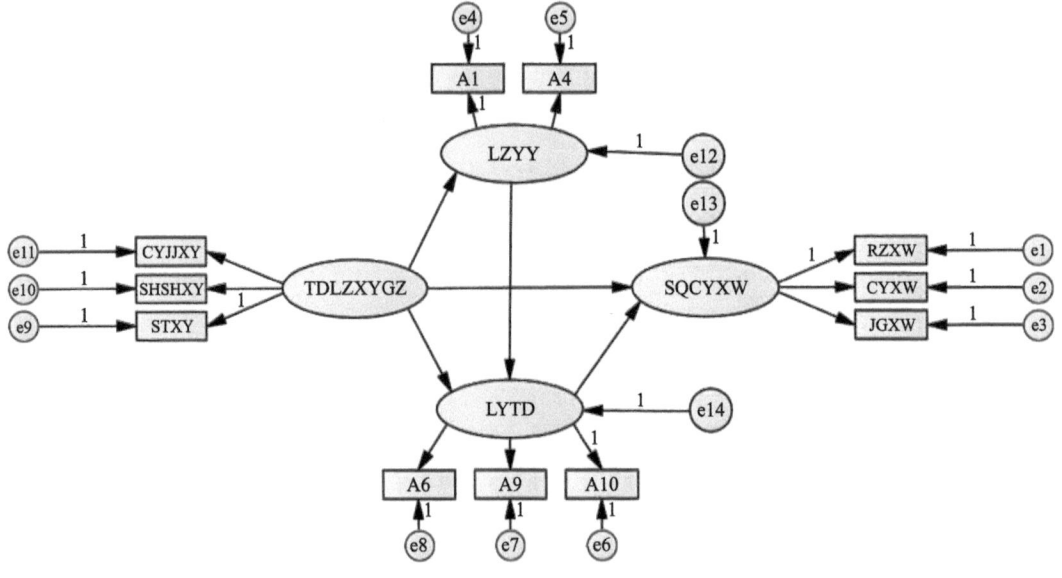

图 5.5 待检验模型 A

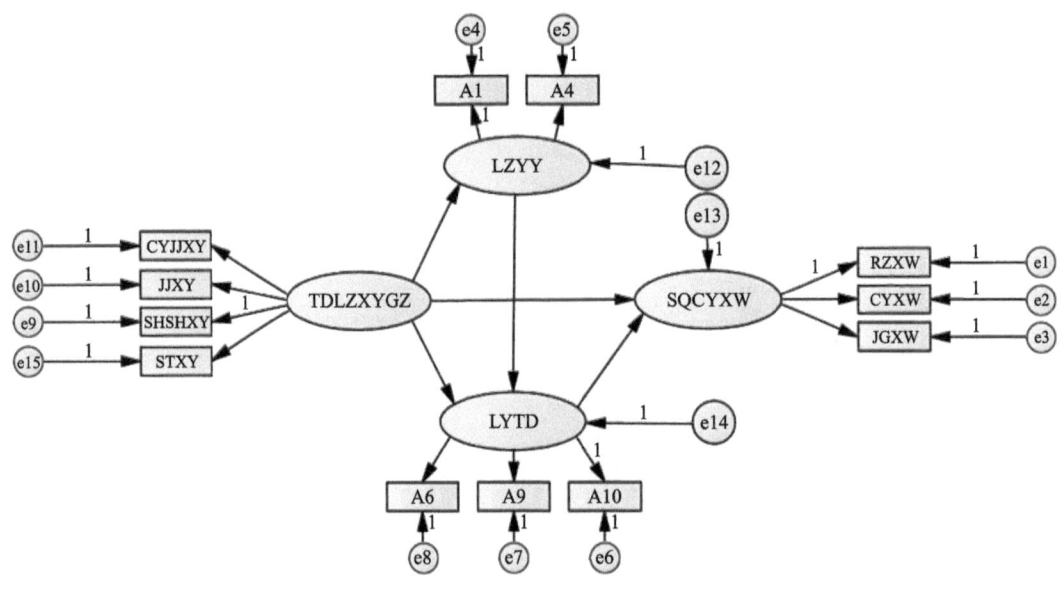

图 5.6 待检验模型 B

表 5.8 除了给出检验模型中各个参数的估计值和检验结果，还给出了模型对数据的拟合情况。可以看出模型 A 的结构各项指标值均优于模型 B 的结构。因此本书将采用图 5.5 中的结构，将农户土地流转的产业效益感知变量和农户土地流转的经济效益感知变量合并为土地流转产业经济效益感知变量，基于此农户的土地流转效益感知分为土地流转产业经济效益感知变量、农户土地流转社会生活效益感知变量和农户土地流转生态效益感知变量，这与前文中形成的农户土地流转效益感知评估尺度一致。图 5.5 中的结构方程模型最终的 P 值为 0.000，模型的拟合参数 CMIN/DF 的值为 2.191，模型的拟合参数 CFI 的值为 0.912，模型的

第5章 农户土地流转效益感知及影响分析

拟合参数 IFI 值为 0.915,模型的拟合参数 GFI 值为 0.918,模型的拟合参数 RMSEA 的值为 0.079。这些指标都表示模型与数据的拟合情况符合标准。根据图 5.5 和表 5.8 的拟合结果分析可知,农户的土地流转效益感知对农户土地流转意愿有正向影响。农户的土地流转效益感知对农户的发展乡村旅游的态度有正向影响。农户的土地流转效益感知对农户的参与行为有显著的正向影响。农户土地流转意愿对农户乡村旅游态度有显著正向影响。因此假设 H1,H2 和 H3 成立。当农户的土地流转效益感知提升时,农户会有更高的土地流转意愿和更积极的乡村旅游发展态度以及更积极的乡村旅游参与行为,这样土地流转才能可持续,乡村旅游才能健康发展。

表5.8 结构方程模型检验结果

模型	CMIN	DF	CMIN/DF	P	CFI	IFI	GFI	RMSEA
A	105.19	48	2.191	0.000	0.912	0.915	0.918	0.079
B	110.494	49	2.255	0.000	0.906	0.908	0.911	0.081

4) 路径分析

基于前文的分析,作者对图 5.4 进行修正,农户土地流转意愿和农户乡村旅游参与行为之间的关系被删除,形成新的关系图 5.5。图 5.5 中存在多种路径,本研究采用 Bootstrap 方法验证这些路径,并查明中介变量的中介效应。

本研究采用 Bootstrap 法检验农户土地流转意愿在农户土地流转效益感知影响农户乡村旅游发展态度路径的中介效应。分析的结果详见表 5.9。结果表明中介效应的置信区间(0.035,0.282)不包含 0,表明存在路径农户土地流转效益感知→农户土地流转意愿→农户旅游发展态度。直接效应的置信区间(−0.089,0.344)包含 0,表明农户土地流转效益感知对农户乡村旅游支持度的直接效应不显著。表明农户的土地流转意愿是农户土地流转效益感知和农户乡村旅游发展态度的中介变量,为完全中介作用,中介效应占总效应的比重为 50.58%。假设 H4 成立。

表5.9 农户土地流转意愿的中介效应分析

	效应量	SE	LLCI,ULCI
总效应量	0.259	0.117	0.029,0.489
直接效应量	0.128	0.110	−0.089,0.344
农户土地流转效益感知→农户土地流转意愿→农户乡村旅游发展态度	0.131	0.063	0.035,0.282

本研究采用 Bootstrap 法检验中介变量农户土地流转意愿在农户土地流转效益感知影响农户乡村旅游发展态度变量路径的中介效应。分析的结果详见表 5.10。依据结果中介效应的置信区间(−0.063,0.037)包含 0,表明农户的土地流转意愿不是农户土地流转效益感知和农户乡村旅游参与行为的中介变量,农户土地流转效益感知→农户土地流转意愿→农户乡村旅游参与行为这条路径不显著,假设 H5 不成立。

表 5.10 农户土地流转意愿的中介效应分析

	效应量	SE	LLCI,ULCI
总效应量	0.542	0.108	0.329,0.756
直接效应量	0.551	0.111	0.333,0.769
农户土地流转效益感知→农户土地流转意愿→农户乡村旅游参与行为	−0.009	0.025	−0.063,0.037

本研究采用 Bootstrap 法检验中介变量农化乡村旅游态度在农户土地流转效益感知影响农户乡村旅游参与行为变量路径的中介效应。分析的结果详见表 5.11。结果中介效应的置信区间(0.005,0.098)不包含 0,表明存在路径农户土地流转效益感知→农户旅游发展态度→农户乡村旅游参与行为。表明农户的土地乡村旅游态度是农户土地流转效益感知和农户乡村旅游参与行为的中介变量,假设 H6 成立,但中介效应占总效应的比重很低,仅为总效应的 8%。

表 5.11 农户乡村旅游发展态度的中介效应分析

	效应量	SE	LLCI,ULCI
总效应量	0.543	0.108	0.329,0.756
直接效应量	0.498	0.108	0.285,0.710
农户土地流转效益感知→农户乡村旅游发展态度→农户乡村旅游参与行为	0.045	0.024	0.005,0.098

本研究采用 Bootstrap 法检验中介变量农户土地流转意愿和农化乡村旅游态度在农户土地流转效益感知影响农户乡村旅游发展态度变量路径的中介效应。分析的结果详见表 5.12。农户土地流转效益感知→农户土地流转意愿→农户乡村旅游发展态度→农户乡村旅游参与行为路径的置信区间(0.007,0.063)不包含 0,表明间接效应达到显著水平,农户土地流转意愿→农户乡村旅游发展态度构成的链式中介路径也是农户土地流转效益感知影响农户乡村旅游参与行为的途径,因此假设 H7 成立。但这条链式中介路径效应占总效应的比重很低,仅为 5%。

表 5.12 农户土地流转意愿和农户乡村旅游发展态度的链式中介效应分析

	效应量	SE	LLCI,ULCI
总效应量	0.543	0.108	0.329,0.756
直接效应量	0.524	0.109	0.309,0.738
农户土地流转效益感知→农户土地流转意愿→农户乡村旅游参与行为	−0.037	0.030	−0.108,0.013
农户土地流转效益感知→农户乡村旅游发展态度→农户乡村旅游参与行为	0.028	0.0024	−0.011,0.082
农户土地流转效益感知→农户土地流转意愿→农户乡村旅游发展态度→农户乡村旅游参与行为	0.028	0.015	0.007,0.063

第 5 章　农户土地流转效益感知及影响分析

农户土地流转效益感知→农户土地流转意愿→农户乡村旅游参与行为的置信区间(−0.108, 0.013)包含 0,表明这条路径的间接效应不显著。农户土地流转效益感知→农户乡村旅游发展态度→农户乡村旅游参与行为的置信区间(−108,0.013)包含 0,表明这条路径的间接效应不显著。这与农户乡村旅游发展态度单独做中介效应分析时的结果不同。这是由于农户乡村旅游发展态度在农户土地流转效益感知和农户乡村旅游参与行为中的中介效应很低仅为 8%,在链式中介效应中,农户乡村旅游发展态度变量的显著性被转移到因变量和自变量之间的关系上,显著性也下降。

综合农户土地流转意愿变量和农户乡村旅游发展态度变量的中介效应分析结果,本书将农户土地流转效益感知、农户土地流转意愿、农户乡村旅游发展态度和农户乡村旅游参与行为之间的路径关系整理成表 5.13。从表 5.13 可以看出,农户土地流转意愿变量不是农户土地流转效益感知变量和农户乡村旅游参与行为变量的中介变量,假设 H4 不成立;农户乡村旅游态度变量是农户土地流转效益感知变量和农户乡村旅游参与行为变量的中介变量,假设 H5 成立;农户土地流转意愿变量是农户土地流转效益感知变量和农户乡村旅游态度变量的中介变量,假设 H6 成立;农户土地流转意愿和农户乡村旅游态度变量对农户土地流转效益感知和农户乡村旅游参与行为有链式中介效应,假设 H7 不成立。这里体现出农户的乡村旅游参与行为与农户的土地流转意愿无关,农户是否愿意流转出土地与农户是否会参与乡村旅游发展没有关联。这是因为参与乡村旅游发展还没有成为农户流转出土地后的重要收益来源,其可选行为具有多样性。

表 5.13　变量影响路径分析

效应	路径	验证结果
总效应	农户土地流转效益感知→农户土地流转意愿	支持
直接效应	农户土地流转效益感知→农户土地流转意愿	支持
总效应	农户土地流转效益感知→农户乡村旅游参与行为	支持
直接效应	农户土地流转效益感知→农户乡村旅游参与行为	支持
间接效应	农户土地流转效益感知→农户土地流转意愿→农户乡村旅游参与行为	不支持
间接效应	农户土地流转效益感知→农户乡村旅游发展态度→农户土地流转意愿→农户乡村旅游参与行为	支持
间接效应	农户土地流转效益感知→农户乡村旅游发展态度→农户乡村旅游参与行为	支持
总效应	农户土地流转效益感知→农户乡村旅游发展态度	支持
直接效益	农户土地流转效益感知→农户乡村旅游发展态度	支持
间接效应	农户土地流转效益感知→农户土地流转意愿→农户乡村旅游发展态度	支持

5.2.3 变量各维度之间影响关系的假设检验

为了进一步探测各个变量之间的关系,本书将采用相关性分析和回归分析对各个变量之间的假设进行检验。

在作相关性分析时,同一个维度内不同因子间的相关系数小于0.8,表明自变量各维度之间独立性强,适合单独分析。本书对农户土地流转产业经济效益感知、农户土地流转社会生活效益感知和农户土地流转生态效益感知3个变量作相关性分析,结果见表5.14。从表5.14中可以看出,农户土地流转产业经济效益感知变量、农户土地流转社会生活效益感知变量之间的相关系数为0.404;农户土地流转产业经济效益感知变量和农户土地流转生态效益感知变量之间的相关系数为0.285;农户土地流转社会生活效益感知变量和农户土地流转生态效益感知变量之间的相关系数为0.241,这些变量之间的相关系数都小于0.8,因而变量之间区别明显,能够从不同方面揭示农户土地流转效益感知对农户土地流转意愿、农户乡村旅游发展态度和农户参与行为的影响。本书对农户认知行为、农户乡村旅游参与行为和农户乡村旅游监管行为3个变量作相关分析,结果见表5.15。从表5.14中可以看出,农户认知行为变量和农户乡村旅游促进行为变量之间的相关系数为0.491,农户认知行为变量和农户乡村旅游监管行为变量之间的相关系数为0.346,农户促进行为变量和农户乡村旅游监管行为变量之间的相关系数为0.200,这些变量之间的相关系数都小于0.8,因而这些变量之间区别明显,能够从不同方面揭示农户的参与行为。

表5.14 农户土地流转效益感知变量之间相关系数

	产业经济效益	社会生活效益	生态效益
产业经济效益	1		
社会生活效益	0.404**	1	
生态效益	0.285**	0.241**	1

**. 在0.01级别(双尾),相关性显著。

表5.15 农户乡村旅游参与行为变量之间的相关系数

	认知行为	促进行为	监管行为
认知行为	1		
促进行为	0.491**	1	
监管行为	0.346**	0.200**	1

**. 在0.01级别(双尾),相关性显著。

1. 农户土地流转效益感知对农户土地流转意愿的影响

将农户土地流转效益感知3个分变量和农户土地流转意愿变量进行相关性分析,得出相关性系数和显著性指标,详见表5.16。

第 5 章 农户土地流转效益感知及影响分析

表 5.16　农户土地流转效益感知变量与农户土地流转意愿变量相关系数

	产业经济效益	社会生活效益	生态效益	土地流转意愿
产业经济效益	1			
社会生活效益	0.404**	1		
生态效益	0.285**	0.241**	1	
土地流转意愿	0.265**	0.033	0.091	1

**. 在 0.01 级别(双尾),相关性显著。

从表 5.16 中可以看出,农户的土地流转产业经济效益感知变量与农户的土地流转意愿变量之间的显著性指标小于 0.05,具有显著性相关关系,它们之间的相关系数为 0.265。农户的土地流转的社会生活效益感知变量和农户的土地流转生态效益感知变量与农户土地流转意愿变量之间的显著性指标均大于 0.05,它们之间的相关关系均不具有显著性,均不具有统计意义。

本书分别以农户土地流转产业经济效益感知变量、农户土地流转社会生活效益感知变量和农户土地流转生态效益感知变量为自变量,以农户的土地流转意愿为因变量,进行多元线性回归分析,多元回归分析的结果见表 5.17。结果表明,农户土地流转的产业经济效益感知变量与农户土地流转意愿变量之间的显著性指标为 0.000,小于 0.005,农户土地流转的产业经济效益感知变量与农户土地流转意愿变量之间的相关系数为 0.294。因此农户土地流转的产业经济效益感知对农户土地流转意愿有正向影响,假设 H1-1 验证成立。农户土地流转社会生活效益感知变量和农户土地流转的生态效益感知变量与农户土地流转意愿变量的线性回归分析的显著性指标分别为 0.229 和 0.686,均大于 0.005,因此农户土地流转社会生活效益感知和农户土地流转的生态效益感知均与农户土地流转意愿变量之间的相关关系不具意义,假设 H1-2 和 H1-3 不成立。农户的土地流转社会生活效益和农户土地流转生态效益感知与农户土地流转意愿相关性不显著,这些效益的好坏不影响农户土地流转意愿。农户土地流转产业经济效益感知与农户土地流转意愿相关。因此要想提高居民的土地流转意愿就要注重增加居民收入,提高当地经济水平。

表 5.17　农户土地流转的效益感知与农户土地流转意愿回归分析

因变量	自变量	Std. B	T	Sig.	adjR^2	DW	F
土地流转意愿	产业经济效益	0.294	3.750	0.000	0.063	1.799	5.403
	社会生活效益	−0.094	−1.207	0.229			
	生态效益	0.030	0.405	0.686			

2. 农户土地流转效益感知对农户乡村旅游发展态度的影响

将土地流转效益感知各个分变量和农户乡村旅游发展态度变量进行相关性分析,得出相关性系数和显著性指标,详见表 5.18。

表 5.18　农户土地流转效益感知变量与农户乡村旅游发展态度变量相关系数

	产业经济效益	社会生活效益	生态效益	乡村旅游发展态度
产业经济效益	1			
社会生活效益	0.404**	1		
生态效益	0.285**	0.241**	1	
乡村旅游发展态度	0.057	0.176*	0.155*	1

**. 在 0.01 级别（双尾），相关性显著；*. 在 0.05 级别（单尾），相关性显著。

从表 5.18 中可以看出，农户的土地流转的社会生活效益感知变量和农户的土地流转生态效益感知变量与农户的乡村旅游发展态度变量之间均具有显著性相关关系。农户土地流转产业经济效益感知变量与农户的乡村旅游发展态度变量的相关关系不具有显著性，不具有统计意义。假设 H2-1 不成立。

本书分别以农户土地流转社会生活效益感知变量和农户土地流转生态效益感知变量为自变量，以农户的乡村旅游发展态度变量为因变量，进行线性回归分析，回归分析的结果见表 5.19。结果表明，农户土地流转社会生活效益感知和农户土地流转的生态效益感知与农户乡村旅游发展态度的线性回归分析的相关系数分别为 0.176 和 0.127，农户土地流转社会生活效益感知和农户土地流转的生态效益感知与农户乡村旅游发展态度的线性回归分析的显著性指标分别为 0.015 和 0.032，均小于 0.005，因此农户土地流转社会生活效益感知和农户土地流转的生态效益感知均对农户乡村旅游发展态度具有正向影响。假设 H2-2 和 H2-3 成立。

表 5.19　农户土地流转效益感知变量与农户乡村旅游发展态度变量回归分析

因变量	自变量	Std. B	T	Sig.	adjR²	DW	F
乡村旅游发展态度	社会生活效益	0.176	2.453	0.015	0.031	1.576	6.016
	生态效益	0.127	2.159	0.032	0.024	1.683	4.662

3. 农户土地流转效益感知对农户乡村旅游参与行为的影响

将农户土地流转效益感知各个分变量和农户乡村旅游参与行为各个分变量进行相关性分析，得出相关性系数和显著性指标，详见表 5.20。

表 5.20　农户土地流转效益感知变量与农户乡村旅游参与行为变量相关系数

	产业经济效益	社会生活效益	生态效益	认知行为	促进行为	监管行为
产业经济效益	1					
社会生活效益	0.404**	1				
生态效益	0.285**	0.241**	1			
认知行为	0.201**	0.363**	0.264**	1		
促进行为	0.216**	0.435**	0.116	0.491**	1	
监管行为	0.058	0.069	0.136	0.346**	0.200**	1

**. 在 0.01 级别（双尾），相关性显著。

第5章 农户土地流转效益感知及影响分析

从表5.20中可以看出,农户对土地流转的产业经济效益感知变量与农户的乡村旅游认知行为变量和农户的乡村旅游促进行为变量的相关关系均具有显著性,均具有统计意义。农户对土地流转的产业经济效益感知变量和农户乡村旅游监管行为变量的相关关系不具有显著性,不具有统计意义。农户对土地流转的社会生活效益感知变量与农户的乡村旅游认知行为变量和农户的乡村旅游促进行为变量的相关关系均具有显著性,均具有统计意义,农户对土地流转的社会生活效益感知变量与农户的乡村旅游认知行为变量和农户的乡村旅游促进行为变量的相关系数分别为0.363和0.435。农户对土地流转的社会生活效益感知变量和旅游监管行为变量的相关关系不具有显著性,不具有统计意义。农户对土地流转的生态效益感知变量与农户的乡村旅游认知行为变量具有显著性,具有统计意义,农户对土地流转的生态效益感知变量与农户的乡村旅游认知行为变量的相关系数为0.264。农户对土地流转的生态效益感知变量与农户乡村旅游促进行为变量和农户乡村旅游监管行为变量的相关关系不具有显著性,均不具有统计意义。

因为农户土地流转产业经济效益感知变量、农户土地流转社会生活效益感知变量和农户土地流转生态效益感知变量与农户乡村旅游监管行为变量的相关性均不显著,因此本书以农户土地流转产业经济效益感知变量、农户土地流转社会生活效益感知变量和农户土地流转生态效益感知变量自变量,以农户乡村旅游认知行为和农户的乡村旅游促进行为为因变量,进行线性回归分析,回归分析的结果见表5.21。

表5.21 农户土地流转效益感知变量与农户乡村旅游参与行为变量回归分析

因变量	自变量	Std. B	T	Sig.	adjR^2	DW	F
认知行为	产业经济效益	0.201	2.815	0.005	0.035	1.800	7.924
	社会生活效益	0.363	5.357	0.000	0.127	1.817	28.703
	生态效益	0.264	3.766	0.000	0.065	1.818	14.184
促进行为	产业经济效益	0.216	3.040	0.030	0.042	1.398	9.242
	社会生活效益	0.435	6.641	0.000	0.185	1.532	44.180
	生态效益	0.116	1.600	0.111	0.008	1.368	2.560

1)农户土地流转产业经济效益感知对农户乡村旅游参与行为的影响

农户土地流转产业经济效益感知变量对农户的认知行为变量和农户的乡村旅游促进行为变量具有显著的影响,它们之间的显著性指标为0.005和0.003,均小于0.05。它们的标准化系数分别为0.201和0.216。因此农户土地流转产业经济效益感知对农户的乡村旅游认知行为和农户的乡村旅游促进行为均有正向影响。农户土地流转产业经济效益感知变量对农户的乡村旅游监管行为不具有显著的影响,它们之间的显著性指标大于0.05。因此,假设H3a-1和假设H3b-1成立,假设H3c-1不成立。农户感知到的土地流转出后发展乡村旅游带来的产业经济效益越高,农户更积极去了解、学习土地流转和乡村旅游的知识,也会为了获得持续的土地流转经济效益,而采取促进乡村旅游发展的行为。

2)农户土地流转社会生活效益感知对农户乡村旅游参与行为的影响

农户土地流转社会生活效益感知变量对农户的认知行为变量和农户的旅游促进行为变量具有非常显著的影响,它们之间的显著性指标均为0.000,均小于0.05,它们的标准化系数分别为0.363和0.435。因此农户土地流转社会生活效益感知对农户的乡村旅游认知行为和农户的乡村旅游促进行为均有显著的正向影响。农户土地流转社会生活效益感知变量对农户的乡村旅游监管行为变量不具有显著的影响,它们之间的显著性指标大于0.05。因此假设H3a-2和假设H3b-2成立,假设H3c-2不成立。农户感知到的土地流转出后发展乡村旅游带来的社会生活效益越高,农户更积极去了解、学习土地流转和乡村旅游的知识,也会为了获得持续的土地流转社会生活效益,而采取促进乡村旅游发展的行为。

3)农户土地流转生态效益感知对农户乡村旅游参与行为的影响

农户土地流转生态效益感知变量对农户的认知行为变量具有显著的影响,它们之间的显著性指标Sig.为0.000,小于0.05,它们的标准化系数为0.264。农户土地流转生态效益感知对农户的认知行为有正向影响。农户土地流转生态效益感知变量对农户的乡村旅游参与行为变量和农户的旅游监管行为变量不具有显著的影响,它们之间的显著性指标大于0.05。因此,假设H3a-3成立,假设H3b-3和假设H3c-3不成立。农户感知到的土地流转出后发展乡村旅游带来的生态效益越高,农户会更积极去了解、学习土地流转和乡村旅游的知识。

5.2.4 结论与讨论

本书将农户土地流转效益感知的3个维度(农户土地流转产业经济效益感知、农户土地流转社会生活效益感知和农户土地流转生态效益感知)分别与农户土地流转意愿、农户乡村旅游发展态度以及农户乡村旅游参与行为的3个维度(农户乡村旅游认知行为、农户乡村旅游促进行为和农户乡村旅游监管行为)之间的关系总结为表5.22和图5.7。

表5.22 农户土地流转效益感知对意愿、态度和行为的影响

变量相关关系假设	验证结果
H1-1:农户土地流转产业经济效益感知对农户土地流转意愿有显著正向影响	支持
H1-2:农户土地流转社会生活效益感知对农户土地流转意愿有显著正向影响	不支持
H1-3:农户土地流转生态效益感知对农户土地流转意愿有显著正向影响	不支持
H2-1:农户土地流转产业经济效益感知对农户乡村旅游发展态度有显著正向影响	不支持
H2-2:农户土地流转社会生活效益感知对农户乡村旅游发展态度有显著正向影响	支持
H2-3:农户土地流转生态效益感知对农户乡村旅游发展态度有显著正向影响	支持
H3a-1:农户土地流转产业经济效益感知对农户乡村旅游认知行为有显著正向影响	支持
H3a-2:农户土地流转社会生活效益感知对农户乡村旅游认知行为有显著正向影响	支持
H3a-3:农户土地流转生态效益感知对农户乡村旅游监管认知有显著正向影响	支持

续表 5.22

变量相关关系假设	验证结果
H3b-1:农户土地流转产业经济效益感知对农户的乡村旅游促进行为有显著正向影响	支持
H3b-2:农户土地流转社会生活效益感知对农户的乡村旅游促进行为有显著正向影响	支持
H3b-3:农户土地流转生态效益感知对农户的乡村旅游促进行为有显著正向影响	不支持
H3c-1:农户土地流转产业经济效益感知对农户的乡村旅游监管行为有显著正向影响	不支持
H3c-2:农户土地流转社会生活效益感知对农户的乡村旅游监管行为有显著正向影响	不支持
H3c-3:农户土地流转生态效益感知对农户的乡村旅游监管行为有显著正向影响	不支持

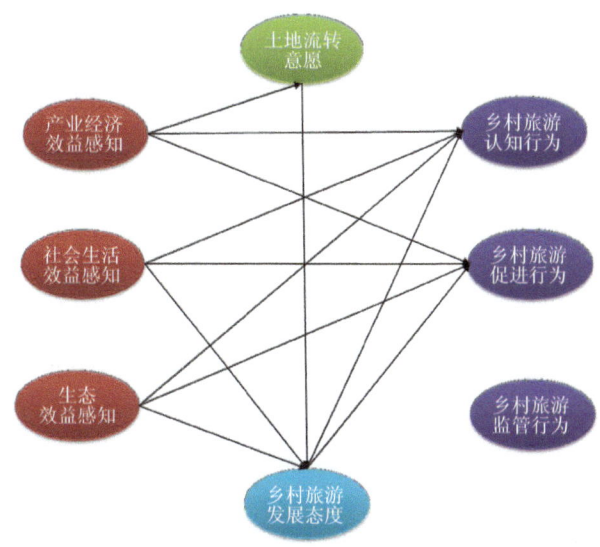

图 5.7　农户土地流转效益感知与农户意愿、态度和行为的关系

1)武汉市农户的土地流转效益感知对农户土地流转意愿的影响

模型研究结果表明,农户土地流转效益感知对农户土地流转意愿有显著的正向影响,该结果说明农户土地流转的产业经济效益感知和社会生活效益感知以及生态效益感知处于较高的水平时,农户更愿意流转出农用地。这与周庆[38]研究的土地流转效益越高时土地流转意愿更强的研究结果相同。

乡村旅游被认为是促进乡村地区发展,有效利用土地资源的重要路径。土地流转后发展乡村旅游带来的土地流转效益存在积极和消极两面,如果流转出土地并发展乡村旅游没有给本地的产业经济、社会生活效益和生态效益带来更多积极影响,那么他们可能会觉得流转出土地发展旅游不利于本地发展,这样就没有正面的吸引力来促进农户流转出土地,进而阻碍他们流转出土地和继续流转出土地。如果农户流转出土地并发展乡村旅游给农户的生活带来积极影响,农户感知到较高的土地流转效益,基于社会交换理论,为了获得更多的土地流转效益,农户会愿意流转出土地来获得高土地流转效益。因此要想农户流转出农用地,就需要改善农户感知的土地流转效益。

本书进一步研究了农户土地流转效益感知 3 个维度对农户土地流转意向的影响。研究结果表明农户土地流转社会生活效益感知和农户土地流转生态效益感知与农户土地流转意愿相关性不显著,这些效益的好坏不影响农户土地流转意愿。乡村旅游地的农户土地流转产业经济效益感知与农户流转出农用地的意愿相关性显著。农户土地流转产业经济效益感知越高,农户流转出农用地的意愿更大。这与沈萌[115]的研究结论"经济收益是农户农地转出意愿产生的最大动力"一致。因此要想提高居民的土地流转意愿就要注重改善农户的经济效益,改善本地的产业发展。

2)武汉市农户的土地流转效益感知对农户乡村旅游发展态度的影响

模型研究结果表明,农户土地流转效益感知对农户乡村旅游发展态度有显著的正向影响,该结果说明农户土地流转的产业经济效益感知和社会生活效益感知以及生态效益感知处于较高的水平时,农户支持本地发展乡村旅游。这和徐松浚[213]、卢小丽[241]的研究结论"积极的感知导致积极的态度"相同。当农户流转出土地并发展乡村旅游获得较高效益时,他们会觉得发展乡村旅游是一件好事情,就更会支持本地发展乡村旅游,对乡村旅游发展态度更积极,因为乡村旅游的发展能给他们带来更好的土地效益,提高了土地利用产出;当然情况相反的时候,即当他们感知到流转出土地并发展乡村旅游后的效益受损,生活质量没有改善甚至恶化的时候,为维护他们的权益他们会阻碍乡村旅游发展。这也表明要想提高农户对发展乡村旅游的支持度,就需要提高农户的土地流转效益感知。

本书进一步研究了农户土地流转效益感知3个维度对农户乡村旅游发展态度的影响。研究结果表明,农户土地流转产业经济效益感知变量与农户的乡村旅游发展态度变量的相关关系不具有显著性,这与徐松浚[213]和卢小丽[241]等的相关研究结果相悖。不过作者在与农户的交流中得到的农户的一些想法,可以对此作出解释。目前农户普遍对乡村旅游带来产业经济效益的认可度不高,他们对乡村旅游增加产业经济效益的期待不强。正如一位农户所说"乡村旅游不能给本地带来经济效益,我们村民的收入跟旅游没什么关系,很多工作岗位宁愿请外地人,本地人在里面就业的少",正是普遍觉得乡村旅游不能对产业经济发展产生很大影响,而又觉得乡村旅游最可能带来社会生活效益和生态效益,因此农户的乡村旅游态度与土地流转带来的社会生活效益感知和生态效益感知有显著正相关关系,农户社会生活效益和生态效益感知越高,他们对本地发展乡村旅游的态度越积极。因此当土地流转发展乡村旅游后,积极发展本地的基础和服务设施,丰富居民的文化娱乐生活,改善居民社会生活,并降低对土地使用化肥和农药的量,改善本地生态环境,村民会更加支持本地发展乡村旅游。

3)武汉市农户的土地流转效益感知对农户乡村旅游参与行为的影响

模型研究结果表明农户的土地流转效益感知对农户的乡村旅游参与行为有显著的正向影响,该结果说明农户土地流转效益感知处于较高的水平时,农户更可能参与到乡村旅游发展中。这是因为当农户感知到从流转出土地发展乡村旅游获得较高效益时,他们为了获得更高的效益,就会参与乡村旅游,企图从乡村旅游中获得更高的效益。这与 Abler 的感知-态度-行为模型中的感知指导行为相符,也与卢小丽[241]的研究结论感知正向影响行为相似。

本书进一步分析了农户土地流转效益感知3个维度(农户土地流转产业经济效益感知、农户土地流转社会生活效益感知和农户土地流转生态效益感知)分别对农户乡村旅游参与行为3个维度(农户乡村旅游认知行为、农户乡村旅游促进行为和农户乡村旅游监管行为)的影响。研究结果表明,农户土地流转产业经济效益感知对农户乡村旅游认知行为有显著正向影响;农户土地流转社会生活效益感知对农户乡村旅游认知行为和农户乡村旅游促进行为有显著正向影响;农户土地流转生态效益感知对农户乡村旅游认知行为和农户乡村旅游促进行为有显著正向影响;农户土地流转效益感知各变量与农户乡村旅游监管行为均没有显著的相关关系。较为特殊的发现是农户的土地流转产业经济效益感知只与农户的乡村旅游认知行为有关系,不对乡村旅游促进行为和监管行为产生影响。作者在问卷收集中从与农户的交谈中探寻到部分原因,部分农户表示过"乡村旅游发展的收益都被旅游企业拿去了,我们农民享受不到收益,连本该给我们的土地租金都没给到位,我不指望乡村旅游能改善我的收入",农户认为土地流转并发展乡村旅游就算能带来经济效益,但他们也享受不到,因此农户会去好奇和了解乡村旅游的情况,但并不会因为乡村旅游的产业经济效益而去促进乡村旅游发展。

因此要想农户去了解、学习土地流转和乡村旅游的知识,就需要提高农户流转出农用地带来的产业经济效益感知、社会生活效益感知和生态效益感知;要想农户参与旅游活动,吸引游客,作出更多促进乡村旅游发展的行为,就需要提高农户流转出农用地带来的社会生活效益感知和生态效益感知。农户的监管行为与农户的土地流转各维度的效益感知均没有显著关系,要提高农户的监管行为,就需要加大宣传,提高农户监管意识,另外也可设置监管奖励机制,奖励农户的监管行为。

4) 农户土地流转意愿的中介作用

前文分析了农户土地流转意愿的中介作用,结果表明,农户土地流转意愿对农户的土地流转效益感知和农户乡村旅游参与行为没有中介效应,但是农户土地流转意愿对农户的土地流转效益感知和农户乡村旅游态度具有中介效应。即农户的土地流转效益感知首先正向促进农户土地流转意愿,进而推动农户的乡村旅游发展态度,这种间接影响的路径为"农户土地流转效益感知→农户土地流转意愿→农户乡村旅游发展态度"。因此在制定通过改善农户土地流转效益感知进而提高农户土地流转意愿的对策时,也可以加入改善农户土地流转意愿的相关对策。

农户土地流转意愿对农户的土地流转效益感知和农户乡村旅游参与行为没有中介效应。因为前文相关性分析中,农户土地流转意愿与农户乡村旅游参与行为不相关。农户愿意流转土地,并不表示农户愿意参与发展乡村旅游,可能只是为了获得收益。还可能因为参与乡村旅游发展还没有成为农户流转出土地后的重要收益来源,其可选行为具有多样性。

5) 农户乡村旅游发展态度的中介作用

前文分析了农户乡村旅游发展态度的中介作用,结果表明,农户乡村旅游发展态度对农户的土地流转效益感知和农户乡村旅游参与行为有中介效应。这表明,农户土地流转效益感知对农户乡村旅游参与行为除了具有直接的正向影响以外,还通过农户乡村旅游发展态度这个中介变量对农户乡村旅游参与行为产生间接的正向影响。即农户的土地流转效益感知首先正向促进乡村旅游发展态度,进而推动农户的乡村旅游参与行为,这种间接影响的路径为"农户土地流转效益感知→农户乡村旅游发展态度→农户乡村旅游参与行为"。因此在制定通过改善农户土地流转效益感知进而提高农户乡村旅游参与行为的对策时,也可以加入改善农户乡村旅游态度的相关对策。

5.3 本章结论

1) 武汉市农户土地流转效益感知的水平还很低

武汉市农户的土地流转效益感知低(3.643),处于3没什么变化和4改善一点的中间段,农户感受不到或者仅仅感受到细微的土地流转给生活带来的积极变化。其中,农户土地流转社会生活效益感知(4.028)高于农户土地流转产业经济效益感知(3.721)和农户土地流转土地生态效益感知(3.115),武汉市农户的3类效益感知之间存在较大差异(图5.8)。其中土地流转并发展旅游后给农户的社会生活带来较大改善,基础设施和服务设施有较大改善,文娱活动增多。土地流转发展乡村旅游后,本地产业从农业变成农业和旅游服务业,产业结构得到完善,农户收入也有一定增加,产业经济稍有改善。但是土地流转并发展旅游后并没有给土地生态带来太大影响,乡村旅游企业在发展休闲农业时使用的化肥和农药与农户种植作物使用的化肥农药相差不大,并没有因为种植苗木发展旅游而减少使用化肥和农药。

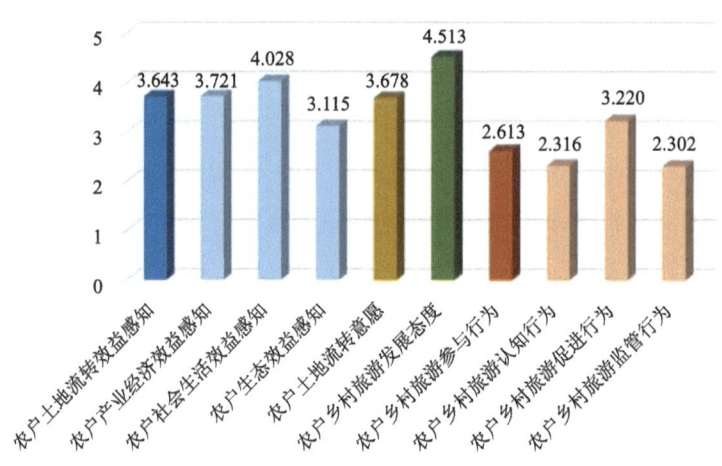

图 5.8 武汉市农户土地流转效益感知-意愿-态度-行为评估结果

2) 武汉市农户乡村旅游发展态度很积极,但土地流转意愿特别是乡村旅游参与行为却较为消极

武汉市农户的土地流转意愿不高(3.678),还没有达到比较愿意流转土地(4.0)的水平。武汉市农户乡村旅游发展态度积极(4.513),农户非常支持本地发展乡村旅游。虽然武汉市农户态度上支持本地发展乡村旅游,但是农户自身参与乡村旅游的行为却很消极。武汉市农户的社区参与行为均值很低,为2.613,在本书的问卷中处于2可能会做和3想做而没有做的中间段,被调研人群平均还处于基本没有实际参与行为的状况。其中农户乡村旅游促进行为(3.220)高于农户乡村旅游认知行为(2.316)和农户乡村旅游监管行为(2.302)(图5.8),表明武汉市农户有参与旅游活动,促进旅游发展,但自身很少主动去了解、学习土地流转和乡村旅游发展的知识,更少去行使自身的管理参与和监督权,总体而言,本地农户还没有将乡村旅游发展当作与自身利益密切相关的事,自主参与度不太强。

3)农户土地流转效益感知影响农户土地流转意愿

本书结果表明农户的土地流转效益感知对农户的土地流转意愿有显著的正向影响,该结果说明农户土地流转的产业经济效益感知和社会生活效益感知以及生态效益感知处于较高的水平时,农户更愿意流转出农用地。因此要想农户流转出农用地,就需要改善农户感知的土地流转效益。本书进一步研究了农户土地流转效益感知3个维度对农户土地流转意向的影响。研究结果表明,农户土地流转社会生活效益感知和农户土地流转生态效益感知与农户土地流转意愿相关性不显著,这些效益的好坏不影响农户土地流转意愿。农户土地流转产业经济效益感知与农户土地流转意愿正相关,农户土地流转产业经济效益感知越高,农户流转出土地的意愿越强。因此要想提高居民的土地流转意愿就要注重增加农户的经济收益,改善本地的产业发展情况。

4)农户土地流转效益感知影响农户乡村旅游发展态度

本书结果表明农户的土地流转效益感知对农户的乡村旅游发展态度有显著的正向影响,该结果说明农户土地流转的产业经济效益感知和社会生活效益感知以及生态效益感知处于较高的水平时,农户支持本地发展乡村旅游。因此要想提高农户对发展乡村旅游的支持度,就需要提高农户的土地流转效益感知。本书进一步研究了农户土地流转效益感知3个维度对农户乡村旅游发展态度的影响。研究结果表明,土地流转产业经济效益感知变量与农户的乡村旅游发展态度变量的相关关系不显著,农户土地流转的社会生活效益感知和生态效益感知对农户的乡村旅游态度产生正向影响,农户社会生活效益和生态效益感知越高,他们对本地发展乡村旅游的态度越积极。因此当土地流转发展乡村旅游后,积极发展本地的基础和服务设施,丰富居民的文化娱乐生活,改善居民社会生活,并降低对土地使用化肥和农药的量,改善本地生态环境,村民会更加支持本地发展乡村旅游。

5)武汉市农户土地流转效益感知影响农户乡村旅游参与行为

本书结果表明农户的土地流转效益感知对农户的乡村旅游参与行为有显著的正向影响,该结果说明农户土地流转效益感知处于较高的水平时,农户更可能参与到乡村旅游发展中。本书进一步分析了农户土地流转效益感知3个维度分别对农户乡村旅游参与行为3个维度的影响。研究结果表明,农户土地流转产业经济效益感知对农户乡村旅游认知行为有显著正向影响;农户土地流转社会生活效益感知对农户乡村旅游认知行为和农户乡村旅游促进行为有显著正向影响;农户土地流转生态效益感知对农户乡村旅游认知行为和农户乡村旅游促进行为有显著正向影响;农户土地流转效益感知各变量与农户乡村旅游监管行为均没有显著的相关关系。因此要想农户去了解、学习土地流转和乡村旅游,就需要提高农户流转出农用地带来的产业经济效益感知、社会生活效益感知和生态效益感知;要想农户参与旅游活动,吸引游客,作出更多促进乡村旅游发展的行为,就需要提高农户流转出农用地带来的社会生活效益感知和生态效益感知。农户的监管行为与农户的土地流转各维度的效益感知均没有显著关系,要提高农户的监管行为,就需要加大宣传,提高农户监管意识,同时也可设置监管奖励机制,奖励农户的监管行为。

6)农户土地流转意愿对土地流转效益感知和乡村旅游发展态度有中介作用

本书分析了农户土地流转意愿的中介作用,结果表明农户土地流转意愿对农户的土地流转效益感知和农户乡村旅游参与行为没有中介效应,但是农户土地流转意愿对农户的土地流转效益感知和农户乡村旅游态度具有中介效应。即农户的土地流转效益感知首先正向促进农户土地流转意愿,进而推动农户的乡村旅游发展态度。因此在制定通过改善农户土地流转效益感知进而提高农户土地流转意愿的对策时,也可以加入改善农户土地流转意愿的相关对策。

7)农户乡村旅游发展态度对土地流转效益感知和乡村旅游参与行为有中介作用

本书分析了农户乡村旅游发展态度的中介作用,结果表明农户乡村旅游发展态度对农户的土地流转效益感知和农户乡村旅游参与行为有中介效应。即农户的土地流转效益感知首先正向促进农户乡村旅游发展态度,进而推动农户的乡村旅游参与行为。因此在制定通过改善农户土地流转效益感知进而提高农户乡村旅游参与行为的对策时,也可以加入改善农户乡村旅游态度的相关对策。

第6章 农户土地流转效益感知及影响的农户特征差异

农户的基本特征包含农户的个体特征、农户的家庭特征、农户的旅游相关度特征和农户的土地流转市场特征4个大类的12个方面。其中农户的个体特征包括农户性别(D1)、农户年龄(D2)、农户受教育程度(D3)和农户职业活动(D4)4个方面,农户的家庭特征包括农户家庭社会关系(D5)、农户家庭收入来源(D6)和农户家庭年收入水平(D7)3个方面,农户的旅游相关度特征包括农户与旅游的产业相关性(D8)和农户与乡村旅游目的地的距离(D9)2个方面,农户的土地流转市场特征包括农户土地用途(D10)、农户对土地流转政策的认知程度(D11)和农户土地流转现状(D12)3个方面。

通过采用独立样本T检验和单因素方差分析(ANOVA)方法,分析不同的人口统计特征对农户土地流转效益感知、农户土地流转意愿、农户乡村旅游发展态度和农户乡村旅游参与行为的影响。将样本人口特征中只有2个不同选项的变量进行独立样本T检验,对样本人口特征中有3个以及以上选项的变量进行单因素方差分析。依据样本中人口特征的统计数据,分别对变量农户性别(D1)、农户家庭社会关系(D5)、农户与旅游产业的相关性(D8)和农户土地流转现状(D12)进行独立样本T检验,对变量农户年龄(D2)、农户受教育程度(D3)、农户职业活动(D4)、农户家庭收入来源(D6)、农户家庭年收入水平(D7)、农户与乡村旅游目的地的距离(D9)、农户土地用途(D10)和农户对土地流转政策的认知程度(D11)进行单因素方差分析。农户各基本特征变量题项中的每个选项的选号即为农户各基本特征变量的赋值。

6.1 农户土地流转效益感知的农户特征差异

本节采用独立样本T检验和单因素方差分析(ANOVA)方法逐步研究农户的个体特征、农户的家庭特征、农户的旅游相关度特征和农户的土地流转市场特征对农户土地流转效益感知的影响,借此来分析农户土地流转效益感知的农户特征差异,分析结果将为制定优化农户土地流转效益感知对策提供借鉴。

6.1.1 农户土地流转效益感知的农户个体特征差异

1)农户性别(D1)对农户土地流转效益感知的影响

采用独立样本T检验方法分析农户性别对农户土地流转效益感知的影响,结果见表6.1和表6.2。结果显示:男性和女性在土地流转产业经济效益感知、土地流转社会生活效益感知、土地流转生态效益感知和土地流转综合效益感知上均无显著差异（$P=0.347>0.05$，$P=0.096>0.05$，$P=0.508>0.05$，$P=0.500>0.05$）。农户性别对农户土地流转产业经济效益感知、土地流转社会生活效益感知、土地流转生态效益感知和土地流转综合效益感知上均无显著影响。

表6.1 农户性别和农户土地流转效益感知的独立样本T检验a

		莱文方差等同性检验		平均值等同性 T 检验			
		F	显著性	T	显著性（双尾）	平均值差值	标准误差差值
产业经济效益感知	假定等方差	2.134	0.146	−0.942	0.347	−0.075	0.079
	不假定等方差			−0.957	0.340	−0.075	0.078
社会生活效益感知	假定等方差	0.584	0.446	−1.675	0.096	−0.134	0.080
	不假定等方差			−1.691	0.093	−0.134	0.080
生态效益感知	假定等方差	1.383	0.241	0.662	0.508	0.093	0.140
	不假定等方差			0.668	0.505	0.093	0.139
综合效益感知	假定等方差	3.664	0.057	−0.676	0.500	−0.048	0.071
	不假定等方差			−0.693	0.489	−0.048	0.069

表6.2 农户性别和农户土地流转效益感知的独立样本T检验b

	性别	个案数	平均值	标准差
产业经济效益感知	1	219	3.683	0.564
	2	163	3.757	0.508
社会生活效益感知	1	219	3.971	0.562
	2	163	4.105	0.529
生态效益感知	1	219	3.155	0.979
	2	163	3.062	0.927
综合效益感知	1	219	3.623	0.513
	2	163	3.670	0.436

2）农户年龄（D2）对农户土地流转效益感知的影响

采用单因素方差分析方法分析农户年龄对农户土地流转效益感知的影响，结果见表6.3。结果显示：农户年龄在农户土地流转产业经济效益感知上有显著影响（$P=0.025<0.05$），scheffe事后多重检验表明，中年人的土地流转产业经济效益感知显著高于老年人的土地流转产业经济效益感知>青年人的土地流转产业经济效益感知；农户年龄在农户土地流转社会生活效益感知上有显著影响（$P=0.049<0.05$），scheffe事后多重检验表明，青年人的土地流转社会生活效益感知>中年人的土地流转社会生活效益感知>老年人的土地流转社会生活效益感知；农户年龄在农户土地流转总效益感知上有显著影响（$P=0.009<0.05$），scheffe事后

第6章 农户土地流转效益感知及影响的农户特征差异

多重检验表明,中年人的土地流转总效益感知>青年人的土地流转总效益感知>老年人的土地流转效益总感知;农户年龄在农户土地流转生态效益感知上没有显著影响($P=0.138>0.05$)。

表6.3 农户年龄和农户土地流转效益感知的单因素方差分析

	年龄	个案数	平均值	F	显著性	scheffe事后多重检验
产业经济效益感知	1	54	3.617	3.781	0.025	2>(1>3)
	2	183	3.824			
	3	145	3.610			
	总计	382	3.714			
社会生活效益感知	1	54	4.130	3.067	0.049	(1>2)>3
	2	183	4.095			
	3	145	3.903			
	总计	382	4.027			
生态效益感知	1	54	3.093	2.002	0.138	……
	2	183	3.250			
	3	145	2.951			
	总计	382	3.115			
综合效益感知	1	54	3.614	4.845	0.009	(2>1)>3
	2	183	3.748			
	3	145	3.519			
	总计	382	3.643			

注:……表示没有影响。

3)农户受教育程度(D3)对农户土地流转效益感知的影响

采用单因素方差分析方法分析农户受教育程度对农户土地流转效益感知的影响,结果见表6.4。结果显示:受教育程度在农户土地流转产业经济效益感知、农户土地流转社会生活效益感知、农户土地流转生态效益感知和农户土地流转综合效益感知上均没有显著影响($P=0.414>0.05$,$P=0.679>0.05$,$P=0.130>0.05$,$P=0.131>0.05$)。

表6.4 农户受教育程度和农户土地流转效益感知的单因素方差分析

	受教育程度	个案数	平均值	F	显著性
产业经济效益感知	1	48	3.670	0.990	0.414
	2	82	3.671		
	3	165	3.679		
	4	59	3.889		
	5	28	3.750		
	总计	382	3.714		

续表 6.4

	受教育程度	个案数	平均值	F	显著性
社会生活效益感知	1	48	3.958	0.578	0.679
	2	82	3.963		
	3	165	4.027		
	4	59	4.117		
	5	28	4.143		
	总计	382	4.027		
生态效益感知	1	48	2.729	1.805	0.130
	2	82	3.037		
	3	165	3.146		
	4	59	3.400		
	5	28	3.214		
	总计	382	3.115		
综合效益感知	1	48	3.507	1.795	0.131
	2	82	3.585		
	3	165	3.633		
	4	59	3.824		
	5	28	3.714		
	总计	382	3.643		

4) 农户职业活动(D4)对农户土地流转效益感知的影响

采用单因素方差分析方法分析农户职业活动对农户土地流转效益感知的影响,结果见表 6.5。结果显示:农户职业活动在农户土地流转产业经济效益感知、农户土地流转社会生活效益感知、农户土地流转生态效益感知和农户土地流转综合效益感知上均没有显著影响($P=0.082>0.05$,$P=0.118>0.05$,$P=0.299>0.05$,$P=0.051>0.05$)。

表 6.5 农户职业活动和农户土地流转效益感知的单因素方差分析

	职业活动	个案数	平均值	F	显著性
产业经济效益	1	37	3.870	1.993	0.082
	2	110	3.673		
	3	46	3.649		
	4	51	3.615		
	5	16	4.208		
	6	122	3.708		
	总计	382	3.714		

续表 6.5

	职业活动	个案数	平均值	F	显著性
社会生活效益	1	37	4.222	1.787	0.118
	2	110	4.036		
	3	46	4.130		
	4	51	3.904		
	5	16	4.344		
	6	122	3.934		
	总计	382	4.027		
生态效益	1	37	3.222	1.224	0.299
	2	110	3.118		
	3	46	3.043		
	4	51	3.308		
	5	16	3.688		
	6	122	2.951		
	总计	382	3.115		
综合效益	1	37	3.796	2.247	0.051
	2	110	3.625		
	3	46	3.618		
	4	51	3.611		
	5	16	4.112		
	6	122	3.575		
	总计	382	3.643		

6.1.2 农户的家庭特征对农户土地流转效益感知的影响

1)农户家庭社会关系(D5)对农户土地流转效益感知的影响

采用独立样本 T 检验的方法分析农户的家庭社会关系对农户土地流转效益感知的影响结果见表 6.6 和表 6.7。结果显示:不管是否有亲戚或朋友在政府部门工作,或者是村干部,农户在土地流转产业经济效益感知、社会生活效益感知、生态效益感知和综合效益感知上均无差异($P>0.05$)。

表 6.6 农户社会关系和农户土地流转效益感知的独立样本 T 检验 a

		莱文方差等同性检验			平均值等同性 T 检验		
		F	显著性	T	显著性（双尾）	平均值差值	标准误差差值
产业经济效益	假定等方差	0.095	0.758	1.126	0.262	0.117	0.103
	不假定等方差			1.086	0.283	0.117	0.107
社会生活效益	假定等方差	0.274	0.601	0.813	0.417	0.086	0.106
	不假定等方差			0.843	0.403	0.086	0.102
生态效益	假定等方差	0.574	0.450	0.740	0.460	0.136	0.183
	不假定等方差			0.697	0.490	0.136	0.195
综合效益	假定等方差	0.384	0.536	1.234	0.219	0.114	0.092
	不假定等方差			1.165	0.250	0.114	0.098

表 6.7 农户社会关系和农户土地流转效益感知的独立样本 T 检验 b

	社会关系	个案数	平均值	标准差
产业经济效益	1	65	3.811	0.566
	2	317	3.694	0.535
社会生活效益	1	65	4.098	0.526
	2	317	4.013	0.556
生态效益	1	65	3.227	1.031
	2	317	3.092	0.941
综合效益	1	65	3.737	0.517
	2	317	3.623	0.473

2) 农户家庭收入来源(D6)对农户土地流转效益感知的影响

采用单因素方差分析方法分析农户的家庭收入来源对农户土地流转效益感知的影响,结果见表 6.8。结果显示:农户的家庭收入来源在农户土地流转产业经济效益感知、农户土地流转社会生活效益感知、农户土地流转生态效益感知和农户土地流转综合效益感知上均没有显著影响($P>0.05$)。

第 6 章 农户土地流转效益感知及影响的农户特征差异

表 6.8 农户家庭收入来源和农户土地流转效益感知的单因素方差分析

	家庭收入来源	个案数	平均值	F	显著性
产业经济效益	1	14	3.512	1.737	0.144
	2	9	4.104		
	3	22	4.015		
	4	106	3.717		
	5	231	3.683		
	总计	382	3.714		
社会生活效益	1	14	3.964	0.562	0.690
	2	9	4.063		
	3	22	4.182		
	4	106	4.090		
	5	231	3.987		
	总计	382	4.027		
生态效益	1	14	2.571	2.317	0.059
	2	9	4.250		
	3	22	3.091		
	4	106	3.226		
	5	231	3.060		
	总计	382	3.115		
综合效益	1	14	3.390	2.270	0.063
	2	9	4.130		
	3	22	3.826		
	4	106	3.688		
	5	231	3.603		
	总计	382	3.643		

3) 农户家庭年收入水平(D7)对农户土地流转效益感知的影响

采用单因素方差分析方法分析农户的家庭年收入水平对农户土地流转效益感知的影响，结果见表 6.9。结果显示：农户的家庭年收入水平在农户土地流转产业经济效益感知、农户土地流转社会文化效益感知、农户土地流转生态效益感知和农户土地流转综合效益感知上均没有显著影响($P>0.05$)。

表 6.9 农户家庭年收入水平和农户土地流转效益感知的单因素方差分析

	家庭年收入水平	个案数	平均值	F	显著性
产业经济效益	1	77	3.669	0.250	0.909
	2	91	3.723		
	3	94	3.748		
	4	46	3.775		
	5	74	3.669		
	总计	382	3.714		
社会生活效益	1	77	4.020	0.136	0.969
	2	91	4.049		
	3	94	4.059		
	4	46	3.967		
	5	74	4.007		
	总计	382	4.027		
生态效益	1	77	3.197	2.197	0.071
	2	91	3.207		
	3	94	3.298		
	4	46	3.043		
	5	74	2.730		
	总计	382	3.115		
综合效益	1	77	3.639	0.918	0.455
	2	91	3.675		
	3	94	3.713		
	4	46	3.640		
	5	74	3.519		
	总计	382	3.643		

4)本节小结

采用独立样本 T 检验和单因素方差分析法分析了农户家庭社会关系(D5)、农户家庭收入来源(D6)和农户家庭年收入水平(D7)3 个农户的家庭特征与农户的土地流转效益感知的关系,结果见表 6.10。

表6.10 农户家庭特征对农户土地流转效益感知变量的影响

	家庭社会关系	家庭收入来源	家庭年收入
产业经济效益感知	……	……	……
社会生活效益感知	……	……	……
生态效益感知	……	……	……
综合效益感知	……	……	……

注：……表示没有影响，下同。

分析结果表明，农户土地流转效益感知与农户的家庭特征关系不大。家庭的收入水平、家庭收入来源以及家庭的社会关系对农户土地流转效益感知均没有显著影响。

6.1.3 农户与旅游的相关度特征对农户土地流转效益感知的影响

1) 农户与旅游产业的相关性(D8)对农户土地流转效益感知的影响

采用独立样本 T 检验方法分析农户与旅游产业的相关性对农户土地流转效益感知的影响，结果见表6.11和表6.12。结果显示：农户或者农户的亲戚朋友是否在附近的乡村旅游企业工作或做乡村旅游相关生意与农户的土地流转社会生活效益感知和农户的土地流转综合效益感知有显著影响($P<0.05$)，本人或者其亲戚朋友有在附近的乡村旅游企业工作或做乡村旅游相关生意的农户的土地流转社会生活效益感知和农户的土地流转综合效益感知明显高于比本人或者其亲戚朋友没有在附近的乡村旅游企业工作或做乡村旅游相关生意的农户；农户或者农户的亲戚朋友是否在附近的乡村旅游企业工作或做乡村旅游相关生意与农户的土地流转产业经济效益感知和生态效益感知没有显著关系($P>0.05$)。

表6.11 农户与旅游产业的相关性和农户土地流转效益感知的独立样本 T 检验 a

		莱文方差等同性检验		平均值等同性 T 检验			
		F	显著性	T	显著性（双尾）	平均值差值	标准误差差值
产业经济效益	假定等方差	0.515	0.474	1.287	0.200	0.113	0.088
	不假定等方差			1.336	0.185	0.113	0.085
社会生活效益	假定等方差	2.394	0.123	4.773	0.000	0.405	0.085
	不假定等方差			5.047	0.000	0.405	0.080
生态效益	假定等方差	10.145	0.002	1.538	0.126	0.238	0.155
	不假定等方差			1.347	0.182	0.238	0.177
综合效益	假定等方差	0.468	0.495	2.825	0.005	0.217	0.077
	不假定等方差			2.760	0.007	0.217	0.079

表 6.12 农户与旅游产业的相关性和农户土地流转效益感知的独立样本 T 检验 b

	旅游产业相关性	个案数	平均值	标准差
产业经济效益	1	104	3.797	0.508
	2	278	3.684	0.551
社会生活效益	1	104	4.322	0.476
	2	278	3.917	0.538
生态效益	1	104	3.289	1.160
	2	278	3.050	0.862
综合效益	1	104	3.801	0.491
	2	278	3.584	0.466

2)农户与乡村旅游目的地的距离(D9)对农户土地流转效益感知

采用单因素方差分析方法分析农户与乡村旅游目的地的距离对农户土地流转效益感知的影响,结果见表 6.13。

农户与乡村旅游目的地的距离在农户土地流转产业经济效益感知上有显著影响($P<0.05$),scheffe 事后多重检验表明,5 与乡村旅游目的地的距离为>40 分钟的农户的土地流转产业经济效益感知>3 与乡村旅游目的地的距离为 20~30 分钟的农户的土地流转产业经济效益感知>1 与乡村旅游目的地的距离为<10 分钟的农户的土地流转产业经济效益感知>2 与乡村旅游目的地的距离为 10~20 分钟的农户的土地流转产业经济效益感知>4 与乡村旅游目的地的距离为 30~40 分钟的农户的土地流转产业经济效益感知,与乡村旅游目的地的交通距离最远的农户对土地流转的产业经济效益感知最高。

农户与乡村旅游目的地的距离在农户土地流转生态效益感知上有显著影响($P<0.05$),scheffe 事后多重检验表明,4 与乡村旅游目的地的距离为 30~40 分钟的农户的土地流转生态效益感知>3 与乡村旅游目的地的距离为 20~30 分钟的农户的土地流转生态效益感知>5 与乡村旅游目的地的距离为>40 分钟的农户的土地流转生态效益感知>2 与乡村旅游目的地的距离为 10~20 分钟的农户的土地流转生态效益感知>1 与乡村旅游目的地的距离为<10 分钟的农户的土地流转生态效益感知。

农户与乡村旅游目的地的距离在农户土地流转综合效益感知上有显著影响($P<0.05$),scheffe 事后多重检验表明,5 与乡村旅游目的地的距离为>40 分钟的农户的土地流转综合效益感知>3 与乡村旅游目的地的距离为 20~30 分钟的农户的土地流转综合效益感知>4 与乡村旅游目的地的距离为 30~40 分钟的农户的土地流转综合效益感知>1 与乡村旅游目的地的距离为<10 分钟的农户的土地流转综合效益感知>2 与乡村旅游目的地的距离为 10~20 分钟的农户的土地流转综合效益感知;农户与乡村旅游目的地的距离在农户土地流转社会生活效益感知上没有显著影响。

总体而言,距离较远的农户比距离近的农户的土地流转效益感知高,这与通常认知的效益随着距离的增加而降低相反。这可能因此近距离的农户更多地流转出了自己的土地,使得他们对土地流转效益的期许更高,同时他们更多地接触到流转土地发展旅游带来的负面影响。这些导致他们对土地流转带来的效益感知较差。

表6.13 农户与乡村旅游目的地的距离和农户土地流转效益感知的单因素方差分析

	与乡村旅游目的地的距离	个案数	平均值	F	显著性	scheffe事后多重检验
产业经济效益	1	233	3.700	6.525	0.000	5>(3>1>2>4)
	2	82	3.614			
	3	33	4.031			
	4	22	3.364			
	5	12	4.472			
	总计	382	3.714			
社会生活效益	1	233	4.009	1.512	0.201	……
	2	82	3.982			
	3	33	4.266			
	4	22	3.886			
	5	12	4.333			
	总计	382	4.027			
生态效益	1	233	2.953	5.925	0.000	4>3>(5>2>1)
	2	82	3.061			
	3	33	3.813			
	4	22	4.000			
	5	12	3.167			
	总计	382	3.115			
综合效益	1	233	3.590	5.069	0.001	5>3>(4>1>2)
	2	82	3.568			
	3	33	4.035			
	4	22	3.653			
	5	12	4.111			
	总计	382	3.643			

6.1.4 农户的土地流转市场特征对农户土地流转效益感知的影响

1)农户土地用途(D10)对农户土地流转效益感知的影响

采用单因素方差分析方法,分析农户土地用途对农户土地流转效益感知的影响,结果见表6.14。

表 6.14　农户土地用途和农户土地流转效益感知的单因素方差分析

	土地用途	个案数	平均值	F	显著性	scheffe 事后多重检验
产业经济效益	1	224	3.658	1.403	0.235	……
	2	33	3.865			
	3	19	3.883			
	4	32	3.604			
	5	74	3.822			
	总计	382	3.714			
社会生活效益	1	224	4.027	1.102	0.357	……
	2	33	4.250			
	3	19	4.125			
	4	32	4.000			
	5	74	3.919			
	总计	382	4.027			
生态效益	1	224	2.911	4.562	0.002	3＞5＞(4＞2＞1)
	2	33	3.094			
	3	19	3.750			
	4	32	3.188			
	5	74	3.541			
	总计	382	3.115			
综合效益	1	224	3.563	2.634	0.036	……
	2	33	3.768			
	3	19	3.910			
	4	32	3.599			
	5	74	3.776			
	总计	382	3.643			

农户土地用途在农户土地流转生态效益感知上有显著影响（$P<0.05$），scheffe 事后多重检验表明，3 土地用途为生产农产品全部售卖的农户对土地流转生态效益感知＞5 土地用途为全部流转出的农户对土地流转生态效益感知＞4 土地用途为土地抛荒没种的农户对土地流转生态效益感知＞2 土地用途为生产农产品部分售卖的农户对土地流转生态效益感知＞1 土地用途为生产农产品自家实用的农户对土地流转生态效益感知，因此，土地用途与自身生活更紧密的农户土地流转生态效益感知越低，也可以说土地全部/部分生产农产品自家食用的农户，土地流转生态效益感知更低，可能与农户在生产自家食用的农产品时，更加注重食品安全有关。

第6章 农户土地流转效益感知及影响的农户特征差异

农户土地用途在农户土地流转综合效益感知上有显著影响（$P<0.05$），scheffe事后多重检验表明，农户土地用途在农户土地流转综合效益感知上没有显著影响；农户土地用途在农户土地流转产业经济效益感知和农户土地流转社会生活效益感知上没有显著影响（$P>0.05$）。农户土地用途对农户土地流转生态效益感知有显著影响。

2）农户对土地流转政策的认知程度（D11）对农户土地流转效益感知的影响

采用单因素方差分析方法，分析农户对土地流转政策的认知程度和农户土地流转效益感知的影响，结果见表6.15。

表6.15 农户土地流转政策的认知程度和农户土地流转效益感知变量的单因素方差分析

	土地流转政策的认知程度	个案数	平均值	F	显著性	scheffe事后多重检验
产业经济效益	1	91	3.559	3.455	0.009	5>4>(3>2>1)
	2	155	3.659			
	3	62	3.782			
	4	66	3.942			
	5	8	4.125			
	总计	382	3.714			
社会生活效益	1	91	3.994	0.679	0.607	……
	2	155	3.987			
	3	62	4.089			
	4	66	4.068			
	5	8	4.375			
	总计	382	4.027			
生态效益	1	91	2.689	4.589	0.001	5>(4>2>3>1)
	2	155	3.192			
	3	62	3.097			
	4	66	3.409			
	5	8	4.125			
	总计	382	3.115			
综合效益	1	91	3.450	4.932	0.001	5>4>(3>2>1)
	2	155	3.624			
	3	62	3.688			
	4	66	3.840			
	5	8	4.188			
	总计	382	3.643			

农户对土地流转政策的认知程度在农户土地流转产业经济效益感知上有显著影响($P<0.05$),scheffe 事后多重检验表明,5 对土地流转政策完全了解的农户的土地流转产业经济效益感知>4 对土地流转政策比较了解的农户的土地流转产业经济效益感知>3 对土地流转政策一般了解的农户的土地流转产业经济效益感知>2 对土地流转政策不太了解的农户的土地流转产业经济效益感知>1 对土地流转政策完全不了解的农户的土地流转产业经济效益感知,且对土地流转政策完全了解的农户对土地流转产业经济效益感知远高于对土地政策不是很了解的农户,因此对土地流转政策认知程度越高的农户对土地流转产业经济效益的感知更高。

农户对土地流转政策的认知程度在农户土地流转生态效益感知上有显著影响($P<0.05$),scheffe 事后多重检验表明,5 对土地流转政策完全了解的农户的土地流转生态效益感知>4 对土地流转政策比较了解的农户的土地流转生态效益感知>2 对土地流转政策不太了解的农户的土地流转生态效益感知>3 对土地流转政策一般了解的农户的土地流转生态效益感知>1 对土地流转政策完全不了解的农户的土地流转生态效益感知,且对土地流转政策完全了解的农户对土地流转产业经济效益感知远高于对土地政策不是很了解的农户,因此相对而言对土地流转政策认知程度高的农户对土地流转生态效益的感知更高。

农户对土地流转政策的认知程度在农户土地流转综合效益感知上有显著影响($P<0.05$),scheffe 事后多重检验表明,5 对土地流转政策完全了解的农户的土地流转综合效益感知>4 对土地流转政策比较了解的农户的土地流转综合效益感知>3 对土地流转政策一般了解的农户的土地流转综合效益感知>2 对土地流转政策不太了解的农户的土地流转综合效益感知>1 对土地流转政策完全不了解的农户的土地流转综合效益感知,因此对土地流转政策认知程度越高的农户对土地流转综合效益的感知更高。

农户对土地流转政策的认知程度在农户土地流转社会生活效益感知上没有显著影响($P>0.05$)。

3)农户土地流转现状(D12)对农户土地流转效益感知的影响

采用独立样本 T 检验方法,分析农户的土地流转现状对农户土地流转效益感知的影响结果见表 6.16 和表 6.17。农户是否流转了农用地用于发展乡村旅游,对农户的土地流转产业经济效益感知、社会生活效益感知、生态效益感知和综合效益感知均无显著影响($P>0.05$)。

表 6.16　农户土地流转现状和农户土地流转效益感知的独立样本 T 检验 a

		莱文方差等同性检验		平均值等同性 T 检验			
		F	显著性	T	显著性（双尾）	平均值差值	标准误差差值
产业经济效益	假定等方差	0.246	0.621	0.101	0.920	0.009	0.090
	不假定等方差			0.097	0.923	0.009	0.094

续表 6.16

		莱文方差等同性检验			平均值等同性 T 检验		
		F	显著性	T	显著性（双尾）	平均值差值	标准误差差值
社会生活效益	假定等方差	0.647	0.422	−0.722	0.471	−0.066	0.091
	不假定等方差			−0.729	0.468	−0.066	0.090
生态效益	假定等方差	0.000	0.986	−0.321	0.749	−0.051	0.159
	不假定等方差			−0.319	0.751	−0.051	0.160
综合效益	假定等方差	0.050	0.823	−0.309	0.758	−0.025	0.080
	不假定等方差			−0.305	0.762	−0.025	0.081

表 6.17　农户土地流转现状和农户土地流转效益感知的独立样本 T 检验 b

	土地流转现状	个案数	平均值	标准差
产业经济效益	1	283	3.717	0.530
	2	99	3.707	0.578
社会生活效益	1	283	4.011	0.555
	2	99	4.077	0.543
生态效益	1	283	3.102	0.954
	2	99	3.153	0.969
综合效益	1	283	3.636	0.479
	2	99	3.661	0.493
	总计	382		

6.1.5　结论与讨论

前文采用独立样本 T 检验和单因素方差分析法分析了农户的个体特征、农户的家庭特征、农户的旅游相关度特征和农户的土地流转市场特征对农户土地流转效益感知的影响，结果见图 6.1 和表 6.18。

农户土地流转效益感知受农户特征变量的影响较大，主要受农户年龄（D2）、农户与旅游产业的相关性（D8）、农户与乡村旅游目的地的距离（D9）、农户土地用途（D10）、农户对土地流转政策的认知程度（D11）和农户土地流转现状（D12）的影响。其中土地流转产业经济效益感知、土地流转生态效益感知和土地流转综合效益感知受农户特征影响较大，土地流转社会生活效益感知受农户特征变量影响较小，仅与旅游产业相关性和年龄有关。

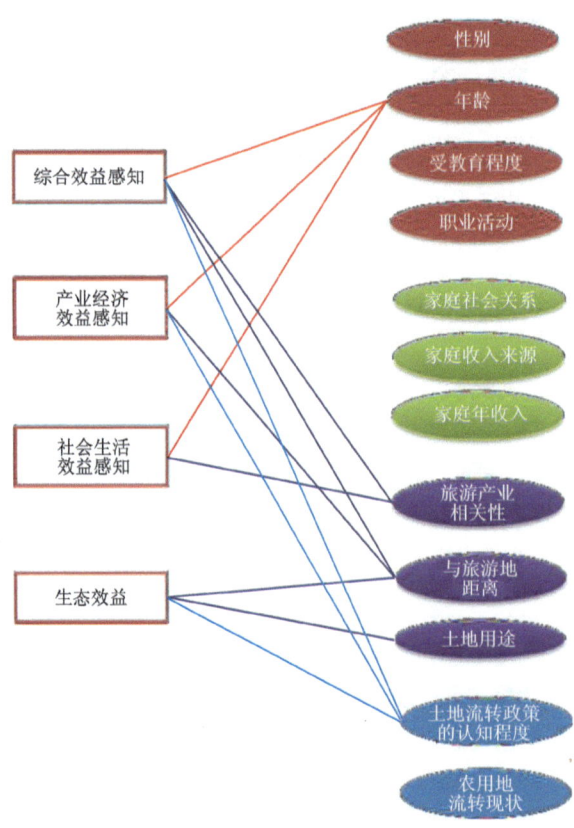

图 6.1 农户特征对农户土地流转效益感知的影响

表 6.18 农户特征对农户土地流转效益感知的影响

农户特征	变量	产业经济效益感知	社会生活效益感知	生态效益感知	综合效益感知
农户个体特征	性别	……	……	……	……
	年龄	2＞(1)＞3	(1)＞2)＞3		(2)＞1)＞3
	受教育程度	……	……	……	……
	职业活动	……	……	……	……
农户家庭特征	家庭社会关系				
	家庭收入来源				
	家庭年收入				
农户旅游相关度特征	旅游产业相关性		1＞2		1＞2
	与旅游目的地的距离	5＞(3)＞1＞2＞4)	……	4＞3＞(5)＞2＞1)	5＞3＞(4)＞1＞2)
农户土地流转市场特征	土地的用途	……	……	3＞5＞(4)＞2＞1)	……
	土地流转政策的认知程度	5＞4＞(3)＞2＞1	……	5＞(4)＞2＞3＞1)	5＞4＞(3)＞2＞1)
	农用地流转现状				

农户的土地流转综合效益感知受农户年龄(D2)影响明显,中年农户对土地流转效益感知最高,其次是青年农户,老年农户对土地流转效益感知最低。这可能与老年人之前多依靠土地获得粮食和生活材料,土地在他们自身的耕种下产生较大效益,因此他们对流转出的土地的效益主观上会有较高的期待,这样导致他们对现有的效益感知就没那么高。而中青年农户的主要收入来源是外出工作,不完全依赖土地获得生活资源,甚至很多土地被他们荒废,相比较于荒废土地没有收入,他们会对流转土地获得的效益有较高的感受。

农户的土地流转效益综合感知受农户的旅游相关度特征影响明显。农户与旅游产业的相关性(D8)和农户与乡村旅游目的地的距离(D9)对农户的土地流转综合效益感知影响明显,有亲戚朋友在附近的乡村旅游企业工作或做乡村旅游相关生意的农户对土地流转效益的感知更高,这与他们更了解乡村旅游,也更能从乡村旅游中获益有关。距离乡村旅游目的地相对较远的农户比距离乡村旅游目的地近的农户的效益感知较高。这可能是因为与乡村旅游点更近的农户他们得到旅游效益所付出的成本更低,这些成本包括土地破坏、旅游垃圾和噪声等旅游负面影响。

农户的生态效益感知受农户土地用途(D10)影响,种植农产品全部售卖以及农用地全部转出了和农用地抛荒没种了的农户的土地生态效益感知比种植农产品全部自家食用或部分售卖农户的土地流转生态效益感知要高,总体来说种植农产品售卖和不种农产品的农户感知到的土地流转和发展乡村旅游带来的化肥和农药等土地污染行为较低,而种植农产品全部自己食用或部分自己食用部分售卖的农户则认为乡村旅游经营者在经营农用地时并没有比农户少使用化肥和农药。这从另一个方面反映出,农户在种植自己食用的农产品时,比较注重健康,较少食用化肥和农药。

农户的土地流转效益感知还与农户对土地流转政策的认知程度(D11)有关,基本上对国家出台的有关农村土地流转政策的较为了解的农户的土地流转效益感知更高。加大土地转政策的宣传,促进农户了解土地流转政策,有利于提高农户的土地利用感知效益。

6.2 农户土地流转效益感知影响的农户特征差异

农户土地流转效益感知影响的变量包含农户土地流转意愿、农户乡村旅游发展态度和农户乡村旅游参与行为。通过采用独立样本T检验和单因素方差分析的方法,逐步研究农户的个体特征、农户的家庭特征、农户的旅游相关度特征和农户的土地流转市场特征对农户土地流转意愿、农户乡村旅游发展态度和农户乡村旅游参与行为的影响,以及农户土地流转效益感知影响的农户特征差异,分析结果将为制定提高农户土地流转意愿、农户乡村旅游发展态度和农户乡村旅游参与行为政策提供借鉴。

6.2.1 农户特征对农户土地流转意愿的影响

1. 农户的个体特征对农户土地流转意愿的影响

1)农户性别(D1)对农户土地流转意愿的影响

采用独立样本T检验方法,分析农户性别和农户土地流转意愿的影响,结果见表6.19和

表6.20。结果显示,男性和女性在土地流转意愿和旅游发展态度上均无差异($P=0.371>0.05$),农户性别对农户土地流转意愿和乡村旅游发展态度没有显著影响。

表6.19 农户性别和农户土地流转意愿的独立样本 T 检验 a

		莱文方差等同性检验		平均值等同性 T 检验		
		F	显著性	T	显著性(双尾)	平均值差值	标准误差差值
土地流转意愿	假定等方差	0.031	0.861	0.897	0.371	0.138 6	0.153
	不假定等方差			0.902	0.368	0.138	0.153

表6.20 农户性别和农户土地流转意愿的独立样本 T 检验 b

	性别	个案数	平均值	标准差
土地流转意愿	1	219	3.736	1.064
	2	163	3.599	1.026

2)农户年龄(D2)对农户土地流转意愿的影响

采用单因素方差分析方法,分析农户年龄和农户土地流转意愿的影响,结果见表6.21。结果显示:农户年龄对农户土地流转意愿没有显著影响($P=0.233>0.05$)。

表6.21 农户年龄和农户土地流转意愿的单因素方差分析

	年龄	个案数	平均值	显著性	F
土地流转意愿	1	54	3.648	0.233	1.468
	2	183	3.560		
	3	145	3.840		
	总计	382	3.678		

3)农户受教育程度(D3)对农户土地流转意愿影响

采用单因素方差分析方法,分析农户受教育程度和农户土地流转意愿的影响,结果见表6.22。结果显示:农户受教育程度在农户土地流转意愿上没有显著影响($P=0.843>0.05$)。

表6.22 农户受教育程度和农户土地流转意愿的单因素方差分析

	受教育程度	个案数	平均值	F	显著性
土地流转意愿	1	48	3.792	0.351	0.843
	2	82	3.646		
	3	165	3.628		
	4	59	3.833		
	5	28	3.536		
	总计	382	3.678		

4)农户职业活动(D4)对农户土地流转意愿的影响

采用单因素方差分析方法,分析农户职业活动对农户土地流转意愿的影响,结果见表6.23。结果显示:农户职业活动在农户土地流转意愿上没有显著影响($P=0.79>0.05$)。

表6.23 农户职业活动和农户土地流转意愿的单因素方差分析

	职业活动	个案数	平均值	显著性	F
土地流转意愿	1	37	3.722	0.79	0.482
	2	110	3.764		
	3	46	3.717		
	4	51	3.731		
	5	16	3.938		
	6	122	3.516		
	总计	382	3.678		

2. 农户的家庭特征对农户土地流转意愿的影响

1)农户家庭社会关系(D5)对农户土地流转意愿的影响

采用独立样本T检验方法,分析农户的家庭社会关系对农户土地流转意愿的影响,结果见表6.24和表6.25。结果显示:不论农户是否有亲戚或朋友在政府部门工作,或者是村干部,对农户的土地流转意愿没有显著影响($P>0.05$)。

表6.24 农户社会关系和农户土地流转意愿的独立样本T检验a

		莱文方差等同性检验			平均值等同性T检验		
		F	显著性	T	显著性(双尾)	平均值差值	标准误差差值
土地流转意愿	假定等方差	0.011	0.915	0.570	0.569	0.115	0.201
	不假定等方差			0.571	0.571	0.115	0.200

表6.25 农户社会关系和农户土地流转意愿的独立样本T检验b

	社会关系	个案数	平均值	标准差
土地流转意愿	1	67	3.773	1.047
	2	315	3.658	1.050

2)农户家庭收入来源(D6)对农户土地流转意愿的影响

采用单因素方差分析方法,分析农户的家庭收入来源对农户土地流转意愿的影响,结果见表6.26。结果显示:农户的家庭收入来源在农户土地流转意愿上没有显著影响($P>0.05$)。

表 6.26　农户家庭收入来源和农户土地流转意愿的单因素方差分析

	家庭收入来源	个案数	平均值	F	显著性
土地流转意愿	1	14	4.071	0.821	0.513
	2	9	3.875		
	3	22	3.500		
	4	106	3.830		
	5	231	3.595		
	总计	382	3.678		

3）农户家庭年收入水平（D7）对农户土地流转意愿的影响

采用单因素方差分析方法，分析农户的家庭年收入水平对农户土地流转意愿的影响，结果见表 6.27。结果显示：农户的家庭年收入水平在农户土地流转意愿上没有显著影响（$P>0.05$）。

表 6.27　农户家庭年收入水平和农户土地流转意愿的单因素方差分析

	家庭年收入水平	个案数	平均值	F	显著性
土地流转意愿	1	77	3.618	0.727	0.574
	2	91	3.500		
	3	94	3.723		
	4	46	3.717		
	5	74	3.878		
	总计	382	3.678		

3. 农户的旅游相关度特征对农户土地流转意愿的影响

1）农户与旅游产业的相关性（D8）对农户土地流转意愿的影响

采用独立样本 T 检验方法，分析农户与旅游产业的相关性对农户土地流转意愿的影响，结果见表 6.28 表 6.29。结果显示：农户或者农户的亲戚朋友是否在附近的乡村旅游企业工作或做乡村旅游相关生意与农户的土地流转意愿没有显著关系（$P>0.05$）。

表 6.28　农户与旅游产业的相关性和农户土地流转意愿的独立样本 T 检验 a

		莱文方差等同性检验		平均值等同性 T 检验			
		F	显著性	T	显著性（双尾）	平均值差值	标准误差差值
土地流转意愿	假定等方差	0.715	0.399	1.203	0.230	0.205	0.170
	不假定等方差			1.253	0.213	0.205	0.163

第6章 农户土地流转效益感知及影响的农户特征差异

表 6.29 农户与旅游产业的相关性和农户土地流转意愿的独立样本 T 检验 b

	旅游产业相关性	个案数	平均值	标准差
土地流转意愿	1	104	3.827	0.980
	2	278	3.622	1.070

2)农户与乡村旅游目的地的距离(D9)对农户土地流转意愿的影响

采用单因素方差分析方法,分析农户与乡村旅游目的地的距离对农户土地流转意愿的影响,结果见表 6.30。结果显示:农户与乡村旅游目的地的距离在农户土地流转意愿上没有显著影响($P>0.05$)。

表 6.30 农户与乡村旅游目的地的距离和农户土地流转意愿的单因素方差分析

	与乡村旅游目的地的距离	个案数	平均值	F	显著性
土地流转意愿	1	233	3.607	0.705	0.590
	2	82	3.890		
	3	33	3.813		
	4	22	3.546		
	5	12	3.500		
	总计	382	3.678		

4. 农户的土地流转市场特征对农户土地流转意愿的影响

1)农户土地用途(D10)对农户土地流转意愿的影响

采用单因素方差分析方法,分析农户的土地用途对农户土地流转意愿的影响,结果见表 6.31。结果显示:农户土地用途在农户土地流转意愿上没有显著影响($P>0.05$)。

表 6.31 农户土地用途和农户土地流转意愿的单因素方差分析

	土地用途	个案数	平均值	F	显著性
土地流转意愿	1	224	3.544 6	1.475	0.212
	2	33	3.906 3		
	3	19	3.500 0		
	4	32	3.968 8		
	5	74	3.905 4		
	总计	382	3.678 0		

2)农户对土地流转政策的认知程度(D11)对农户土地流转意愿的影响

采用单因素方差分析方法,分析农户对土地流转政策的认知程度对农户土地流转意愿的影响,结果见表6.32。

农户对土地流转政策的认知程度在农户土地流转意愿上有显著影响($P<0.05$),scheffe事后多重检验表明,5对土地流转政策完全了解的农户的土地流转意愿>2对土地流转政策不太了解的农户的土地流转意愿>4对土地流转政策比较了解的农户的土地流转意愿>3对土地流转政策一般了解的农户的土地流转意愿>1对土地流转政策完全不了解的农户的土地流转意愿,因此相对而言对土地流转政策认知程度较高的农户的土地流转意愿可能更强。

表6.32 农户对土地流转政策的认知程度和农户土地流转意愿的单因素方差分析

	土地流转政策的认知程度	个案数	平均值	F	显著性	scheffe事后多重检验
土地流转意愿	1	91	3.367	2.479	0.046	5>(2>4>3>1)
	2	155	3.846			
	3	62	3.500			
	4	66	3.773			
	5	8	4.500			
	总计	382	3.678			

3)农户土地流转现状(D12)对农户土地流转意愿的影响

采用独立样本T检验方法,分析农户的土地流转现状对农户土地流转意愿的影响,结果见表6.33和表6.34。结果显示:农户是否流转出了农用地用于发展乡村旅游对农户的土地流转意愿没有显著影响($P>0.05$)。

表6.33 农户土地流转现状和农户土地流转意愿的独立样本T检验a

		莱文方差等同性检验			平均值等同性T检验		
		F	显著性	T	显著性(双尾)	平均值差值	标准误差差值
土地流转意愿	假定等方差	0.093	0.761	−0.597	0.552	−0.104	0.174
	不假定等方差			−0.607	0.545	−0.104	0.171

表6.34 农户土地流转现状和农户的土地流转意愿的独立样本T检验b

	土地流转现状	个案数	平均值	标准差
土地流转意愿	1	283	3.651	1.059
	2	99	3.755	1.021
	总计	382		

5. 结论与讨论

前文采用独立样本 T 检验和单因素方差分析法分析了农户的个体特征、农户的家庭特征、农户的旅游相关度特征和农户的土地流转市场特征对农户土地流转意愿的影响,结果见图 6.2 和表 6.35。

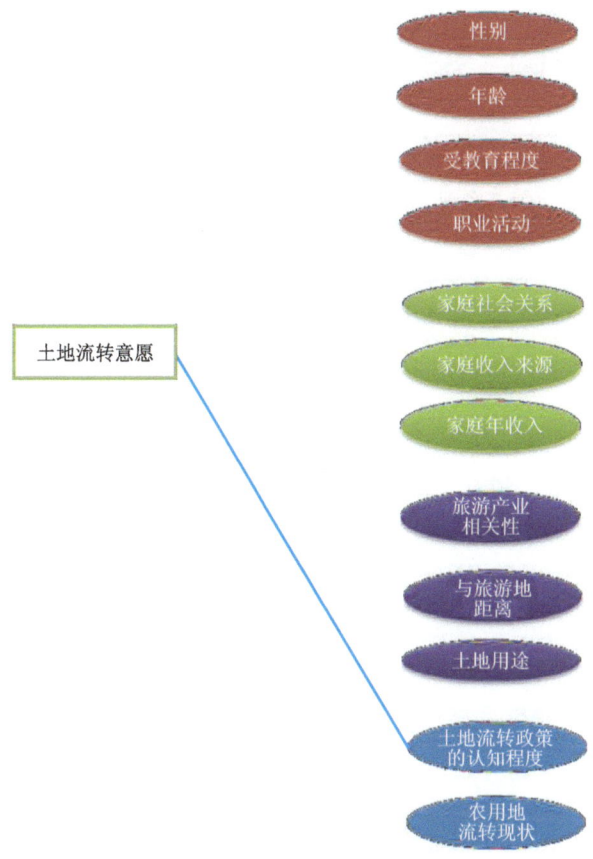

图 6.2　农户特征对农户土地流转意愿的影响

表 6.35　农户特征对农户土地流转意愿的影响

农户特征	变量	土地流转意愿
农户个体特征	性别	……
	年龄	……
	受教育程度	……
	职业活动	……
农户家庭特征	家庭社会关系	……
	家庭收入来源	……
	家庭年收入	……

续表 6.35

农户特征	变量	土地流转意愿
农户旅游相关度特征	旅游产业相关性	……
	与旅游目的地的距离	……
农户土地流转市场特征	土地的用途	……
	土地流转政策的认知程度	5＞(2＞4＞3＞1)
	农用地流转现状	……

农户土地流转意愿受农户特征影响很小,只受农户对土地流转政策的认知程度(D11)的影响,与其他农户特征关系不大。对土地流转政策非常了解的农户最愿意流转出他们的农用地使用权,且土地流转的意愿明显高于比较了解土地流转政策和不怎么了解土地流转政策的人。总体而言,农户的土地流转意愿很稳定,很少随农户特征的改变而变动。只有提高农户对土地流转政策的认知,才能够有效增加农户土地流转意愿。村委会和乡镇政府应该加大对土地流转政策的宣传和普及力度,促使村民从多渠道便利了解国家的土地流转政策。

6.2.2 农户特征对农户乡村旅游发展态度的影响

1. 农户的个体特征对农户乡村旅游发展态度的影响

1)农户性别(D1)对农户乡村旅游发展态度的影响

采用独立样本 T 检验方法,分析农户性别对农户乡村旅游发展态度的影响,结果见表 6.36 和表 6.37。结果显示:男性和女性农户在乡村旅游发展态度上没有显著差异($P=0.54>0.05$)。因此农户性别对农户乡村旅游发展态度没有显著影响。

表 6.36　农户性别和农户乡村旅游发展态度的独立样本 T 检验 a

		莱文方差等同性检验		平均值等同性 T 检验			
		F	显著性	T	显著性(双尾)	平均值差值	标准误差差值
乡村旅游发展态度	假定等方差	1.436	0.232	0.54	0.59	0.062	
	不假定等方差			0.536	0.592	0.062	

表 6.37　农户性别和农户乡村旅游发展态度的独立样本 T 检验 b

	性别	个案数	平均值	标准差
乡村旅游发展态度	1	219	4.539	0.768
	2	163	4.477	0.806

2)农户年龄(D2)对农户乡村旅游发展态度的影响

采用单因素方差分析方法,分析农户年龄对农户乡村旅游发展态度的影响,结果见表 6.38。结果显示:农户年龄在农户乡村旅游发展态度上没有显著影响($P=0.233>0.05$)。

第6章 农户土地流转效益感知及影响的农户特征差异

表6.38 农户年龄和农户乡村旅游发展态度的单因素方差分析

	年龄	个案数	平均值	显著性	F
乡村旅游发展态度	1	54	4.395	0.233	1.468
	2	183	4.529		
	3	145	4.537		
	总计	382	4.513		

3) 农户受教育程度(D3)对农户乡村旅游发展态度的影响

采用单因素方差分析方法,分析农户受教育程度对农户乡村旅游发展态度的影响,结果见表6.39。结果显示:农户受教育程度在农户乡村旅游发展态度上没有显著影响($P=0.060<0.05$),scheffe事后多重检验表明,农户受教育程度在农户乡村旅游发展态度上没有显著差异。

表6.39 农户受教育程度和农户乡村旅游发展态度的单因素方差分析

	受教育程度	个案数	平均值	F	显著性	scheffe事后多重检验
乡村旅游发展态度	1	48	4.375	2.302	0.060	……
	2	82	4.561			
	3	165	4.496			
	4	59	4.800			
	5	28	4.095			
	总计	382	4.513			

4) 农户职业活动(D4)对农户乡村旅游发展态度的影响

采用单因素方差分析方法,分析农户职业活动对农户乡村旅游发展态度的影响结果见表6.40。结果显示:农户职业活动在农户乡村旅游发展态度上没有显著影响($P=0.886>0.05$)。

表6.40 农户职业活动和农户乡村旅游发展态度的单因素方差分析

	职业活动	个案数	平均值	显著性	F
乡村旅游发展态度	1	37	4.519	0.886	0.343
	2	110	4.533		
	3	46	4.522		
	4	51	4.641		
	5	16	4.625		
	6	122	4.421		
	总计	382	4.513		

2. 农户的家庭特征对农户乡村旅游发展态度的影响

1)农户家庭社会关系(D5)对农户乡村旅游发展态度的影响

采用独立样本 T 检验方法,分析农户的家庭社会关系对农户乡村旅游发展态度的影响,结果见表 6.41 和表 6.42。结果显示:农户是否有亲戚或朋友在政府部门工作、或者是村干部与农户乡村旅游发展态度有显著影响,有亲戚或朋友在政府部门工作,或者是村干部的农户对发展旅游的态度比没有亲戚或朋友在政府部门工作,或者是村干部的农户对旅游发展的态度更积极($P<0.05$)。

表 6.41 农户家庭社会关系和农户乡村旅游发展态度的独立样本 T 检验 a

		莱文方差等同性检验			平均值等同性 T 检验		
		F	显著性	T	显著性（双尾）	平均值差值	标准误差差值
乡村旅游发展态度	假定等方差	4.936	0.027	1.571	0.118	0.235	0.149
	不假定等方差			2.275	0.025	0.235	0.103

表 6.42 农户家庭社会关系和农户乡村旅游发展态度的独立样本 T 检验 b

	社会关系	个案数	平均值	标准差
乡村旅游发展态度	1	67	4.240	0.540
	2	315	4.065	0.811

2)农户家庭收入来源(D6)对农户乡村旅游发展态度的影响

采用单因素方差分析方法,分析农户的家庭收入来源对农户乡村旅游发展态度的影响,结果见表 6.43。结果显示:农户的家庭收入来源在农户乡村旅游发展态度上没有显著影响($P>0.05$)。

表 6.43 农户家庭收入来源和农户乡村旅游发展态度的单因素方差分析

	家庭收入来源	个案数	平均值	F	显著性
乡村旅游发展态度	1	14	4.524	0.918	0.235
	2	9	4.417		
	3	22	4.333		
	4	106	4.572		
	5	231	4.506		
	总计	382	4.513		

3)农户家庭年收入水平(D7)对农户乡村旅游发展态度的影响

采用单因素方差分析方法,分析农户家庭年收入水平对农户乡村旅游发展态度的影响。

结果显示:农户家庭年收入水平在农户乡村旅游发展态度上没有显著影响($P>0.05$)。

3. 农户与旅游的相关度特征对农户乡村旅游发展态度的影响

1)农户与旅游产业的相关性(D8)对农户乡村旅游发展态度的影响

采用独立样本 T 检验方法,分析农户与旅游产业的相关性对农户乡村旅游发展态度的影响,结果见表 6.44 和表 6.45。结果显示:农户或者农户的亲戚朋友是否在附近的乡村旅游企业工作或做乡村旅游相关生意与农户的乡村旅游发展态度有显著关系($P<0.05$),本人或者其亲戚朋友有在附近的乡村旅游企业工作或做乡村旅游相关生意的农户比本人或者其亲戚朋友没有在附近的乡村旅游企业工作或做乡村旅游相关生意的农户的乡村旅游发展态度明显更积极。

表 6.44 农户与旅游产业的相关性和农户乡村旅游发展态度的独立样本 T 检验 a

		莱文方差等同性检验			平均值等同性 T 检验		
		F	显著性	T	显著性(双尾)	平均值差值	标准误差差值
乡村旅游发展态度	假定等方差	8.365	0.004	2.452	0.015	0.308	0.126
	不假定等方差			2.765	0.007	0.308	0.111

表 6.45 农户与旅游产业的相关性和农户乡村旅游发展态度变量的独立样本 T 检验 b

	旅游产业相关性	个案数	平均值	标准差
乡村旅游发展态度	1	104	4.737	0.627
	2	278	4.429	0.820

2)农户与乡村旅游目的地的距离(D9)对农户乡村旅游发展态度的影响

本书采用单因素方差分析方法,分析农户与乡村旅游目的地的距离对农户乡村旅游发展态度的影响,结果见表 6.46。结果显示:农户与乡村旅游目的地的距离在农户乡村旅游发展态度上没有显著影响($P>0.05$)。

表 6.46 农户与乡村旅游目的地的距离和农户乡村旅游发展态度的单因素方差分析

	与乡村旅游目的地的距离	个案数	平均值	F	显著性
乡村旅游发展态度	1	233	4.453 0	0.753	0.557
	2	82	4.666 7		
	3	33	4.416 7		
	4	22	4.666 7		
	5	12	4.611 1		
	总计	382	4.513 1		

4. 农户的土地流转市场特征对农户乡村旅游发展态度的影响

1)农户土地用途(D10)对农户乡村旅游发展态度的影响

采用单因素方差分析方法,分析农户土地用途对农户乡村旅游发展态度的影响,结果见表6.47。结果显示:农户土地用途对农户乡村旅游发展态度没有显著影响($P>0.05$)。

表6.47 农户土地用途和农户乡村旅游发展态度的单因素方差分析

	土地用途	个案数	平均值	F	显著性
乡村旅游发展态度	1	224	4.485	1.061	0.377
	2	33	4.750		
	3	19	4.667		
	4	32	4.708		
	5	74	4.369		
	总计	382	4.513		

2)农户对土地流转政策的认知程度(D11)对农户乡村旅游发展态度的影响

采用单因素方差分析方法,分析农户对土地流转政策的认知程度对农户乡村旅游发展态度的影响,结果见表6.48。结果显示:农户对土地流转政策的认知程度在农户乡村旅游发展态度上没有显著影响($P>0.05$)。

表6.48 农户对土地流转政策的认知程度和农户乡村旅游发展态度的单因素方差分析

	土地流转政策的认知程度	个案数	平均值	F	显著性
乡村旅游发展态度	1	91	4.282	1.674	0.158
	2	155	4.530		
	3	62	4.667		
	4	66	4.596		
	5	8	4.917		
	总计	382	4.513		

3)农户土地流转现状(D12)对农户乡村旅游发展态度的影响

采用独立样本T检验方法,分析农户的土地流转现状对农户乡村旅游发展态度的影响,结果见表6.49和表6.50。结果显示:农户是否流转了农用地用于发展乡村旅游对农户的乡村旅游发展态度没有显著影响($P>0.05$)。

表6.49 农户土地流转现状和农户乡村旅游发展态度的独立样本T检验a

		莱文方差等同性检验		平均值等同性T检验			
		F	显著性	T	显著性(双尾)	平均值差值	标准误差差值
乡村旅游发展态度	假定等方差	0.794	0.374	−0.181	0.856	−0.024	0.130
	不假定等方差			−0.192	0.848	−0.024	0.123

第 6 章 农户土地流转效益感知及影响的农户特征差异

表 6.50 农户土地流转现状和农户乡村旅游发展态度的独立样本 T 检验 b

	土地流转现状	个案数	平均值	标准差
乡村旅游发展态度	1	283	4.507 0	0.806 51
	2	99	4.530 6	0.716 60
	总计	382		

5. 结论与讨论

前文采用独立样本 T 检验和单因素方差分析法分析了农户的个体特征、农户的家庭特征、农户与旅游的相关度特征和农户的土地流转市场特征对农户乡村旅游发展态度的影响，结果见图 6.3 和表 6.51。

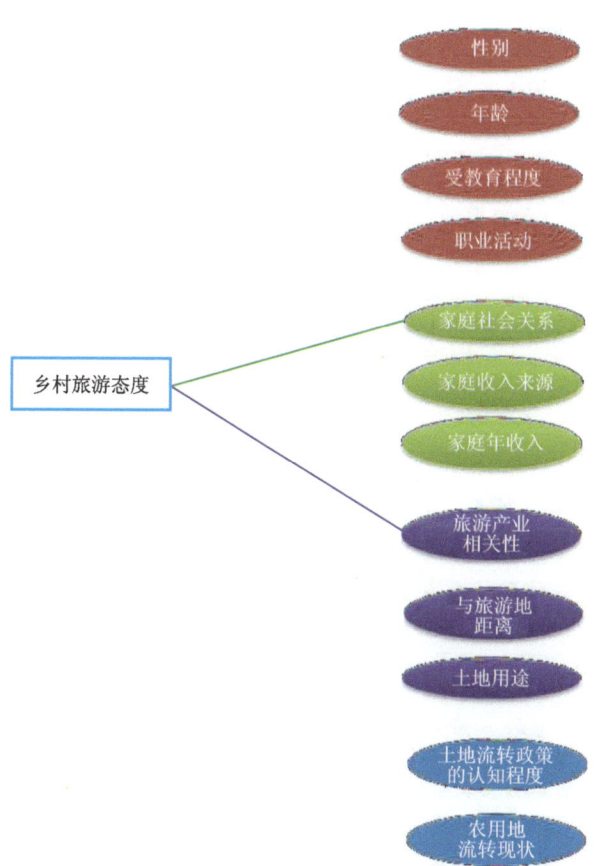

图 6.3 农户特征对农户乡村旅游发展态度的影响

表 6.51 农户特征对农户乡村旅游发展态度的影响

农户特征	变量	乡村旅游态度
农户个体特征	性别	……
	年龄	……
	受教育程度	……
	职业活动	……
农户家庭特征	家庭社会关系	1>2
	家庭收入来源	……
	家庭年收入	……
农户旅游相关度特征	旅游产业相关性	1>2
	与旅游目的地的距离	……
农户土地流转市场特征	土地的用途	……
	土地流转政策的认知程度	……
	农用地流转现状	……

农户乡村旅游发展态度受农户的基本特征变量影响较小，农户的乡村旅游态度不受农户的个体特征和土地流转市场特征的影响，仅与农户家庭社会关系(D5)和农户与旅游产业的相关性(D8)有关。有亲戚朋友在政府部门工作，或者是村干部，或者家庭有亲戚朋友在附近的乡村旅游企业工作或做乡村旅游相关生意的农户对发展乡村旅游的态度更积极。因为相比较而言，有亲戚朋友有在政府部门工作，或者是村干部或者有亲戚朋友在附近的乡村旅游企业工作或做乡村旅游相关生意的农户对本地乡村旅游发展比较了解且拥有更大的机会从乡村旅游中获益。因此要想提高农户发展乡村旅游的积极性，就要宣传本地的乡村旅游，带动农户了解乡村旅游，并鼓励农户从事与旅游相关的工作，增加农户从乡村旅游中获益。

农户对乡村旅游发展态度的支持度高，总体而言，乡村旅游发展给本地居民带来的效益不高，但负面作用较少，访谈中农户还提到"我们这里离城区太远啦，也不能发展其他的产业，希望旅游发展好，起码还能带来一点好处"。因此他们基本上都对乡村旅游发展抱有支持态度，这与农户的个体特征、土地流转市场特征、家庭收入和收入来源以及目的地距离没有关系。只是跟旅游发展更密切的人他们更容易获得乡村旅游带来的积极影响，因此相对于其他人，他们更支持本地发展乡村旅游。

6.2.3 农户特征对农户乡村旅游参与行为的影响

1. 农户的个体特征对农户乡村旅游参与行为的影响

1) 农户性别(D1)对农户乡村旅游参与行为的影响

采用独立样本 T 检验方法，分析农户性别对农户乡村旅游参与行为的影响，结果见表 6.52 和 6.53。结果显示：男性和女性农户在乡村旅游参与行为上有显著差异（$P=0.004<0.05$），女性农户的乡村旅游促进行为（3.448）明显高于男性农户的乡村旅游参与行为

第6章 农户土地流转效益感知及影响的农户特征差异

(3.052);男性和女性农户在乡村旅游认知行为、乡村旅游监管行为上无显著差异($P=0.832>0.05$,$P=0.348>0.05$);总体而言,男性和女性农户在乡村旅游综合参与行为上没有显著差异($P=0.507>0.05$)。因此农户性别只对农户乡村旅游促进行为有显著正向影响。

表6.52 农户性别和农户乡村旅游参与行为的独立样本T检验a

		莱文方差等同性检验			平均值等同性T检验		
		F	显著性	T	显著性(双尾)	平均值差值	标准误差差值
认知行为	假定等方差	3.698	0.056	0.212	0.832	0.034	0.160
	不假定等方差			0.217	0.829	0.034	0.157
参与行为	假定等方差	2.367	0.126	−2.939	0.004	−0.395	0.134
	不假定等方差			−2.999	0.003	−0.395	0.132
监管行为	假定等方差	2.395	0.123	0.941	0.348	0.138	0.147
	不假定等方差			0.970	0.333	0.138	0.143
农户综合行为	假定等方差	1.079	0.300	−0.665	0.507	−0.074	0.112
	不假定等方差			−0.679	0.498	−0.074	0.109

表6.53 农户性别和农户乡村旅游参与行为的独立样本T检验b

	性别	个案数	平均值	标准差
农户乡村旅游认知行为	1	219	2.330	1.158
	2	163	2.296	1.003
农户乡村旅游促进行为	1	219	3.052	0.967
	2	163	3.448	0.848
农户乡村旅游监管行为	1	219	2.361	1.083
	2	163	2.222	0.887
农户乡村旅游综合参与行为	1	219	2.581	0.803
	2	163	2.655	0.705

2)农户年龄(D2)对农户乡村旅游参与行为的影响

采用单因素方差分析方法,分析农户年龄对农户乡村旅游参与行为变的影响,结果见表6.54。结果显示:农户年龄在农户乡村旅游认知行为上有显著影响($P=0.015<0.05$),scheffe事后多重检验表明,中年农户的乡村旅游认知行为>青年农户的乡村旅游认知参与行为>老年农户的乡村旅游参与行为;农户年龄在乡村旅游监管行为上有显著影响($P=0.020<0.05$),scheffe事后多重检验表明,中年农户的乡村旅游监管行为>青年农户的乡村旅游监管行为>老年农户的乡村旅游监管行为;农户年龄在农户综合参与行为上有显著影响($P=0.001<0.05$),scheffe事后多重检验表明,中年农户综合参与行为>青年农户综合参与行为>老年农户综合参与行为;农户年龄在农户乡村旅游促进行为上没有显著影响($P=0.053>0.05$)。

表 6.54　农户年龄和农户乡村旅游参与行为的单因素方差分析

	年龄	个案数	平均值	F	显著性	scheffe 事后多重检验
认知行为	1	54	2.296	4.290	0.015	(2>1)>3
	2	183	2.536			
	3	145	2.042			
	总计	382	2.316			
促进行为	1	54	3.194	2.991	0.053	……
	2	183	3.380			
	3	145	3.024			
	总计	382	3.220			
监管行为	1	54	2.370	3.995	0.020	(2>1)>3
	2	183	2.482			
	3	145	2.046			
	总计	382	2.302			
综合参与行为	1	54	2.620	6.794	0.001	(2>1)>3
	2	183	2.800			
	3	145	2.371			
	总计	382	2.613			

3) 农户受教育程度(D3)对农户乡村旅游参与行为的影响

采用单因素方差分析方法，分析农户受教育程度对农户乡村旅游参与行为的影响，结果见表 6.55。结果显示：农户受教育程度在农户乡村旅游认知行为上有显著影响（$P=0.039<0.05$），scheffe 事后多重检验表明，受教育程度为 4 高中(含中专或中职)的农户的乡村旅游认知行为＞受教育程度为 5 大学(含大专)以上的农户的乡村旅游认知行为＞受教育程度为 3 初中的农户的乡村旅游认知行为＞2 受教育程度为小学的农户的乡村旅游认知行为＞1 受教育程度为未上过学的农户的乡村旅游认知行为。因此受教育程度较高的农户作出了解、学习乡村旅游知识的行为的可能性较大，受教育程度为高中(含中专或中职)和大学(含大专)以上的农户学习土地流转和旅游管理相关知识的可能性明显高于初中及以下受教育水平的农户；农户受教育程度在农户乡村旅游监管行为上有显著影响（$P=0.008<0.05$），scheffe 事后多重检验表明，受教育程度为 5 大学(含大专)以上的农户乡村旅游监管行为＞受教育程度为 4 高中(含中专或中职)的农户乡村旅游监管行为＞受教育程度为 3 初中的农户乡村旅游监管行为＞受教育程度为 2 小学的农户乡村旅游监管行为＞受教育程度为 1 未上过学的农户乡村旅游监管行为，因此受教育程度越高的农户，作出旅游监管行为的可能性越大，受教育程度为大学(含大专)以上和高中(含中专或中职)的农户监管乡村旅游发展的可能性明显高于初中及以下受教育水平的农户。

第6章 农户土地流转效益感知及影响的农户特征差异

表6.55 农户受教育程度和农户乡村旅游参与行为的单因素方差分析

	受教育程度	个案数	平均值	F	显著性	scheffe事后多重检验
认知行为	1	48	2.056	2.584	0.039	4＞5＞(3＞2＞1)
	2	82	2.220			
	3	165	2.215			
	4	59	2.856			
	5	28	2.476			
	总计	382	2.316			
促进行为	1	48	3.156	1.484	0.209	……
	2	82	3.140			
	3	165	3.128			
	4	59	3.583			
	5	28	3.321			
	总计	382	3.220			
监管行为	1	48	1.903	3.597	0.008	5＞4＞(3＞2＞1)
	2	82	2.154			
	3	165	2.252			
	4	59	2.744			
	5	28	2.762			
	总计	382	2.302			
综合参与行为	1	48	2.372	4.262	0.003	4＞5＞(3＞2＞1)
	2	82	2.505			
	3	165	2.532			
	4	59	3.061			
	5	28	2.853			
	总计	382	2.613			

农户受教育程度在农户乡村旅游综合参与行为上有显著影响（$P=0.003<0.05$），scheffe事后多重检验表明，受教育程度为4高中（含中专或中职）的农户的乡村旅游综合参与行为＞受教育程度为5大学（含大专）以上的农户的乡村旅游综合参与行为＞受教育程度为3初中的农户的乡村旅游综合参与行为＞受教育程度为2小学的农户的乡村旅游综合参与行为＞受教育程度为1未上过学的农户的乡村旅游综合参与行为，因此受教育程度较高的农户，综合作出农户乡村旅游参与行为的可能性较大，受教育程度为高中（含中专或中职）和大学（含大专）以上的农户参与乡村旅游的可能性显著高于初中及以下受教育水平的农户；农户受教育程度在农户乡村旅游促进行为上没有显著影响（$P=0.209>0.05$）。

4)农户职业活动(D4)对农户乡村旅游参与行为的影响

采用单因素方差分析方法,分析农户职业活动对农户乡村旅游参与行为的影响,结果见表 6.56。结果显示:农户职业活动在农户乡村旅游认知行为上有显著影响($P=0.000<0.05$),scheffe 事后多重检验表明,为 5 公务员或事业单位员工的农户的乡村旅游认知行为>3 本地做生意的农户的乡村旅游认知行为>1 在家从事农业生产的农户的乡村旅游认知行为>4 外地打工的农户的乡村旅游认知行为>2 本地打工的农户的乡村旅游认知行>6 没有工作的农户的乡村旅游认知行为,且 5 公务员或事业单位员工的农户的乡村旅游认知行为显著高于其他农户,特别高于本地打工和没有工作的农户的乡村旅游认知行为;农户职业活动在农户乡村旅游促进行为上有显著影响($P=0.044<0.05$),scheffe 事后多重检验表明,为 5 公务员或事业单位员工的农户的乡村旅游促进行为>3 本地做生意的农户的乡村旅游促进行为>1 在家从事农业生产的农户的乡村旅游促进行为>4 外地打工的农户的乡村旅游促进行为>6 没有工作的农户的乡村旅游促进行为>2 本地打工的农户的乡村旅游促进行为,且公务员或事业单位员工的农户的乡村旅游促进行为特别高于本地打工和没有工作的农户的乡村旅游促进行为;农户职业活动在农户乡村旅游参与行为上有显著影响($P=0.000<0.05$),然而 scheffe 事后多重检验表明,农户职业活动在农户综合参与行为上没有有显著影响;农户职业活动在农户乡村旅游监管行为上没有显著影响($P=0.057>0.05$)。

表 6.56 农户职业活动和农户乡村旅游参与行为的单因素方差分析

	职业活动	个案数	平均值	F	显著性	scheffe 事后多重检验
认知行为	1	37	2.648	5.840	0.000	5>(3>1>4>2>6)
	2	110	2.115			
	3	46	2.768			
	4	51	2.474			
	5	16	3.667			
	6	122	1.984			
	总计	382	2.316			
促进行为	1	37	3.528	2.329	0.044	3>5>1>4>(6>2)
	2	110	3.041			
	3	46	3.609			
	4	51	3.308			
	5	16	3.594			
	6	122	3.057			
	总计	382	3.220			

续表 6.56

	职业活动	个案数	平均值	F	显著性	scheffe 事后多重检验
监管行为	1	37	2.241	2.189	0.057	……
	2	110	2.309			
	3	46	2.261			
	4	51	2.372			
	5	16	3.375			
	6	122	2.158			
	总计	382	2.302			
综合参与行为	1	37	2.806	5.019	0.000	……
	2	110	2.488			
	3	46	2.879			
	4	51	2.718			
	5	16	3.545			
	6	122	2.400			
	总计	382	2.613			

2. 农户的家庭特征对农户乡村旅游参与行为的影响

1) 农户家庭社会关系(D5)对农户乡村旅游参与行为的影响

采用独立样本 T 检验方法，分析农户家庭社会关系对农户乡村旅游参与行为的影响，结果见表 6.57 和表 6.58。结果显示：农户是否有亲戚或朋友在政府部门工作，或者是村干部对农户的乡村旅游认知行为、乡村旅游促进行为和乡村旅游监管行为的影响均没有显著影响（$P>0.05$）。但有亲戚或朋友在政府部门工作、或者是村干部的农户比没有亲戚或朋友在政府部门工作，或者是村干部的农户的乡村旅游认知行为、参与行为和监管行为的可能性高（因为他们的平均值更高）。农户是否有亲戚或朋友在政府部门工作或是村干部对农户的乡村旅游综合参与行为有显著影响，有亲戚或朋友在政府部门工作或者是村干部的农户的乡村旅游综合参与行为的可能性更高。

表 6.57 农户家庭社会关系和农户乡村旅游参与行为的独立样本 T 检验 a

	社会关系	莱文方差等同性检验		平均值等同性 T 检验			
		F	显著性	T	显著性（双尾）	平均值差值	标准误差差值
认知行为	假定等方差	1.480	0.225	1.390	0.166	0.290	0.209
	不假定等方差			1.279	0.208	0.290	0.226

续表 6.57

社会关系		莱文方差等同性检验			平均值等同性 T 检验		
		F	显著性	T	显著性（双尾）	平均值差值	标准误差差值
促进行为	假定等方差	2.232	0.137	1.278	0.203	0.229	0.179
	不假定等方差			1.139	0.261	0.229	0.201
监管行为	假定等方差	1.734	0.189	1.927	0.056	0.368	0.191
	不假定等方差			1.754	0.087	0.368	0.210
综合参与行为	假定等方差	4.264	0.040	2.043	0.042	0.295	0.145
	不假定等方差			1.729	0.091	0.295	0.171

表 6.58　农户家庭社会关系和农户乡村旅游参与行为的独立样本 T 检验 b

	社会关系	个案数	平均值	标准差
认知行为	1	67	2.556	1.207
	2	315	2.266	1.064
促进行为	1	67	3.409	1.077
	2	315	3.180	0.904
监管行为	1	67	2.606	1.119
	2	315	2.238	0.970
综合参与行为	1	67	2.857	0.925
	2	315	2.562	0.716

2)农户家庭收入来源(D6)对农户乡村旅游参与行为的影响

采用单因素方差分析方法,分析农户家庭收入来源对农户乡村旅游参与行为的影响,结果见表 6.59。

农户的家庭收入来源在农户乡村旅游监管行为上有显著影响($P=0.005<0.5$),scheffe 事后多重检验表明,家庭收入来源为 3 即农业和非农业兼业并以农业收入为主的农户的乡村旅游监管行为＞家庭收入来源为 5 即只有非农业收入的农户的乡村旅游监管行为＞家庭收入来源为 4 即农业和非农业兼业并以非农业收入为主的农户的旅游乡村监管行为＞家庭收入来源为 2 只有农业收入的农户的乡村旅游监管行为＞家庭收入来源为 1 即没有收入的农户的乡村旅游监管行为;农户的家庭收入来源在农户的乡村旅游认知行为、农户的乡村旅游促进行为和农户的乡村旅游综合参与行为上没有显著影响($P>0.05$)。

表6.59 农户家庭收入来源和农户乡村旅游参与行为的单因素方差分析

	家庭收入来源	个案数	平均值	F	显著性	scheffe事后多重检验
认知行为	1	14	2.048	0.483	0.748	……
	2	9	1.833			
	3	22	2.576			
	4	106	2.365			
	5	231	2.302			
	总计	382	2.316			
促进行为	1	14	3.071	0.293	0.882	……
	2	9	3.438			
	3	22	3.318			
	4	106	3.302			
	5	231	3.175			
	总计	382	3.220			
监管行为	1	14	1.143	3.834	0.005	3＞5＞4＞2＞1
	2	9	1.750			
	3	22	2.545			
	4	106	2.151			
	5	231	2.437			
	总计	382	2.302			
综合参与行为	1	14	2.087	1.189	0.317	……
	2	9	2.340			
	3	22	2.813			
	4	106	2.606			
	5	231	2.638			
	总计	382	2.613			

3)农户家庭年收入水平(D7)对农户乡村旅游参与行为的影响

采用单因素方差分析方法,分析农户的家庭年收入水平对农户乡村旅游参与行为的影响,结果见表6.60。结果显示:农户的家庭年收入水平在农户乡村旅游认知行为、农户乡村旅游促进行为、农户乡村旅游监管行为和农户乡村旅游综合参与行为上均没有显著影响($P＞0.05$)。

表 6.60 农户家庭年收入水平和农户乡村旅游参与行为的单因素方差分析

	家庭年收入水平	个案数	平均值	F	显著性
认知行为	1	77	2.114	0.618	0.650
	2	91	2.275		
	3	94	2.482		
	4	46	2.348		
	5	74	2.342		
	总计	382	2.316		
促进行为	1	77	3.382	0.664	0.618
	2	91	3.201		
	3	94	3.069		
	4	46	3.174		
	5	74	3.297		
	总计	382	3.220		
监管行为	1	77	2.105	0.693	0.598
	2	91	2.246		
	3	94	2.397		
	4	46	2.478		
	5	74	2.342		
	总计	382	2.302		
综合参与行为	1	77	2.534	0.221	0.926
	2	91	2.574		
	3	94	2.650		
	4	46	2.667		
	5	74	2.661		
	总计	382	2.613		

3. 农户与旅游的相关度特征对农户乡村旅游参与行为的影响

1)农户与旅游产业的相关性(D8)对农户乡村旅游参与行为的影响

采用独立样本 T 检验方法,分析农户旅游产业相关性对农户乡村旅游参与行为的影响,结果见表 6.61 和表 6.62。结果显示:农户或者农户的亲戚朋友是否在附近的乡村旅游企业工作或做乡村旅游相关生意对农户的乡村旅游认知行为、乡村旅游促进行为、乡村旅游监管行为和乡村旅游综合参与行为均有显著的影响($P<0.05$),本人或者其亲戚朋友有在附近的

第6章 农户土地流转效益感知及影响的农户特征差异

乡村旅游企业工作或做乡村旅游相关生意的农户比本人或者其亲戚朋友没有在附近的乡村旅游企业工作或做乡村旅游相关生意的农户的乡村旅游认知行为、乡村旅游促进行为、乡村旅游监管行为和乡村旅游综合参与行为更积极。

表6.61 农户与旅游产业的相关性和农户乡村旅游参与行为的独立样本 T 检验 a

		莱文方差等同性检验			平均值等同性 T 检验		
		F	显著性	T	显著性（双尾）	平均值差值	标准误差差值
认知行为	假定等方差	0.109	0.742	5.783	0.000	0.949	0.164
	不假定等方差			5.615	0.000	0.949	0.169
促进行为	假定等方差	4.923	0.028	7.963	0.000	1.052	0.132
	不假定等方差			8.645	0.000	1.052	0.122
监管行为	假定等方差	0.411	0.522	2.738	0.007	0.440	0.161
	不假定等方差			2.616	0.011	0.440	0.168
综合参与行为	假定等方差	1.203	0.274	7.456	0.000	0.814	0.109
	不假定等方差			7.683	0.000	0.814	0.106

表6.62 农户与旅游产业的相关性和农户乡村旅游参与行为的独立样本 T 检验 b

	农户旅游产业相关性	个案数	平均值	标准差
认知行为	1	104	3.006	1.057
	2	278	2.058	0.991
参与行为	1	104	3.986	0.708
	2	278	2.934	0.848
监管行为	1	104	2.622	1.060
	2	278	2.182	0.959
农户综合行为	1	104	3.205	0.639
	2	278	2.391	0.683

2）农户与乡村旅游目的地的距离(D9)对农户乡村旅游参与行为的影响

采用单因素方差分析方法，分析农户与乡村旅游目的地的距离对农户乡村旅游参与行为的影响，结果见表6.63。结果显示：农户与乡村旅游目的地的距离在农户乡村旅游认知行为、农户乡村旅游促进行为、农户乡村旅游监管行为和乡村旅游综合参与行为上均没有显著影响（$P>0.05$）。

表 6.63 农户与乡村旅游目的地的距离和农户乡村旅游参与行为的单因素方差分析

	与乡村旅游目的地的距离	个案数	平均值	F	显著性
认知行为	1	233	2.262	0.580	0.677
	2	82	2.285		
	3	33	2.667		
	4	22	2.515		
	5	12	2.278		
	总计	382	2.316		
参与行为	1	233	3.299	1.455	0.218
	2	82	2.976		
	3	33	3.484		
	4	22	2.977		
	5	12	3.083		
	总计	382	3.220		
监管行为	1	233	2.285	0.386	0.819
	2	82	2.260		
	3	33	2.583		
	4	22	2.182		
	5	12	2.389		
	总计	382	2.302		
综合参与行为	1	233	2.615	0.828	0.509
	2	82	2.507		
	3	33	2.911		
	4	22	2.558		
	5	12	2.583		
	总计	382	2.613		

4. 农户的土地流转市场特征对农户乡村旅游参与行为的影响

1）农户土地用途（D10）对农户乡村旅游参与行为的影响

采用单因素方差分析方法，分析农户土地用途对农户乡村旅游参与行为的影响，结果见表6.64。结果显示：农户土地用途在农户乡村旅游认知行为、农户乡村旅游促进行为、农户乡村旅游监管行为和农户乡村旅游综合参与行为上均没有显著影响($P>0.05$)。

表 6.64　农户土地用途和农户乡村旅游参与行为变量的单因素方差分析

	土地用途	个案数	平均值	F	显著性
认知行为	1	224	2.235	0.774	0.543
	2	33	2.688		
	3	19	2.333		
	4	32	2.208		
	5	74	2.441		
	总计	382	2.316		
促进行为	1	224	3.234	1.540	0.192
	2	33	3.578		
	3	19	3.500		
	4	32	2.875		
	5	74	3.095		
	总计	382	3.220		
监管行为	1	224	2.161	2.198	0.071
	2	33	2.583		
	3	19	2.167		
	4	32	2.250		
	5	74	2.667		
	总计	382	2.302		
综合参与行为	1	224	2.543	1.473	0.212
	2	33	2.950		
	3	19	2.667		
	4	32	2.444		
	5	74	2.734		
	总计	382	2.613		

2)农户对土地流转政策的认知程度(D11)对农户乡村旅游参与行为的影响

采用单因素方差分析方法,分析农户对土地流转政策的认知程度对农户乡村旅游参与行为的影响,结果见表 6.65。

农户对土地流转政策的认知程度在农户乡村旅游认知行为上有显著影响($P<0.05$),scheffe 事后多重检验表明,5 对土地流转政策完全了解的农户的旅游认知行为>4 对土地流转政策比较了解的农户的旅游认知行为>3 对土地流转政策一般了解的农户的旅游认知行为>2对土地流转政策不太了解的农户的旅游认知行为>1对土地流转政策完全不了解的农户的旅游认知行为,因此对土地流转政策认知程度越高的农户了解、学习土地流转和乡村旅游发展相关知识的程度越高。

农户对土地流转政策的认知程度在农户乡村旅游促进行为上有显著影响($P<0.05$),scheffe事后多重检验表明,5对土地流转政策完全了解的农户的乡村旅游促进行为>3对土地流转政策一般了解的农户的乡村旅游促进行为>2对土地流转政策不太了解的农户的乡村旅游促进行为>4对土地流转政策比较了解的农户的乡村旅游促进行为>1对土地流转政策完全不了解的农户的乡村旅游促进行为。对土地流转政策完全了解的农户的乡村旅游促进行为略高于对土地流转政策不太了解、一般了解和比较了解的农户,远高于对土地流转政策完全不了解的农户,因此相对而言,对土地流转政策认知程度较高的农户的乡村旅游促进行为更积极。

农户对土地流转政策的认知程度在农户的旅游监管行为上有显著影响($P<0.05$),scheffe事后多重检验表明,5对土地流转政策完全了解的农户的旅游监管行为>4对土地流转政策比较了解的农户的旅游监管行为>3对土地流转政策一般了解的农户的旅游监管行为>2对土地流转政策不太了解的农户的旅游监管行为>1对土地流转政策完全不了解的农户的旅游监管行为,因此对土地流转政策认知程度越高的农户的旅游监管行为更积极,且对土地流转政策非常了解的农户对乡村旅游的监管行为远多于对土地流转政策非常不了解的农户。

农户对土地流转政策的认知程度在农户乡村旅游综合参与行为上有显著影响($P<0.05$),scheffe事后多重检验表明,5对土地流转政策完全了解的农户的乡村旅游综合参与行为>4对土地流转政策比较了解的农户的乡村旅游综合参与行为>3对土地流转政策一般了解的农户的乡村旅游综合参与行为>2对土地流转政策不太了解的农户的乡村旅游综合参与行为>1对土地流转政策完全不了解的农户的乡村旅游综合参与行为,因此对土地流转政策认知程度越高的农户的乡村旅游综合参与行为更积极。

表6.65 土地流转政策的认知程度和农户乡村旅游参与行为的单因素方差分析

	土地流转政策的认知程度	个案数	平均值	F	显著性	scheffe事后多重检验
认知行为	1	91	1.726	7.533	0.000	5>(4>3>2)>1
	2	155	2.308			
	3	62	2.559			
	4	66	2.737			
	5	8	3.750			
	总计	382	2.316			

续表 6.65

	土地流转政策的认知程度	个案数	平均值	F	显著性	scheffe 事后多重检验
促进行为	1	91	2.794	3.975	0.004	5＞(3＞2＞4＞)1
	2	155	3.327			
	3	62	3.347			
	4	66	3.318			
	5	8	4.125			
	总计	382	3.220			
监管行为	1	91	1.956	4.312	0.002	5＞(4＞3)＞2＞1
	2	155	2.222			
	3	62	2.527			
	4	66	2.606			
	5	8	3.500			
	总计	382	2.302			
综合参与行为	1	91	2.159	9.411	0.000	5＞(4＞3＞2)＞1
	2	155	2.619			
	3	62	2.811			
	4	66	2.887			
	5	8	3.792			
	总计	382	2.613			

3)农户土地流转现状(D12)对农户乡村旅游参与行为的影响

采用独立样本 T 检验方法,分析农户的土地流转现状对农户乡村旅游参与行为的影响,结果见表 6.66 和表 6.67。结果显示:农户是否流转了农用地用于发展乡村旅游对农户的旅游促进行为有显著影响($P<0.05$),流转了农用地用于发展乡村旅游的农户的旅游促进行为明显多于没有流转出农用地用于发展乡村旅游的农户。农户是否流转了农用地用于发展乡村旅游,对农户的乡村旅游认知行为、农户的乡村旅游监管行为和农户的乡村旅游综合参与行为的影响均不显著($P>0.05$)。

表 6.66　农户土地流转现状和农户乡村旅游参与行为的独立样本 T 检验 a

		莱文方差等同性检验		平均值等同性 T 检验			
		F	显著性	T	显著性（双尾）	平均值差值	标准误差差值
认知行为	假定等方差	0.177	0.674	−0.029	0.977	−0.005	0.181
	不假定等方差			−0.029	0.977	−0.005	0.179
促进行为	假定等方差	0.173	0.678	2.055	0.041	0.316	0.154
	不假定等方差			2.084	0.040	0.316	0.152
监管行为	假定等方差	5.539	0.020	1.066	0.288	0.177	0.166
	不假定等方差			1.193	0.236	0.177	0.149
综合参与行为	假定等方差	0.732	0.393	1.293	0.198	0.163	0.126
	不假定等方差			1.339	0.184	0.163	0.122

表 6.67　农户土地流转现状和农户乡村旅游参与行为的独立样本 T 检验 b

	土地流转现状	个案数	平均值	标准差
认知行为	1	283	2.315	1.103
	2	99	2.320	1.071
促进行为	1	283	3.301	0.936
	2	99	2.985	0.909
监管行为	1	283	2.347	1.055
	2	99	2.170	0.836
综合参与行为	1	283	2.654	0.773
	2	99	2.491	0.720
	总计	382		

5. 结论与讨论

前文采用独立样本 T 检验和单因素方差分析法分析了农户的个体特征、农户的家庭特征、农户的旅游相关度特征和农户的土地流转市场特征对农户乡村旅游参与行为的影响,结果见图 6.4 和表 6.68。

第 6 章 农户土地流转效益感知及影响的农户特征差异

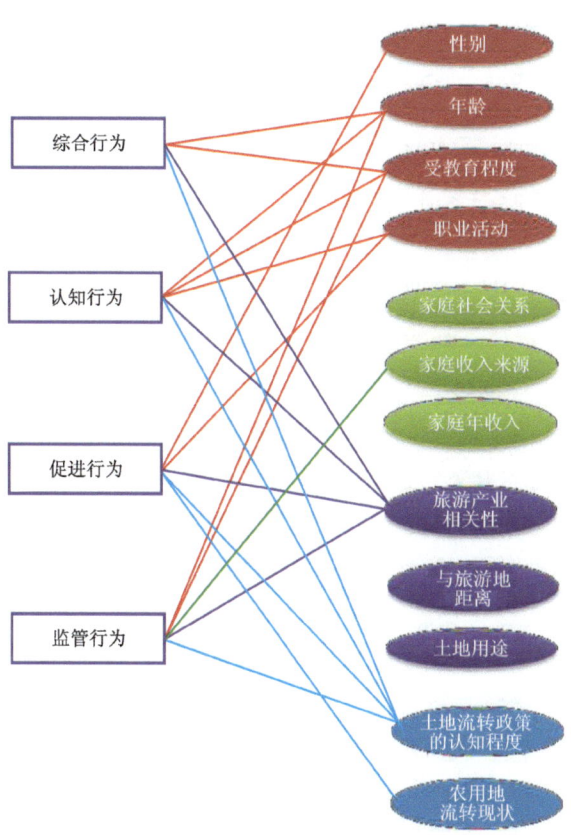

图 6.4 农户特征对农户乡村旅游参与行为的影响

表 6.68 农户特征对农户乡村旅游参与行为的影响

农户特征	变量	认知行为	促进行为	监管行为	综合参与行为
农户个体特征	性别	……	2＞1	……	……
	年龄	(2＞1)＞3	……	(2＞1)＞3	(2＞1)＞3
	受教育程度	4＞5(3＞2＞1)	……	5＞4＞(3＞2＞1)	4＞5(3＞2＞1)
	职业活动	5＞(3＞1＞4＞2＞6)	3＞5＞1＞4＞(6＞2)	……	……
农户家庭特征	家庭社会关系	……	……	……	……
	家庭收入来源	……	……	3＞5＞4＞2＞1	……
	家庭年收入	……	……	……	……
农户旅游相关度特征	旅游产业相关性	1＞2	1＞2	1＞2	1＞2
	与旅游目的地的距离	……	……	……	……
农户土地流转市场特征	土地的用途	……	……	……	……
	土地流转政策的认知程度	5＞(4＞3＞2)＞1	5＞(3＞2＞4)＞1	5＞(4＞3)＞2＞1	5＞(4＞3＞2)＞1
	农用地流转现状	……	1＞2	……	……

农户的乡村旅游参与行为最容易受农户特征变量的影响,农户性别(D1)、农户年龄(D2)、农户受教育程度(D3)、农户与旅游产业的相关性(D8)和农户对土地流转政策的认知程度(D11)对农户的乡村旅游参与行为有影响,尤其是农户与旅游产业的相关性(D8)和农户对土地流转政策的认知程度(D11)对农户乡村旅游认知行为、农户乡村旅游促进行为和农户乡村旅游监管行为以及农户乡村旅游综合参与行为均产生显著影响。

农户的乡村旅游参与行为受农户的年龄(D2)影响较大,且农户的乡村旅游认知行为和监管行为也与农户年龄有关。中青年农户的参与行为明显高于老年农户,这可能与老年农户身体素质有关,身体条件不允许他们过多地操劳。

农户的乡村旅游参与行为受农户受教育程度(D3)影响较大,且农户的乡村旅游认知行为和监管行为也与农户受教育程度(D3)有关。高中及以上学历的农户乡村旅游参与行为明显高于初中、小学和文盲学历的农户。因此提高农户的受教育程度可以增强农户的乡村旅游参与行为。

农户的乡村旅游参与行为受农户与旅游产业的相关性(D8)影响,且农户的乡村旅游认知行为、促进行为和监管行为也与农户与旅游产业的相关性(D8)有关。有亲戚朋友在附近的乡村旅游企业工作或做乡村旅游相关生意的农户更可能参与乡村旅游的发展。他们更可能去认识、促进和监管乡村旅游发展,更可能去了解、学习旅游发展和土地流转的知识,更可能去参与旅游活动,向游客介绍本地旅游,也更可能去监管乡村旅游发展中存在的环境污染和其他不合法行为。

农户的乡村旅游参与行为受农户对土地流转政策的认知程度(D11)影响,且农户的乡村旅游认知行为、促进行为和监管行为也与农户对土地流转政策的认知程度(D11)有关。农户对国家农村土地流转政策越了解,他们会更愿意参与乡村旅游发展。

农户的乡村旅游综合参与行为不受农户的性别(D1)影响,但农户的乡村旅游促进行为与农户的性别(D1)有关,女性比男性更愿意参与旅游活动,促进旅游发展。这主要因为目前女性相比男性能够更多地从乡村旅游发展中就业并获得收入,因此他们更愿意实施促进旅游发展的行为。

农户的乡村旅游综合参与行为不受农户的职业活动影响,但农户的乡村旅游认知行为和乡村旅游促进行为受农户职业活动(D4)影响。公务员或事业单位员工、本地做生意和在家从事农业生产的农户比本地打工、外地打工和没有工作的农户更愿意了解和促进乡村旅游发展。因为就工作类型而言,公务员或事业单位员工、本地做生意和在家从事农业生产的农户他们的工作、生活与乡村旅游发展密切性更高,因此他们更愿意促进乡村旅游良性发展。

农户的乡村旅游综合参与行为不受农户家庭收入来源(D6)影响,但农户的监管行为受农户家庭收入来源(D6)影响。因为相对而言,有非农收入的农户比只有农业收入的农户更可能去监管乡村旅游发展,而没有收入的农户则最不可能作出监管本地乡村旅游的发展的行为。

农户的乡村旅游综合参与行为不受农户土地流转现状(D12)影响,但农户的乡村旅游促进行为受农户土地流转现状(D12)影响。已经流转出土地的农户比没有流转出土地的农户更加可能促进乡村旅游发展,他们更可能参与乡村旅游活动,也更加愿意介绍亲朋好友来乡村旅游点游玩,也愿意向游客介绍本地的乡村旅游。这可能是因为流转出土地发展乡村旅游的

第 6 章　农户土地流转效益感知及影响的农户特征差异

农户会觉得他们的土地用来发展乡村旅游了,乡村旅游与他们的相关性高,更愿意促进乡村旅游的发展,这样可以保证他们的地租收益。

6.3　本章结论

结合前文 12 项农户基本特征变量和农户土地流转效益感知及受其影响的农户土地流转意愿、农户乡村旅游发展态度和农户乡村旅游参与行为变量之间相关关系的研究结果,整理出图 6.5 和表 6.69。表 6.69 综合展示了农户土地流转效益感知、农户土地流转意愿、农户乡村旅游发展态度和农户乡村旅游参与行为变量受 12 项农户基本特征变量的影响。

农户土地流转效益感知受农户特征变量的影响较大,主要受农户年龄(D2)、农户与旅游产业的相关性(D8)、农户与乡村旅游目的地的距离(D9)、农户土地用途(D10)、农户对土地流转政策的认知程度(D11)和农户土地流转现状(D112)的影响。其中土地流转产业经济效益感知、土地流转生态效益感知和土地流转综合效益感知受农户特征影响较大,土地流转社会生活效益感知受农户特征变量影响较小,仅与旅游产业的相关性和年龄有关。农户的土地流转综合效益感知受农户年龄(D2)影响明显。农户的土地流转效益综合感知受农户的旅游相关度特征影响明显。农户与旅游产业的相关性(D8)和农户与乡村旅游目的地的距离(D9)对农户的土地流转综合效益感知影响明显。农户的生态效益感知受农户土地用途(D10)影响。

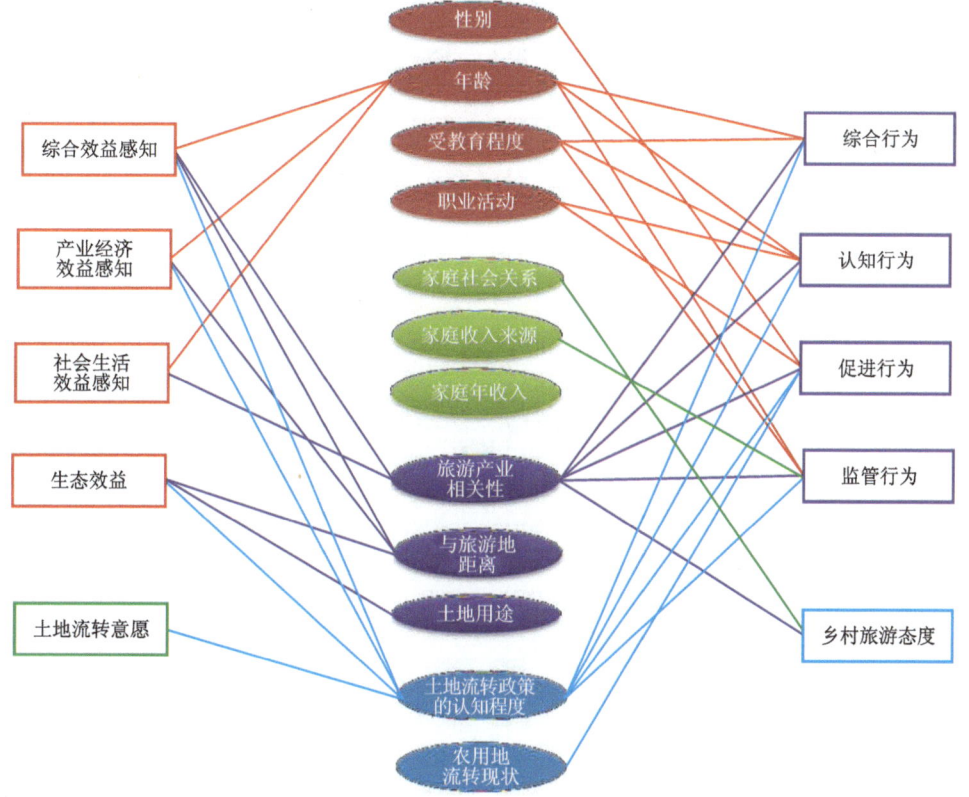

图 6.5　农户特征变量对农户土地流转效益感知、农户土地流转意愿、
农户乡村旅游发展态度和农户乡村旅游参与行为变量的影响

表 6.69 农户特征变量对农户土地流转效益感知、农户土地流转意愿、农户乡村旅游发展态度和农户乡村旅游参与行为变量的影响

农户特征	变量	产业经济效益感知	社会生活效益感知	生态效益感知	综合效益感知	土地流转意愿	乡村旅游态度	认知行为	促进行为	监管行为	综合参与行为
农户个体特征	性别	……	……	……	……	……	……	……	2>1	……	……
	年龄	2>(1)>3	(1>2)>3	……	(2>1)>3	……	……	(2>1)>3	……	(2>1)>3	(2>1)>3
	受教育程度	……	……	……	……	……	……	4>5> (3>2)>1	……	5>4> (3>2)>1	4>5> (3>2)>1
	职业活动	……	……	……	……	……	……	5>(3>1)> 4>2>6)	3>5>1> 4>(6>2)	……	……
农户家庭特征	家庭社会关系	……	……	……	……	……	1>2	……	……	……	……
	家庭收入来源	……	……	4>3> (5>2>1)	5>3> (4>1>2)	……	……	……	……	3>5> 4>2>1	……
	家庭年收入	……	1>2	……	1>2	……	1>2	1>2	1>2	1>2	1>2
旅游相关度特征	旅游产业相关性	5>(3>1)> 2>4)	……	……	……	……	……	……	……	……	……
	与旅游目的地距离	……	……	3>5> (4>2>1)	……	……	……	……	……	……	……
农用地流转市场特征	土地用途	……	……	……	……	……	……	……	……	……	……
	土地流转政策的认知程度	5>4> (3>2)>1	……	5>(4) 2>3>1	5>4> (3>2)>1	5>(2) 4>3>1	……	5>(4) 3>2>1	5>(3) 2>4>1	5>(4) 3>2>1	5>(4) 3>2>1
	农用地流转现状	……	……	……	……	……	……	……	1>2	……	……

第6章 农户土地流转效益感知及影响的农户特征差异

农户土地流转意愿受农户的基本特征变量影响很小,其中农户土地流转意愿只受农户对土地流转政策的认知程度(D11)变量的影响,与其他农户特征变量关系不大。

农户乡村旅游发展态度受农户的基本特征变量影响较小,农户的乡村旅游态度仅受农户家庭社会关系(D5)和农户与旅游产业的相关性(D8)影响。

农户的乡村旅游参与行为最容易受农户特征变量的影响,农户性别(D1)、农户年龄(D2)、农户受教育程度(D3)、农户与旅游产业的相关性(D8)和农户对土地流转政策的认知程度(D11)对农户的乡村旅游参与行为有影响,尤其是农户与旅游产业的相关性(D8)和农户对土地流转政策的认知程度(D11)对农户乡村旅游认知行为、农户乡村旅游促进行为和农户乡村旅游监管行为以及农户乡村旅游综合参与行为均产生显著影响。此外,农户的乡村旅游促进行为与农户性别(D1)有关,女性比男性更愿意参与旅游活动,促进旅游发展。农户的乡村旅游认知行为和乡村旅游促进行为受农户职业活动(D4)影响。农户的监管行为受农户家庭收入来源(D6)影响。相对而言,有非农收入的农户比只有农业收入的农户更可能去监管乡村旅游发展,而没有收入的农户则最不可能作出监管本地乡村旅游的发展的行为。农户的乡村旅游促进行为受农户土地流转现状(D12)影响。

总之,就农户特征而言,农户与旅游的相关度特征对农户土地流转效益感知、农户土地流转意愿、农户乡村旅游发展态度和农户乡村旅游参与行为的总体影响最大。农户的土地流转市场特征和农户的个人特征对农户土地流转效益感知、农户土地流转意愿、农户乡村旅游发展态度和农户乡村旅游参与行为的总体影响较大。其中农户的个人特征对农户的乡村旅游参与行为有较强的影响;农户的家庭特征对农户土地流转效益感知、农户的土地流转意愿、农户的乡村旅游发展态度和农户的乡村旅游参与行为的总体影响很小。

就农户土地流转效益而言,年龄为中青年,与旅游产业相关度高,距离乡村旅游地有一定距离,土地不生产自用粮食,对土地流转政策了解的农户的土地流转效益感知更强。就土地流转意愿而言,对国家出台的有关农村土地流转政策非常了解的农户,他的土地流转意愿更强,宣传土地流转政策,有助于提高农户的土地流转意愿。就农户乡村旅游发展态度而言,有亲戚朋友在政府部门工作,或者是村干部,或者家庭有亲戚朋友在附近的乡村旅游企业工作或做乡村旅游相关生意的农户对发展乡村旅游的态度更积极。就农户乡村旅游参与行为而言,年龄为中青年,受教育程度高,与旅游产业的相关性强,对国家出台的乡村土地流转政策较了解的农户,其参与乡村旅游的行为更强。

第7章 研究结论、启示与展望

乡村振兴是实现中华民族伟大复兴的重大任务,乡村旅游发展和土地流转问题是我国乡村振兴的重大且必要研究课题,乡村旅游和土地流转是相互连接和促进的,土地流转是乡村旅游发展的重要步骤,乡村旅游是土地流转的重要路径,对二者的综合研究是实践和理论研究的共同需求。农户是乡村旅游发展的重要利益相关者,他们的感知、态度、意愿和行为对乡村旅游可持续发展和土地流转顺利进展都有重要决定作用。

7.1 研究结论

乡村旅游发展和土地流转问题是我国乡村振兴的重要且必要研究课题,农户是乡村旅游发展和土地流转的重要利益相关者,因此本书采用深度访谈、问卷调查和统计分析等方法,综合研究了对乡村旅游可持续发展和土地流转顺利进展都有重要决定作用的农户土地流转效益感知及其影响的农户土地流转意愿、农户乡村旅游发展态度和农户乡村旅游参与行为,主要形成以下研究结论。

7.1.1 构建了乡村旅游发展中农户土地流转效益感知-意愿-态度-参与行为的评价体系

在文献回顾、农户访谈和专家咨询的基础上,通过对武汉市乡村旅游地区的试调研形成了测量乡村旅游地的农户的土地流转效益感知、农户土地流转意愿、农户乡村旅游发展态度和农户乡村旅游参与行为评估量表,并通过对武汉市乡村旅游目的地的实证研究收集相关数据,运用信度分析、效度检验、项目总体相关分析、探测性因子分析等相关统计方法确定了农户土地流转效益感知、农户土地流转意愿、农户乡村旅游发展态度和农户乡村旅游参与行为的测量量表和指标,并将农户的土地流转效益感知分为产业经济效益感知、社会生活效益感知、生态效益感知,将农户乡村旅游参与行为分为乡村旅游认知行为、乡村旅游促进行为和乡村旅游监管行为。确定了乡村旅游地的农户土地流转效益感知及影响研究的评估尺度,其中农户土地流转效益感知分为3个维度11个指标,农户土地流转意向分为1个维度2个指标,农户乡村旅游发展态度分为1个维度3个指标,农户乡村旅游参与行为分为3个维度10个指标。武汉市乡村旅游目的地的实证检验表明,本书的评估尺度对研究乡村旅游地的农户土地流转效益感知及其影响是有效的。

7.1.2 评估了武汉市乡村旅游地的农户土地流转效益感知、农户土地流转意愿、农户乡村旅游发展态度以及农户乡村旅游参与行为

本书对经过信度分析、效度检验、项目总体相关分析和探测性因子分析处理后的数据进行均值分析，评估武汉市乡村旅游目的地的农户土地流转效益感知、土地流转意愿、乡村发展态度以及乡村旅游参与行为。结果表明：武汉市农户对乡村旅游发展的态度均值为 4.513，武汉市农户对发展乡村旅游的支持度较高；武汉市农户土地流转意愿均值为 3.678，武汉市农户土地流转意愿不太高；武汉市农户土地流转效益感知均值为 3.643，武汉市农户对土地流转效益感知不高，武汉市农户认为流转土地并发展乡村旅游没有给生活带来很大改善；武汉市农户乡村旅游参与行为均值为 2.613，在本书的问卷中处于 2 可能会做和 3 想做而没有做的中间段，被调研人群平均还处于基本没有实际参与行为的状况，表明武汉市农户在乡村旅游发展中参与度很低。

农户土地流转效益感知中，农户土地流转社会生活效益感知(4.028)高于农户土地流转产业经济效益感知(3.721)和农户土地流转土地生态效益感知(3.115)，表明武汉市农户的 3 类效益感知之间存在较大差异。其中土地流转并发展旅游后给农户的社会生活带来较大改善，基础设施和服务设施有较大改善，文娱活动增多。土地流转发展乡村旅游后，本地产业从农业变成农业和旅游服务业，产业结构得到完善，农户收入也有一定增加，产业经济稍有改善。但是土地流转并发展旅游后并没有给土地生态带来太大影响，乡村旅游企业在发展休闲农业时使用的化肥和农药与农户种植作物使用的化肥和农药相差不大，并没有因为旅游发展而减少使用化肥和农药。

在武汉市农户的乡村旅游参与行为中，农户乡村旅游促进行为(3.220)高于农户乡村旅游认知行为(2.316)和农户乡村旅游监管行为(2.302)，表明武汉市农户较多地参与旅游活动，促进旅游发展，但自身很少主动去了解、学习土地流转和乡村旅游发展的知识，更少去行使自身的管理参与和监督权，总体而言，本地农户还没有将乡村旅游发展当作与自身利益密切相关的事，自主参与度不强。

7.1.3 获得了农户土地流转效益感知对农户土地流转意愿、农户乡村旅游发展态度和农户乡村旅游参与行为影响的 3 个结论

本书以地理和旅游研究中引用的 Alber 感知-态度-行为模型为基础，并结合相关研究，构建了农户土地流转效益感知、农户土地流转意愿、农户乡村旅游发展态度和农户村旅游参与行为之间的关系模型，并通过相关分析、回归检验、Bootstrap 分析以及结构方程分析方法，得到了这四者之间的关系。

(1)农户土地流转效益感知对农户的土地流转意愿有显著正向影响。乡村旅游目的地附近农户对土地流转带来的生活效益感知越好，农户越愿意流转土地。提高农户感知到的流转出土地发展乡村旅游带来效益，可以促进本地农户流转出、继续流转出农用地。

本书进一步研究了农户土地流转效益感知 3 个维度对农户土地流转意向的影响。研究结果表明，农户土地流转社会生活效益感知和农户土地流转生态效益感知与农户土地流转意

愿相关性不显著,这些效益的好坏不影响农户土地流转意愿。农户土地流转产业经济效益感知与农户土地流转意愿正相关,农户土地流转产业经济效益感知越高,农户流转出土地的意愿越强。因此要想提高居民的土地流转意愿就要重点增加农户的经济收益,优化本地产业发展。

(2)农户土地流转效益感知对农户乡村旅游发展态度有显著正向影响。

首先农户土地流转效益感知对农户乡村旅游发展态度有直接正向影响,此外农户土地流转效益感知还通过农户土地流转意愿的中介作用对农户乡村旅游发展态度产生间接影响。这表明,不论直接影响还是通过农户土地流转意愿中介的间接影响,乡村旅游目的地附近农户对土地流转带来的生活效益感知越好,农户就越支持本地发展乡村旅游。

本书进一步研究了农户土地流转效益感知3个维度对农户乡村旅游发展态度的影响。研究结果表明,农户土地流转产业经济效益感知对农户的乡村旅游发展态度没有显著性影响,农户流转出土地带来的社会生活效益感知和生态效益感知对农户的乡村旅游态度有显著性正相关影响。农户社会生活效益和生态效益感知越高,他们对本地发展乡村旅游的态度越积极。因此当土地流转发展乡村旅游后,积极发展本地的基础和服务设施,丰富居民的文化娱乐生活,改善居民社会生活,并降低对土地使用化肥和农药的量,改善本地生态环境,农户会更加支持本地发展乡村旅游。

(3)农户土地流转效益感知对农户乡村旅游参与行为有显著正向影响。

首先农户土地流转效益感知对农户乡村旅游参与行为有直接正向影响,此外农户土地流转效益感知还通过农户乡村旅游发展态度的中介作用对农户乡村旅游参与行为产生间接影响。研究表明,不论直接影响还是通过农户乡村旅游发展态度中介的间接影响,乡村旅游目的地附近农户对土地流转带来的生活效益感知越好,农户就越可能采取行为参与到乡村旅游的发展中。

本书进一步分析了农户土地流转效益感知3个维度(农户土地流转产业经济效益感知、农户土地流转社会生活效益感知和农户土地流转生态效益感知)对农户乡村旅游参与行为3个维度(农户乡村旅游认知行为、农户乡村旅游促进行为和农户乡村旅游监管行为)的影响。研究结果表明:农户土地流转产业经济效益感知对农户乡村旅游认知行为有显著正向影响;农户土地流转社会生活效益感知对农户乡村旅游认知行为和农户乡村旅游促进行为有显著正向影响;农户土地流转生态效益感知对农户乡村旅游认知行为和农户乡村旅游促进行为有显著正向影响;农户土地流转效益感知各变量与农户乡村旅游监管行为均没有显著的相关关系。因此要想农户去了解、学习土地流转和乡村旅游知识,就需要提高农户流转出农用地带来的产业经济效益感知、社会生活效益感知和生态效益感知;要想农户参与旅游活动,吸引游客,作出更多促进乡村旅游发展的行为,就需要提高农户流转出农用地带来的社会生活效益感知和生态效益感知。农户的监管行为与农户的土地流转各维度的效益感知均没有显著关系,要想提高农户的监管行为,就需要加大宣传,提高农户监管意识,另外也可设置监管奖励机制,奖励农户的监管行为。

综上3个结论表明,农户的土地流转效益感知在农村土地流转和乡村旅游可持续发展中非常重要,重视农户的效益感知可以增加他们的土地流转意愿,这样在旅游企业想要流转土地发展旅游时遇到的阻力会降低,同时农户也会对发展乡村旅游产业持更积极的态度,并积极参与旅游发展,作出有利于乡村旅游发展的行为。因此在发展乡村旅游中只有重视农户的效益感知,提高他们在土地流转和乡村旅游发展中的获得感,才能够促进土地有效流转和乡村旅游可持续发展。

7.1.4 获得了农户特征统计变量对农户的土地流转效益感知、农户土地流转意愿、农户乡村旅游发展态度和农户乡村旅游参与行为影响的4个结论

不同的农户的土地流转效益感知、土地流转意愿、乡村旅游发展态度和乡村旅游参与行为很可能不一样,本书通过独立样本T检验和单因素方差分析,检验各个统计变量在对农户土地流转效益感知、农户土地流转意愿、农户乡村旅游发展态度和农户乡村旅游参与行为的影响,得到如下结论:

(1)农户土地流转效益感知受农户特征的影响较大。前文研究表明:农户土地流转效益感知主要受农户年龄(D2)、农户与旅游产业的相关性(D8)、农户与乡村旅游目的地的距离(D9)、农户土地用途(D10)、农户对土地流转政策的认知程度(D11)和农户土地流转现状(D112)的影响。其中土地流转产业经济效益感知、土地流转生态效益感知和土地流转综合效益感知受农户特征影响较大,土地流转社会生活效益感知受农户特征变量影响较小,仅与旅游产业的相关性和年龄有关。农户的土地流转效益感知受农户年龄(D2)影响明显,中年农户对土地流转效益感知最高,其次是青年农户,老年农户对土地流转效益感知最低。这可能与老年人之前多依靠土地获得粮食和生活材料,土地在他们自身的耕种下产生较大效益,因此他们对流转出的土地的效益主观上会有较高的期待,这样导致他们对现有的效益感知就没那么高。而中青年农户的主要收入来源是外出工作,不完全依赖土地获得生活资源,甚至很多土地被他们荒废,相比较于荒废土地没有收入,他们会对流转土地获得的效益有较高的感受。农户的土地利用效益感知受农户的旅游相关度特征影响明显。农户与旅游产业的相关性(D8)和农户与乡村旅游目的地的距离(D9)对农户的土地流转效益感知影响明显,有亲戚朋友在附近的乡村旅游企业工作或做乡村旅游相关生意的农户对土地流转效益的感知更高,这与他们更了解乡村旅游也更能从乡村旅游中获益有关。距离乡村旅游目的地相对较远的农户比距离乡村旅游目的地近的农户的效益感知较高。农户的生态效益感知受农户土地用途(D10)影响,种植农产品全部售卖以及农用地全部转出了和农用地抛荒没种了的农户的土地生态效益感知比种植农产品全部自家食用或部分售卖农户的土地流转生态效益感知要高。总体来说,种植农产品售卖和不种农产品的农户感知到的土地流转和发展乡村旅游带来的化肥和农药等土地污染可能性较低,而种植农产品全部自己食用或部分自己食用部分售卖的农户则认为乡村旅游经营者在经营农用地时并没有比农户少使用化肥和农药。这从另一个方面反映出,农户在种植自己食用的农产品时比较注重健康,较少食用化肥和农药。农户的土地流转效益感知还与农户对土地流转政策的认知程度有关,基本上对国家出台的有关农村土地流转政策较为了解的农户的土地流转效益感知更高。加大土地流转政策的宣传,促进农户了解土地流转政策,有利于提高农户的土地利用感知效益。

综上所述,年龄为中青年,与旅游产业的相关度高,距离乡村旅游地有一定距离,土地不

生产自用粮食,对土地流转政策了解的农户的土地流转效益感知更强。

(2)农户土地流转意愿受农户特征影响很小。农户土地流转意愿受农户的基本特征变量影响很小,其中农户土地流转意愿只受农户对土地流转政策的认知程度(D11)变量的影响,与其他农户特征变量关系不大。对土地流转政策非常了解的农户最愿意流转出他们的农用地使用权,且土地流转的意愿明显高于比较了解土地流转政策和不怎么了解土地流转政策的人。总体而言,提高农户对土地流转政策的认知,能够增加农户土地流转意愿。村委会和乡镇应该加大对土地流转政策的宣传和普及力度,促使村民从多渠道便利了解国家的土地流转政策。

综上所述,对国家出台的有关农村土地流转政策非常了解的农户,他的土地流转意愿更强,宣传土地流转政策,有助于提高农户的土地流转意愿。

(3)农户乡村旅游发展态度受农户特征影响较小。前文研究表明:农户的乡村旅游态度仅受农户家庭社会关系(D5)和农户与旅游产业的相关性(D8)影响。有亲戚朋友有在政府部门工作,或者是村干部,或者家庭有亲戚朋友在附近的乡村旅游企业工作或做乡村旅游相关生意的农户对发展乡村旅游的态度更积极。相比较而言,有亲戚朋友有在政府部门工作,或者是村干部或者有亲戚朋友在附近的乡村旅游企业工作或做乡村旅游相关生意的农户对本地乡村旅游发展比较了解且拥有更大的机会从乡村旅游中获益。因此要想提高农户发展乡村旅游的积极性,就要宣传本地的乡村旅游,带动农户了解乡村旅游,并鼓励农户从事与旅游相关的工作,增加农户从乡村旅游中获益。

综上所述,有亲戚朋友在政府部门工作,或者是村干部,或者家庭有亲戚朋友在附近的乡村旅游企业工作或做乡村旅游相关生意的农户对发展乡村旅游的态度更积极。

(4)农户乡村旅游参与行为受农户特征影响最大。研究表明:农户的乡村旅游参与行为最容易受农户特征变量的影响,农户性别(D1)、农户年龄(D2)、农户受教育程度(D3)、农户与旅游产业的相关性(D8)和农户对土地流转政策的认知程度(D11)对农户的乡村旅游参与行为有影响,尤其是农户与旅游产业的相关性(D8)和农户对土地流转政策的认知程度(D11)对农户乡村旅游认知行为、农户乡村旅游促进行为和农户乡村旅游监管行为以及农户乡村旅游综合参与行为均产生显著影响。

农户的乡村旅游参与行为受农户年龄(D2)影响较大,且农户的乡村旅游认知行为和监管行为也与农户年龄有关。中青年农户的乡村旅游参与行为明显高于老年农户。农户的乡村旅游行为受农户受教育程度(D3)影响较大,且农户的乡村旅游认知行为和监管行为也与农户受教育程度(D3)有关。高中及以上学历的农户乡村旅游参与行为明显高于初中、小学学历和文盲的农户。农户的乡村旅游参与行为受农户与旅游产业的相关性(D8)影响,且农户的乡村旅游认知行为、促进行为和监管行为也与农户与旅游产业的相关性(D8)有关。有亲戚朋友在附近的乡村旅游企业工作或做乡村旅游相关生意的农户更可能参与乡村旅游的发展。农户的乡村旅游参与行为受农户对土地流转政策的认知程度(D11)影响,且农户的乡村旅游认知行为、促进行为和监管行为也与农户对土地流转政策的认知程度(D11)有关。农户对国家农村土地流转政策越了解,他们会更愿意参与乡村旅游发展。

农户的乡村旅游促进行为与农户性别(D1)有关,女性比男性更愿意参与旅游活动,促进旅游发展。农户的乡村旅游认知行为和乡村旅游促进行为受农户职业活动(D4)影响。公务员或事业单位员工、本地做生意和在家从事农业生产的农户比本地打工、外地打工和没有工作的农户更愿意了解和促进乡村旅游发展。农户的监管行为受农户的家庭收入来源(D6)影响,有非农收入的农户比只有农业收入的农户更可能去监管乡村旅游发展,而没有收入的农户则最不可能作出监管本地乡村旅游发展的行为。农户的乡村旅游促进行为受农户土地流转现状(D12)影响。已经流转出土地的农户比没有流转出土地的农户更加可能促进乡村旅游发展,他们更可能参与乡村旅游活动,也更加愿意介绍亲朋好友来乡村旅游点游玩,也愿意向游客介绍本地的乡村旅游。

综上所述,年龄为中青年,受教育程度高,与旅游产业的相关性强,对国家出台的农村土地流转政策较了解的农户,其参与乡村旅游的行为更积极。

7.2 启 示

乡村旅游发展中的土地流转虽然为当地农民和农村带来效益,但有些效益较低。乡村旅游带动的农户感知的土地流转各方面的效益还有可以提升的空间,农户的土地流转意愿和乡村旅游态度还需要提高,农户的乡村旅游参与行为还有很大的提升空间。提升农户土地流转效益感知,促进乡村旅游可持续发展具有重大现实意义。在管理实践上,本书的结果具有以下几方面的启示。

7.2.1 提高农户土地流转获得感,要重点提升农户土地流转产业经济效益感知和生态效益感知

依据前文对乡村旅游地农户的土地流转效益感知对农户土地流转意愿、农户乡村旅游发展态度和农户乡村旅游参与行为的影响关系的分析结果,提高农户土地流转效益感知不仅可以提升农户的生活质量,而且还将提高农户土地流转意愿,改善农户乡村旅游发展态度和农户乡村旅游行为,这些变量将共同促进乡村旅游可持续发展和乡村振兴。依据武汉市乡村旅游地农户土地流转效益感知的评估结果,武汉市农村流转土地并发展乡村旅游后,农户感知到土地利用综合效益有一定的上升,其中农户感知的土地利用社会生活效益有较大提升,农户感知的土地流转产业经济效益有一定提高但不是很明显,而农户感知的土地流转生态效益却基本没有得到改善。且农户的土地流转产业经济效益感知对农户的土地流转意愿和乡村旅游参与行为有显著正向影响,农户的土地流转生态效益感知对农户的乡村旅游发展态度和乡村旅游参与行为有显著正向影响。

因此要提高农户的土地流转效益感知,武汉市应重点提高农户的土地流转产业经济效益感知和生态效益感知,乡村旅游的发展很大部分依托外来社会资本,流转后的土地利用效益大部分掌握在旅游经营管理者手中,村民的产业经济效益感知不大。政府应当监督企业按时按量付给农户土地租金,并积极聘用当地农户,这样有利于提高本地农户经济效益,并积极开展机械化种植养殖,改善农田水利设施,提高产业效率,改善农户的当地产业效益感知。鼓励企业实施有机无公害种植养殖,推广绿色有机产品,降低化肥和农药的施用量,进而改善当地

的生态环境,提高农户土地流转生态效益感知。持续推进乡村旅游活动,保证文化广场和乡村旅游休闲场所能够为本地农户所用,维护农户社会生活效益感知。

7.2.2 规范土地流转路径,推动土地有效合理流转

增加农户土地经济收益,提升农户土地流转产业经济效益感知。依据前文研究结果,农户的土地流转意愿与农户的土地流转产业经济效益显著相关。因此增强农户在土地流转和乡村旅游发展中的经济收益,优化本地的产业发展结构,提升产业效率是有效推动土地流转的重要路径。

建设农村农地流转信息交易平台,构建旅游区土地流转的市场机制。现阶段,土地流转存在着信息渠道不通畅、土地流转信息交易平台不健全的问题,这在很大程度上制约了农地流转行为的发生和市场化发展。交易平台建设,不仅能够让农户及时获取交易信息,自主选择交易对象,也能够减少外界因素的干扰,起到良好的桥梁与媒介作用。同时,建立一支专业队伍宣传农地信息交易平台,对农民进行专业的指导、培训,让农民能自如地通过农地信息交易平台进行农地流转,使农地流转变得透明化、规范化、合理化,促进农村土地流转市场化良好运作。土地流转市场的机制是构建土地流服务的基础,良好的市场机制需要流转双方(转入方和转出方)共同合作,同时也需要第三方平台提供信息交流和互换的渠道。在流转主体上,我们应该培育农户的"契约精神",力争让农户遵守流转的合约,履行流转的承诺;培育企业的"法人精神",合理地、公平地共享旅游发展的外部收益;培育政府的"服务精神",运用合法的手段来规制政府的权力,扫清政府在土地流转中寻租的可能性。在流转渠道上,应该积极建设第三方中介机制,搭建第三方平台的土地估价制度,合理地进行土地价值的评估。同时建设信息化的土地流转资讯平台,搭乘公开化和透明化的互联网平台,即有效地公开发表土地供给信息,以最大限度地降低信息损耗。

7.2.3 规范发展乡村旅游,增强农户乡村旅游支持度

编制并公开乡村旅游发展规划。编制和执行科学的乡村旅游发展规划能够促使乡村旅游合理有序发展。乡村旅游发展规划能够明确乡村旅游项目及其土地利用计划,增强土地利用效益,同时也能遏制旅游经营者随意更改土地利用方式和农地的流转中的"过度非粮化",确保农户对流转后土地用途的知情权和监督权。

建立公众监督机制。在乡村旅游建设和土地使用中,应当公开透明地提供方便的知情渠道,采用公众参与监督机制,切实发挥农户的监督作用。这样可以实现村委部门与农户之间的双向监督。既可以实现村委对村内农户非法用地发展乡村旅游的监管,又可以实现农户对村委私下违法用地建设乡村旅游项目的监督,实现双向监督,建立检举通道和处罚机制。

建立严格的奖惩机制,借助3S技术,即地理信息系统(GIS)、全球定位系统(GPS)、遥感(RS)监督核查土地利用信息和乡村旅游发展情况,对于高效利用土地、良性发展乡村旅游的村镇和乡村旅游经营主体给予奖励,对于囤、占土地,不进行乡村旅游开发的行为进行查处并给予处罚。通过税务部门、统计部门提供的参考数据,对土地利用粗放、发展效益低下的乡村旅游用地进行清查并处置,落实问责制度。建立村集体土地使用管理小组,明确责任名单,落

实责任主体。

7.2.4 促进农户参与旅游经营、管理，引导农户形成旅游利益共同体意识

前文对农户乡村旅游参与行为进行了评估，结果显示武汉市农户乡村旅游参与行为均值为2.613，在本书的问卷中处于2可能会做和3想做而没有做的中间段，表明被调研农户还处于基本没有实际参与行为的状况，武汉市农户可能有意愿参与乡村旅游发展，但实际在乡村旅游发展中参与度很低。政府和旅游企业可以积极开展有关土地利用政策和乡村旅游经营管理的专题讲座，带动村民了解和学习土地流转以及乡村旅游发展的相关知识，提高村民乡村旅游认知行为。政府和旅游企业应对农户进行相应的专业技能的培训，促使农户掌握乡村旅游经营管理的相关知识，提高农户参与乡村旅游发展的可能性。向农户宣传利益共同体意识，鼓励企业将旅游收益"取之于民用之于民"，推动企业和农户形成共赢意识，这样可以促进农户实施促进旅游发展的行为，进而推动乡村旅游发展。鼓励农户监管旅游发展，奖励农户举报旅游开发中的不利于本地可持续发展的事件，促进本地可持续发展。

7.2.5 优化农户特征，改善农户土地流转效益感知及影响

依据农户个体特征影响农户土地流转效益感知及影响的分析结果，提高农户的受教育程度，促进农户在乡村旅游就业创业，增加农户对土地流转政策的了解，能有效提升农户土地流转效益感知、农户土地流转意愿、农户乡村旅游发展态度和农户乡村旅游参与行为。政府应该全力普及义务教育，鼓励高中和大学教育，并积极开展技能培训和再教育，全面提升农户的受教育水平。政府可以为农户提供乡村旅游创业补贴，并鼓励乡村旅游企业积极招聘本地农户就业，提升农户与乡村旅游的关联度。建立国家农村土地利用科普宣传平台，在村委会和各村内部建立农村土地利用政策宣传栏，多渠道增强农户对国家农村土地流转政策的了解。

7.3 研究不足及展望

本书对乡村旅游地的农户土地流转效益感知及其影响的农户土地流转意愿、农户乡村旅游发展态度和农户乡村旅游参与行为开展了较为全面细致的研究，但受研究数据及研究水平所限，尚存在不足之处，诸多研究内容还需要在未来进行提升和完善。

（1）研究中的农户土地流转效益感知、农户土地流转意愿、农户乡村旅游发展态度和农户乡村旅游参与行为这些变量的研究指标和测量题项是作者根据相关文献、专家建议和农户访谈结果生成的，在武汉市乡村旅游地收集的农户量表数据的可靠性和有效性均通过了相关检验，但是该测量量表还需经过不同地区、不同发展阶段以及不同发展模式的乡村旅游目的地的研究验证。

（2）旅游目的地生命周期不同，农户的土地流转效益感知、农户土地流转意愿、农户乡村旅游发展态度和农户乡村旅游参与行为可能会不同，农户的土地流转效益感知影响农户土地流转意愿、农户乡村旅游发展态度和农户乡村旅游参与行为的关系也可能会不同。而调研地均位于武汉市的湖北省休闲农业示范点，这些乡村旅游点基本处于旅游地生命周期的发展阶

段,缺少对处于不同发展阶段的旅游目的地的综合对比研究。

(3)不同的土地流转模式,农户的土地流转效益感知、农户的土地流转意愿、农户的乡村旅游发展态度和农户的乡村旅游参与行为可能会不同。调研地的土地流转方式均为出租,乡村旅游发展中的土地流转模式还存在入股和转让等方式,缺少对比不同土地流转方式的比较研究。

针对本书的局限性,作者认为在以下方面可以改进:

(1)对处于不同发展阶段的旅游目的地进行研究。可以分别选择处于乡村旅游发展的探索阶段、起步阶段、衰退阶段的乡村旅游目的地进行对比研究,比较不同的旅游发展阶段农户的土地流转效益感知、农户土地流转意愿、农户乡村旅游发展态度和农户乡村旅游参与行为以及它们之间的影响关系有何不同。

(2)对采取不同土地流转模式的乡村旅游目的地分别或者综合对比研究,比较不同土地流转模式下,农户土地流转效益感知、农户土地流转意愿、农户乡村旅游发展态度和农户乡村旅游参与行为以及它们之间的影响关系有何不同。

主要参考文献

[1]SHARPLEY R. Rural tourism and the challenge of tourism diversification:the case of Cyprus[J]. Tourism Management,2002,23(3):233-244.

[2]BRIEDENHANN J,WICKENS E. Tourism routes as a tool for the economic development of rural areas—vibrant hope or impossible dream? [J]. Tourism Management,2004,25(1):71-79.

[3]LANE B. What is rural tourism[J]. Journal of Sustainable Tourism,1994,2(1-2):7-21.

[4]刘婷婷.乡村旅游利益相关者矛盾冲突及协调路径[J].农业经济,2017(12):64-66.

[5]SU B. Rural tourism in China[J]. Tourism Management,2011,32(6):1438-1441.

[6]XUE L,KERSTETTER D,HUNT C. Tourism development and changing rural identity in China[J]. Annals of Tourism Research,2017,66:170-182.

[7]GAO J,WU B. Revitalizing traditional villages through rural tourism:A case study of Yuanjia Village,Shaanxi Province,China[J]. Tourism Management,2017,63:223-233.

[8]陈秀琼,林雅恋.旅游开发对社区居民生活质量影响分析——同安野山谷生态乐园案例[J].中国农学通报,2010,26(21):440-445.

[9]李庆雷,唐跃军,李秋艳.社会主义新农村建设背景下乡村旅游的责任及发展战略[J].农业经济,2007(10):6-8.

[10]LIU C,DOU X,LI J,et al. Analyzing government role in rural tourism development:An empirical investigation from China[J]. Journal of Rural Studies,2020,79:177-188.

[11]杨璐璐,吴群,周应恒,等.农村土地"三权分置"催生的农民获得感[J].改革,2017(1):32-48.

[12]练景波.土地流转:从规模向效益迈进[J].浙江经济,2009(12):58.

[13]杨涛,朱博文.农村土地流转的效益分析与对策思考[J].农业现代化研究,2002(2):106-109.

[14]罗江龙,朱红,王勇刚.从收入分配调整的角度认识农村土地使用权流转[J].农村经济,2003(5):13-14.

[15]赵俊锐,朱道林.流转:效益与前景——淄博市集体建设用地使用权流转情况的调查与思考[J].中国土地,2005(2):32-33.

[16]肖云.成都市统筹城乡发展模式的社会经济效应分析[J].成都理工大学学报(社会科学版),2008(1):82-86.

[17]谷树忠,王兴杰,鲁金萍,等.农村土地流转模式及其效应与创新[J].中国农业资源与区划,2009,1(30):1-8.

[18]阚小虎.武汉市新洲土地流转问题的调查思考[J].中国商贸,2009(9):156.

[19]夏渝.基于资源配置效应的农村土地流转经济分析[J].知识经济,2010(6):69.

[20]汤钦乐.从制度经济学的角度分析农地的流转[J].现代经济信息,2010(4):171.

[21]董国礼,李里,任纪萍.产权代理分析下的土地流转模式及经济绩效[J].社会学研究,2009,24(1):25-63.

[22]卫军帅.农村土地流转目标和效益的政治经济学分析[D].金华:浙江师范大学,2006.

[23]李纯锴.基于DEA模型的乡村旅游土地流转的经济效益评价[D].重庆:西南大学,2011.

[24]田玉兰.农村建设用地自发流转分析——基于与征地制度的效益对比[J].华商,2008(20):8-9.

[25]肖绮芳,张换兆.基于现行产权制度的农地流转经济绩效分析[J].湘潭大学学报(哲学社会科学版),2008(3):53-58.

[26]曹建华,王红英,黄小梅.农村土地流转的供求意愿及其流转效率的评价研究[J].中国土地科学,2007(5):54-60.

[27]冯应斌,杨庆媛,董世琳,等.基于农户收入的农村土地流转绩效分析[J].西南大学学报(自然科学版),2008(4):179-183.

[28]胡初枝,黄贤金,张力军.农户农地流转的福利经济效果分析——基于农户调查的分析[J].经济问题探索,2008(1):184-186.

[29]贺振华.农村土地流转的效率:现实与理论[J].上海经济研究,2003(3):11-17.

[30]涂军平,黄贤金.区域农地流转与农产品商品化关系分析——以江苏省宝应县农户调查为例[J].中国农村经济,2007(2):35-39.

[31]SCHONEVELD G C. Host country governance and the African land rush: 7 reasons why large-scale farmland investments fail to contribute to sustainable development[J]. Geoforum, 2017, 83:119-132.

[32]赵中建.土地流转影响下的乡村景观衍变[J].南京航空航天大学学报(社会科学版),2012,14(4):72-76.

[33]赵中建.土地流转对乡村景观影响的模型研究[J].中国名城,2013(2):11-15.

[34]董平,董利民,崔曼曼.中国土地流转对生态安全的影响研究综述[J].湖北农业科学,2017,56(3):588-591,596.

[35]苏浩,王冬艳.土地承包经营权流转效益评价及障碍度诊断——以山东省枣庄市为例[J].中国国土资源经济,2014,27(10):56-59.

[36]戴月坤.乡村振兴背景下乡村旅游发展中土地利用效益评价研究[D].上海:华东理工大学,2019.

[37]李季.乡村旅游发展中土地流转模式及效益研究[D].武汉:湖北大学,2017.

[38]周庆.旅游地农户土地流转感知与意愿研究:以武汉黄陂区为例[D].武汉:湖北大学,2017.

[39]洪名勇,杨单单,郑淋议.农地流转对农户收入的影响——基于PSM模型的计量分析[J].贵州大学学报(社会科学版),2019,37(5):32-41.

[40]钱忠好,王兴稳.农地流转何以促进农户收入增加——基于苏、桂、鄂、黑四省(区)农户调查数据的实证分析[J].中国农村经济,2016(10):39-50.

[41]夏玉莲,匡远配.农地流转的多维减贫效应分析——基于5省1218户农户的调查数据[J].中国农村经济,2017(9):44-61.

[42]文玉钊,钟业喜,熊文平.江西省农村居民收入时空差异及其影响因素[J].经济地理,2012,32(5):133-139.

[43]陈海磊,史清华,顾海英.农户土地流转是有效率的吗?——以山西为例[J].中国农村经济,2014(7):61-71.

[44]戚焦耳,郭贯成,陈永生.农地流转对农业生产效率的影响研究——基于DEA-Tobit模型的分析[J].资源科学,2015,37(9):1816-1824.

[45]蔡荣,朱西慧,刘婷,等.土地流转对农户技术效率的影响[J].资源科学,2018,40(4):707-718.

[46]姚洋.内蒙古草牧场承包经营权内部流转市场的问题研究[D].呼和浩特:内蒙古农业大学,2009.

[47]罗必良,刘茜.农地流转纠纷:基于合约视角的分析——来自广东省的农户问卷[J].广东社会科学,2013(1):35-44.

[48]高鹏,傅新红.城市化进程中农业经营模式的优化路径[J].农村经济,2014(5):111-113.

[49]黄祖辉,王建英,陈志钢.非农就业、土地流转与土地细碎化对稻农技术效率的影响[J].中国农村经济,2014(11):4-16.

[50]彭继权,吴海涛.土地流转对农户农业机械使用的影响[J].中国土地科学,2019,33(7):73-80.

[51]钱忠好.农地承包经营权市场流转:理论与实证分析——基于农户层面的经济分析[J].经济研究,2003(2):83-91.

[52]田传浩,陈宏辉,贾生华.农地市场对耕地零碎化的影响——理论与来自苏浙鲁的经验[J].经济学,2005,4(3):769-784.

[53]邵景安,张仕超,李秀彬.山区土地流转对缓解耕地撂荒的作用[J].地理学报,2015(4):636-649.

[54]赵丹丹,周宏.农村土地流转对农户耕地质量保护选择行为的影响研究[J].价格理论与实践,2017(11):54-57.

[55]辛良杰,李秀彬,朱会义,等.农户土地规模与生产率的关系及其解释的印证——以吉林省为例[J].地理研究,2009,28(5):1276-1284.

[56]晋洪涛.政府"要粮"和农民"要钱"目标的兼容性——基于粮食生产社会效率和私人效率的考察[J].经济经纬,2015,32(5):25-30.

[57]薛岩龙,郑风田,刘宁宁,等.组织形式、信息不对称与"一家两制"——基于农户蔬菜采摘行为的抽样调查[J].经济经纬,2015,32(5):37-42.

[58]姜宛贝,刘同,孙丹峰,等.镇域尺度农村土地承包经营权流转及社会经济驱动因素分析:以北京市昌平区为例[J].资源科学,2012,34(9):1681-1687.

[59]朱忠贵.农村土地流转非粮化与粮食安全[J].粮食问题研究,2010(1):10-12.

[60]叶剑平,蒋妍,丰雷.中国农村土地流转市场的调查研究——基于2005年17省调查的分析和建议[J].中国农村观察,2006(4):48-55.

[61]衣保中,张凤龙.吉林省农村土地流转和农村劳动力转移的相关分析[J].农业科技管理,2008(4):60-62.

[62]胡奇.土地流转对农村剩余劳动力数量影响的研究[J].人口与经济,2012(5):102-108.

[63]刘淑俊,张蕾.土地流转对农民收入影响的经济效应分析[J].东北农业大学学报(社会科学版),2014,12(6):20-24.

[64]曹志杰,芦丽丽.新型城镇化背景下土地流转问题及其对人口流动的影响[J].湖北农业科学,2019,58(7):153-156.

[65]刘晓宇,张林秀.农村土地产权稳定性与劳动力转移关系分析[J].中国农村经济,2008(2):29-39.

[66]张良悦,刘东.农村劳动力转移与土地保障权转让及土地的有效利用[J].中国人口科学,2008(2):72-79.

[67]朱梦蓉.农村土地流转过程中农民社会保障问题探析[J].天府新论,2009(1):86-89.

[68]孙雁,刘友兆.基于细碎化的土地资源可持续利用评价——以江西分宜县为例[J].自然资源学报,2010,25(5):802-810.

[69]吕晓,黄贤金,钟太洋,等.中国农地细碎化问题研究进展[J].自然资源学报,2011,26(3):530-540.

[70]张蚌蚌,王数.群众自主式土地整治模式及其效应研究——以新疆玛纳斯县三岔坪村为例[J].经济地理,2013,33(5):131-136.

[71]赵中建.农田景观空间格局衍变的土地流转途径研究[J].安徽农业科学,2013,41(4):1795-1798.

[72]刘同,李红,孙丹峰,等.农村土地经营权流转对区域景观的影响——以北京市昌平区为例[J].生态学报,2010,30(22):6113-6125.

[73]BYRD E T, BOSLEY H E, DRONBERGER M G. Comparisons of stakeholder perceptions of tourism impacts in rural eastern North Carolina[J]. Tourism Management, 2009,30(5):693-703.

[74]赵玉宗,李东和,黄明丽.国外旅游地居民旅游感知和态度研究综述[J].旅游学刊,2005(4):85-92.

[75]BIMONTE S,PUNZO L F. Tourist development and host-guest interaction:An economic exchange theory[J]. Annals of Tourism Research,2016,58:128-139.

[76]KIM K,UYSAL M,SIRGY M J. How does tourism in a community impact the quality of life of community residents? [J]. Tourism Management,2013,36:527-540.

[77]CAMPBELL L M. Ecotourism in rural developing communities[J]. Annals of Tourism Research,1999,26(3):534-553.

[78]BRUNT P,COURTNEY P. Host perceptions of sociocultural impacts[J]. Annals of Tourism Research,1999,26(3):493-515.

[79]ANDERECK K L,VALENTINE K M,KNOPF R C,et al. Residents' perceptions of community tourism impacts[J]. Annals of Tourism Research,2005,32(4):1056-1076.

[80]TOSUN C. Host Perceptions of Impacts:A Comparative Tourism Study[J]. Annals of Tourism Research,2002,29(1):231-253.

[81]YOON Y,GURSOY D,CHEN J S. Validating a tourism development theory with structural equation modeling[J]. Tourism Management,2001,22(4):363-372.

[82]DYER P,ABERDEEN L,SCHULER S. Tourism impacts on an Australian indigenous community:a Djabugay case study[J]. Tourism Management,2003,24(1):83-95.

[83]杨兴柱,陆林.城市旅游地居民感知差异及其影响因素系统分析——以中山市为例[J].城市问题,2005(2):44-50.

[84]卢松,张捷,李东和,等.旅游地居民对旅游影响感知和态度的比较——以西递景区与九寨沟景区为例[J].地理学报,2008(6):646-656.

[85]史春云,韩宝平,刘泽华,等.旅游地居民感知与态度的比较研究——以九寨沟、庐山和周庄为例[J].经济地理,2010(8):1400-1407.

[86]尹华光,赵丽霞,彭小舟,等.张家界非物质文化遗产旅游居民感知差异分析[J].经济地理,2012(5):160-164.

[87]LI S,BLAKE A,THOMAS R. Modelling the economic impact of sports events:The case of the Beijing Olympics[J]. Economic Modelling,2013,30:235-244.

[88]GURSOY D,JUROWSKI C,UYSAL M. Resident attitudes:A structural modeling approach[J]. Annals of Tourism Research,2002,29(1):79-105.

[89]GURSOY D,RUTHERFORD D G. Host attitudes toward tourism[J]. Annals of Tourism Research,2004,31(3):495-516.

[90]宣国富,章锦河,陆林,等.海滨旅游地居民对旅游影响的感知——海南省海口市及三亚市实证研究[J].地理科学,2002(6):741-746.

[91]胡巧娟.基于微观视角的乡村旅游地居民旅游效应感知与态度研究[D].西安:陕西师范大学,2013.

[92]章锦河.古村落旅游地居民旅游感知分析——以黟县西递为例[J].地理与地理信息科学,2003(2):105-109.

[93]王琼.喀纳斯景区社区居民旅游影响感知实证研究[D].石河子:石河子大学,2015.

[94]王祎.武隆区居民对旅游影响的感知研究[D].重庆:重庆师范大学,2017.

[95]苏勤,林炳耀.基于态度与行为的我国旅游地居民的类型划分——以西递、周庄、九华山为例[J].地理研究,2004(1):104-114.

[96]黄洁,吴赞科.目的地居民对旅游影响的认知态度研究——以浙江省兰溪市诸葛、长乐村为例[J].旅游学刊,2003(6):84-89.

[97]李琛,葛全胜,成升魁.国内旅游目的地居民旅游感知实证研究——以御道口森林草原风景区为例[J].资源科学,2011,33(9):1806-1814.

[98]尹立杰,张捷,韩国圣,等.基于地方感视角的乡村居民旅游影响感知研究——以安徽省天堂寨为例[J].地理研究,2012(10):1916-1926.

[99]梁旺兵,史雯.旅游地居民对跨文化旅游影响的感知与态度研究——以敦煌当地居民为例[J].理论月刊,2012(2):131-133.

[100]江增光.近十年国内外目的地居民旅游感知与态度研究综述[J].旅游论坛,2016(1):32-40.

[101]蔡海燕,李万贵,侯亮,等.农户农地流转意愿研究综述[J].山西农业科学,2016,44(9):1421-1427.

[102]MERTENS K, VRANKEN L. Pro-poor land transfers in the presence of landslides:New insights on norms in land markets[J]. Land Use Policy,2021,101:105202.

[103]MACOURS K. Ethnic divisions, contract choice, and search costs in the Guatemalan land rental market[J]. Journal of Comparative Economics,2014,42(1):1-18.

[104]KRUSEKOPF C C. Diversity in land-tenure arrangements under the household responsibility system in China[J]. China Economic Review,2002,13(2):297-312.

[105]DEININGER K,ALI D A,ALEMU T. Impacts of Land Certification on Tenure Security, Investment, and Land Markets : Evidence from Ethiopia [J]. Policy Research Working Paper,2008,87(2):1-33.

[106]DEININGER K, ZEGARRA E, LAVADENZ I. Determinants and Impacts of Rural Land Market Activity:Evidence from Nicaragua[J]. World Development,2003,31(8):1385-1404.

[107]JIN S,JAYNE T S. Land Rental Markets in Kenya:Implications for Efficiency, Equity,Household Income,and Poverty[J]. Land Economics,2013,89(2):246-271.

[108]GANDORFER M,PANNELL D,MEYER-AURICH A. Analyzing the effects of risk and uncertainty on optimal tillage and nitrogen fertilizer intensity for field crops in Germany[J]. Agricultural Systems,2011,104(8):615-622.

[109]VRANKEN L, SWINNEN J. Land rental markets in transition:Theory and evidence from Hungary[J]. World Development,2006,34(3):481-500.

[110]DUESBERG S, BOGUE P, RENWICK A. Retirement farming or sustainable

growth-land transfer choices for farmers without a successor[J]. Land Use Policy,2017,61:526-535.

[111]HUY H T,NGUYEN T T. Cropland rental market and farm technical efficiency in rural Vietnam[J]. Land Use Policy,2019,81:408-423.

[112]刘卫柏,李中.新时期农村土地流转模式的运行绩效与对策[J].经济地理,2011,31(2):300-304.

[113]黄金榜.农村土地流转影响因素及其优化研究综述[J].农村经济与科技,2013,24(2):36-37,40.

[114]崔惠斌,陈海文,钟建威.我国农村土地流转影响因素的研究综述[J].农业经济与管理,2015(1):56-63.

[115]沈萌.基于DTPB理论的农户认知对农地转出意愿影响研究[D].武汉:华中农业大学,2020.

[116]张方云.乡村旅游开发中农户土地流转意愿的影响因素研究[D].青岛:青岛大学,2019.

[117]冀县卿,钱忠好.如何有针对性地促进农地经营权流转?:基于苏、桂、鄂、黑四省(区)99村、896户农户调查数据的实证分析[J].管理世界,2018,34(3):87-97.

[118]许恒周,郭玉燕,石淑芹.农民分化对农户农地流转意愿的影响分析——基于结构方程模型的估计[J].中国土地科学,2012,26(8):74-79.

[119]AP J. Residents' perception on tourism impacts[J]. Annals of tourism research,1992,19(4):665-690.

[120]王莉陆林.国外旅游地居民对旅游影响的感知与态度研究综述及启示[J].旅游学刊,2005(3):87-93.

[121]LANKFORD S V,HOWARD D R. Developing a tourism impact attitude scale[J]. Annals of Tourism Research,1994,21(1):121-139.

[122]SMITH M D,KRANNICH R S. Tourism dependence and resident attitudes[J]. Annals of Tourism Research,1998,25(4):783-802.

[123]FREDLINE E,FAULKNER B. Host community reactions:A cluster analysis[J]. Annals of Tourism Research,2000,27(3):763-784.

[124]PRESENZA A,DEL CHIAPPA G,SHEEHAN L. Residents' engagement and local tourism governance in maturing beach destinations. Evidence from an Italian case study[J]. Journal of Destination Marketing & Management,2013,2(1):22-30.

[125]NUNKOO R,SO K K F. Residents' Support for Tourism[J]. Journal of Travel Research,2016,55(7):847-861.

[126]QIN X,SHEN H,YE S,et al. Revisiting residents' support for tourism development:The role of tolerance[J]. Journal of Hospitality and Tourism Management,2021,47:114-123.

[127]RIBEIRO M A,PINTO P,SILVA J A,et al. Residents' attitudes and the adoption of pro-tourism behaviours:The case of developing island countries[J]. Tourism Management,2017,61:523-537.

[128]GARCÍA F A,VÁZQUEZ A B,MACÍAS R C. Resident's attitudes towards the impacts of tourism[J]. Tourism Management Perspectives,2015,13:33-40.

[129]TEYE V,SIRAKAYA E,F. SÖNMEZ S. Residents' attitudes toward tourism development[J]. Annals of Tourism Research,2002,29(3):668-688.

[130]GURSOY D,CHI C G,DYER P. Locals' Attitudes toward Mass and Alternative Tourism:The Case of Sunshine Coast,Australia[J]. Journal of Travel Research,2010,49(3):381-394.

[131]STYLIDIS D,BIRAN A,SIT J,et al. Residents' support for tourism development:The role of residents' place image and perceived tourism impacts[J]. Tourism Management,2014,45:260-274.

[132]TOVAR B,ESPINO R,LÓPEZ-DEL-PINO F. Residents' perceptions and attitudes towards the cruise tourism impact in gran Canaria[J]. Research in Transportation Business & Management,2020(7):100586.

[133]NUNKOO R,GURSOY D. Residents' support for tourism:An identity perspective[J]. Annals of Tourism Research,2012,39(1):243-268.

[134]SINCLAIR-MARAGH G. Demographic analysis of residents' support for tourism development in Jamaica[J]. Journal of Destination Marketing & Management,2017,6(1):5-12.

[135]WOO E,KIM H,UYSAL M. Life satisfaction and support for tourism development[J]. Annals of Tourism Research,2015,50:84-97.

[136]VARGAS-SÁNCHEZ A,PORRAS-BUENO N,PLAZA-MEJÍA M D L Á. Explaining residents' attitudes to tourism[J]. Annals of Tourism Research,2011,38(2):460-480.

[137]MCGEHEE N G,ANDERECK K L. Factors predicting rural residents' support of tourism[J]. Journal of Travel Research,2004,43(2):131-140.

[138]SIRAKAYA E,TEYE V,SÖNMEZ S. Understanding residents' support for tourism development in the central region of Ghana[J]. Journal of Travel Research,2002,41:57-67.

[139]汪彦.社区居民对乡村旅游发展的感知和态度探究:以安徽省安庆市龙山村为例[J].安徽农业大学学报(社会科学版),2008(5):8-12.

[140]陈燕.不同生命周期阶段民族旅游地居民对旅游影响的感知与态度——基于傣族、哈尼族村寨的比较研究[J].黑龙江民族丛刊,2012(4):85-92.

[141]刘敏,孟海霞,冯卫红.不同发展阶段旅游地居民感知与态度比较研究——以山西晋祠旅游区和武乡红色旅游区为例[J].山西大学学报(哲学社会科学版),2007(2):122-126.

[142]熊剑平,刘承良,颜琪.城郊乡村旅游地居民对旅游开发的感知和态度分析:以武汉市东西湖区石榴红村为例[J].中国农村经济,2007(7):23-29.

[143]王雪娇.旅游影响感知对居民旅游开发意愿的影响[D].三亚:海南热带海洋学院,2020.

[144]蔡伟.乡村旅游地居民对发展生态旅游的认知与态度研究——以镇江世业洲为例[D].扬州:扬州大学,2015.

[145]黄杰龙.乡村旅游农户感知、态度和行为意向的关系及差异研究——以三个不同发展模式为例[D].福州:福建农林大学,2016.

[146]MURPHY P E. Tourism:A community approach[M]. New York:Methuen,1985.

[147]保继刚,孙九霞.社区参与旅游发展的中西差异[J].地理学报,2006(4):401-413.

[148] CAMPOS M. Can community-based tourism contribute to development and poverty alleviation? Lessons from Nicaragua[J]. Current Issues in Tourism,2011,14(8):725-749.

[149]JENKINS C L,HENRY B M. Government involvement in tourism in developing countries[J]. Annals of Tourism Research,1982,9(4):499-521.

[150]HAMPTON M P. Heritage,local communities and economic development[J]. Annals of Tourism Research,2005,32(3):735-759.

[151]塔娜,卢松.社区参与旅游发展的研究进展[J].云南地理环境研究,2019,31(1):30-39.

[152]刘静艳,韦玉春,刘春媚,等.南岭国家森林公园旅游企业主导的社区参与模式研究[J].旅游学刊,2008(6):80-86.

[153]廖珍杰.乡村旅游社区参与典型模式的比较与选择研究[D].湘潭:湘潭大学,2008.

[154]刘颖.乡村旅游中社区参与的主体和模式探析[J].农业经济,2019(5):35-36.

[155]熊金银.社区参与乡村旅游模式选择与优化[J].农业经济,2015(12):40-41.

[156]蔡碧凡,陶卓民,郎富平.乡村旅游社区参与模式比较研究——以浙江省三个村落为例[J].商业研究,2013(10):191-196.

[157] RASOOLIMANESH S M,JAAFAR M,AHMAD A G,et al. Community participation in world heritage site conservation and tourism development[J]. Tourism Management,2017,58:142-153.

[158]MOGHAVVEMI S,WOOSNAM K M,PARAMANATHAN T,et al. The effect of residents' personality,emotional solidarity,and community commitment on support for tourism development[J]. Tourism Management,2017,63:242-254.

[159] YANG J,RYAN C,ZHANG L. Social conflict in communities impacted by tourism[J]. Tourism Management,2013,35:82-93.

[160]TOSUN C. Expected nature of community participation in tourism development[J]. Tourism Management,2006,27(3):493-504.

[161]RASOOLIMANESH S M, RINGLE C M, JAAFAR M, et al. Urban vs. rural destinations: Residents' perceptions, community participation and support for tourism development[J]. Tourism Management,2017,60:147-158.

[162]SALAZAR N B. Community-based cultural tourism: issues, threats and opportunities[J]. Journal of Sustainable Tourism,2012,20(1):9-22.

[163]胥兴安,王立磊,张广宇.感知公平、社区支持感与社区参与旅游发展关系:基于社会交换理论的视角[J].旅游科学,2015,29(5):14-26.

[164]王兆峰,向秋霜.基于MOA模型的武陵山区社区居民参与旅游扶贫研究[J].中央民族大学学报(哲学社会科学版),2017,44(6):94-102.

[165]冯伟林,冉龙权.基于社区参与的西南民族地区旅游扶贫机制构建——以重庆武陵山片区为例[J].江苏农业科学,2017,45(16):304-307.

[166]张建荣,赵振斌.国内乡村旅游社区研究综述[J].经济管理,2016,38(6):166-175.

[167]路幸福,陆林.乡村旅游发展的居民社区参与影响因素研究[J].资源开发与市场,2011,27(11):1054-1056.

[168]翁时秀,彭华.权力关系对社区参与旅游发展的影响:以浙江省楠溪江芙蓉村为例[J].旅游学刊,2010,25(9):51-57.

[169]SCHEYVENS R. Ecotourism and the empowerment of local communities[J]. Tourism management,1999,20(2):245-249.

[170]TOSUN C. Stages in the emergence of a participatory tourism development approach in the Developing World[J]. Geoforum,2005,36(3):333-352.

[171]刘纬华.关于社区参与旅游发展的若干理论思考[J].旅游学刊,2000(1):47-52.

[172]黄静波,范香花,肖海平,等.湘粤赣边界禁止开发区居民生态旅游参与行为机制:以国家风景名胜区东江湖为例[J].地理研究,2014,33(10):1919-1927.

[173]戴文俊.贫困社区居民参与旅游行为研究——以大姚县石羊镇为例[D].昆明:云南师范大学,2018.

[174]雷硕,甘慧敏,郑杰,等.农户对国家公园生态旅游的认知、参与及支持行为分析——以秦岭地区为例[J].中国农业资源与区划,2020,41(2):16-25.

[175]贺小荣,张杨.贫困居民旅游扶贫效应感知与参与行为的关系研究[J].中南林业科技大学学报(社会科学版),2017,11(4):54-60.

[176]罗文斌,唐叶枝,张辛欣.乡村旅游精准扶贫农户参与行为的影响因素分析——基于嵌入性社会结构理论[J].湖南农业大学学报(社会科学版),2019,20(5):24-30.

[177]卢冲,耿宝江,庄天慧,等.藏区贫困农牧民参与旅游扶贫的意愿及行为研究——基于四川藏区23县(市)1320户的调查[J].旅游学刊,2017,32(1):64-76.

[178]张金鑫.乡村旅游发展中社区居民的参与意愿与行为研究——以大梨树村为例[D].沈阳:沈阳农业大学,2016.

[179]范香花,黄静波,黄云凤.生态旅游地居民旅游态度对参与行为的影响研究——以国家风景名胜区东江湖为例[J].湘南学院学报,2014,35(6):5-9.

[180]卢小丽.居民旅游影响感知、态度与参与行为研究[J].科研管理,2012,33(10):138-144.

[181]杨曦.贵州省思南县居民参与旅游业的行为研究[J].重庆师范大学学报(自然科学版),2012,29(5):89-94.

[182]杨东升.农村土地承包经营权发展的新路径:《中共中央关于推进农村改革发展若干重大问题的决定》的法律解读[J].中国人口·资源与环境,2009,19(1):33-36.

[183]赵宇晶,刘艳.乡村旅游开发中土地流转研究进展与展望[J].南昌师范学院学报,2020,41(4):24-27.

[184]海婷.近20年来国内乡村旅游与土地流转的研究综述[J].河南农业,2016(20):8.

[185]周杨.我国土地流转与乡村旅游发展的关系研究[J].经济管理,2014,36(11):124-133.

[186]冯玉珊.乡村旅游推动农村土地利用经济效益优化研究[D].苏州:苏州大学,2014.

[187]周庆.旅游地农户土地流转感知与意愿研究[D].武汉:湖北大学,2017.

[188]王薇.基于土地流转的乡村旅游发展研究[J].安徽农业科学,2010,38(24):13409-13412.

[189]文君.乡村旅游发展中的土地利用绩效评价研究——以重庆潼南区崇龛镇为例[D].重庆:重庆交通大学,2019.

[190]张世艳.农村旅游对推动农村土地利用经济优化的作用[J].农业经济,2015(07):76-77.

[191]罗景峰.乡村土地旅游化流转风险评价研究——以福建省泉州市为例[J].福建农林大学学报(哲学社会科学版),2017,20(1):71-76.

[192]吴冠岑,牛星,许恒周.乡村土地旅游化流转的风险评价研究[J].经济地理,2013,33(3):187-191.

[193]吴冠岑,牛星,许恒周.乡村旅游开发中土地流转风险的产生机理与管理工具[J].农业经济问题,2013,34(4):63-68.

[194]张方云.乡村旅游开发中农户土地流转意愿的影响因素研究——以豫北三村为例[D].青岛:青岛大学,2019.

[195]许玉梅.闽南文化背景下农户乡村旅游用地流转意愿研究[D].厦门:华侨大学,2019.

[196]陈丽琴.旅游经济发展中的土地流转研究综述[J].广西社会科学,2017(10):114-119.

[197]刘昆龙.望城区乡村旅游发展中的农民意愿调查[D].长沙:中南林业科技大学,2016.

[198]何泽洪.土地流转对农村社会要素影响的研究综述[J].农村经济与科技,2017,28(5):7-10.

[199]何景明.国外乡村旅游研究述评[J].旅游学刊,2003(1):76-80.

[200]OPPERMANN M. Rural tourism in Southern Germany[J]. Annals of Tourism

Research,1996,23(1):86-102.

[201]BROHMAN J. New directions in tourism for third world development[J]. Annals of Tourism Research,1996,23(1):48-70.

[202]刘红艳.关于乡村旅游内涵之思考[J].西华师范大学学报(哲学社会科学版).2005(02):15-18.

[203]王纯阳,黄福才.村落遗产地利益相关者界定与分类的实证研究——以开平碉楼与村落为例[J].旅游学刊,2012,27(8):88-94.

[204]赵静.乡村旅游核心利益相关者关系博弈及协调机制研究[D].西安:西北大学,2019.

[205]肖佑兴,明庆忠,李松志.论乡村旅游的概念和类型[J].旅游科学,2001(3):8-10.

[206]蒙睿,刘嘉纬,杨春宇.乡村旅游发展与西部城镇化的互动关系初探[J].人文地理,2002(2):47-50.

[207]杜江,向萍.关于乡村旅游可持续发展的思考[J].旅游学刊,1999(1):15-18.

[208]杨丽.吐鲁番地区乡村生态旅游深度开发研究[D].乌鲁木齐:新疆大学,2009.

[209]卢小丽,刘伟伟,王立伟.乡村旅游内涵标准识别及其比较研究——对中外50个乡村旅游概念的定量分析[J].资源开发与市场,2017,33(6):759-763.

[210]THUANG S. Residents attitudes toward rural tourism in Taiwan:a comparative viewpoint[J]. International Journal of Tourism Research,2013,15(2):152-170.

[211]朱海冰,张侨.民族旅游地居民对旅游发展的认知、态度及参与行为研究——以海南黎苗族为例[J].天水师范学院学报,2010,30(6):110-113.

[212]张武康,王倩,吕寒英.乡村旅游发展中农村居民参与行为研究——以陕西马嵬驿为例[J].商业经济,2020(3):124-125.

[213]徐松浚.居民视角下湿地旅游区旅游生态安全感知及其影响[D].广州:暨南大学,2017.

[214]毕宝德.土地经济学[M].7版.北京:中国人民大学出版社,2016.

[215]高雅.我国农村土地增值收益分配问题研究[D].成都:西南财经大学,2008.

[216]王德刚.乡村旅游土地流转模式研究[M].济南:山东大学出版社,2010.

[217]左冰,保继刚.制度增权:社区参与旅游发展之土地权利变革[J].旅游学刊,2012,27(2):23-31.

[218]NUNKOO R,RAMKISSOON H. Power,trust,social exchange and community support[J]. Annals of Tourism Research,2012,39(2):997-1023.

[219]GURSOY D,JUROWSKI C,UYSAL M. Resident attitudes:A Structural Modeling Approach[J]. Annals of Tourism Research,2002,29(1):79-105.

[220]BASTIAS-PEREZ P,VAR T. Perceived impacts of tourism by residents[J]. Annals of Tourism Research,1995,22(1):208-210.

[221]HALEY A J,SNAITH T,MILLER G. The social impacts of tourism a case study of Bath,UK[J]. Annals of Tourism Research,2005,32(3):647-668.

[222] LANKFORD S, WILLIAMS A L, KNOWLES-LANKFORD J. Perceptions of outdoor recreation opportunities and support for tourism development[J]. Journal of Travel Research,1997,35:65-69.

[223]谌永生,王乃昂,范娟娟,等.敦煌市居民旅游感知及态度研究[J].人文地理,2005(2):66-71.

[224]王咏,陆林.基于社会交换理论的社区旅游支持度模型及应用——以黄山风景区门户社区为例[J].地理学报,2014,69(10):1557-1574.

[225]唐玲萍.对社区参与旅游发展可能性的理论分析:社会交换理论[J].思想战线,2009,35(S1):145-148.

[226]段雨欣.基于社会交换理论的乡村社区参与旅游发展研究——以郭亮村为例[D].新乡:河南师范大学,2019.

[227]席超超.农业适度规模经营视域下的农地流转问题研究——以山西省太骨县S村为例[D].临汾:山西师范大学,2015.

[228]张红涛,王二平.态度与行为关系研究现状及发展趋势[J].心理科学进展,2007(1):163-168.

[229]AJZEN I,FISHBEIN M. Understanding attitudes and predicting social behavior[M]. Englewood Cliffs,NJ:Prentice-Hall,1980.

[230]陶权.关于老年旅游决策过程的分析:基于理性选择理论的视角[J].重庆与世界(学术版),2014,31(10):52-54.

[231]申鹏霞.基于理性行为理论的90后旅游者网络分享行为研究[D].北京:北京交通大学,2019.

[232]AJZEN I. The theory of planned behavior[J]. Organizational Behavior & Human Decision processes,1991,50(2):179-211.

[233]吕宛青.居民可持续遗产旅游参与行为研究——基于计划行为理论视角[J].社会科学家,2019(12):89-100.

[234]李杨,罗芬.计划行为理论在国内旅游行为中的应用研究述评[J].旅游纵览(下半月),2018(10):34-35.

[235]殷志扬,程培堽,王艳,等.计划行为理论视角下农户土地流转意愿分析——基于江苏省3市15村303户的调查数据[J].湖南农业大学学报(社会科学版),2012,13(3):1-7.

[236]谢明志,原敏学,郭斌.基于计划行为理论的农村土地流转行为研究[J].西安建筑科技大学学报(自然科学版),2013,45(2):300-304.

[237]王海滋,李超伟,张士彬,等.计划行为理论下对农户土地流转意愿和行为研究:基于山东省549户农户的调查[J].江苏农业科学,2019,47(17):9-14.

[238]MCKERCHER B,TSE T. Is Intention to Return a Valid Proxy for Actual Repeat Visitation?[J]. Journal of Travel Research,2012,51:671-686.

[239]BERGIN-SEERS S, MAIR J. Emerging green tourists in Australia:Their behaviours and attitudes[J]. Tourism and Hospitality Research,2009,9(2):109-119.

[240]ABLER R,JANELLE D,A P. Human geography in a shrinking world[M]. North Scituate:Duxbury Press,1975.

[241]卢小丽.生态旅游社区居民旅游影响感知与参与行为研究[D].大连:大连理工大学,2006.

[242]唐晓云.古村落旅游社会文化影响:居民感知、态度与行为的关系:以广西龙脊平安寨为例[J].人文地理,2015,30(1):135-142.

[243]张诗汝,罗湘阳,龚箭.基于生计差异的居民可持续旅游感知与态度的比较研究——以神农架国家公园体制试点区为例[J].生态经济,2021,37(8):132-140.

[244]蔡江莹,王永强,王鑫瑞,等.居民对乡村民宿的旅游影响感知和态度研究:以海南的5个民宿村为例[J].中国农业资源与区划,2019,40(9):235-243.

[245]武晓英,李辉,周彬.基于结构方程模型的社区居民感知对旅游发展态度影响研究[J].山地学报,2021,39(2):275-289.

[246]李宁.海口市居民对避寒旅游影响的感知与态度研究[D].南宁:广西大学,2017.

[247]贾衍菊,王德刚.社区居民旅游影响感知和态度的动态变化[J].旅游学刊,2015,30(5):65-73.

[248]刘贵玉.泰国村寨居民旅游影响感知与态度研究——以社区旅游项目 Ban Mae Kampong 村为例[D].北京:中央民族大学,2017.

[249]何桂培.旅游目的地居民的旅游影响感知研究[D].北京:北京第二外国语学院,2008.

[250]刘月.不同距离条件下的居民乡村旅游影响感知差异分析[D].南京:南京师范大学,2019.

[251]KUNG J K. Off-Farm Labor Markets and the Emergence of Land Rental Markets in Rural China[J]. Journal of Comparative Economics,2002,30(2):395-414.

[252]丁涛.农户土地承包经营权流转意愿研究——基于 Logistic 模型的实证分析[J].经济问题,2020(4):95-103.

[253]周学军,李勇汉.社区居民的扶贫旅游参与意愿研究——基于旅游影响感知、态度的视角[J].技术经济与管理研究,2017(7):26-30.

[254]农业农村部农村合作经济指导司,农业农村部政策与改革司.中国农村经营管理统计年报(2018年)[M].北京:中国农业出版社,2019.

[255]UDIMAL T B,LIU E,LUO M,et al. Examining the effect of land transfer on landlords' income in China:An application of the endogenous switching model[J]. Heliyon,2020,6(10):e05071.

[256]乐章.农民土地流转意愿及解释——基于十省份千户农民调查数据的实证分析[J].农业经济问题,2010,31(2):64-70.

[257]韩星焕,田露.农户土地流转意愿及其影响因素实证分析——以吉林省为例[J].吉林农业大学学报,2012,34(2):225-229.

[258] ZHANG Y, HALDER P, ZHANG X, et al. Analyzing the deviation between farmers' Land transfer intention and behavior in China's impoverished mountainous Area: A Logistic-ISM model approach[J]. Land Use Policy, 2020, 94: 104534.

[259] 牛星, 李玲. 农村承包经营土地流转的农户意愿及影响因素分析: 基于山东省西龙湾村的调查研究[J]. 资源开发与市场, 2016, 32(1): 64-67, 81.

[260] 赵光, 李放. 非农就业、社会保障与农户土地转出: 基于 30 镇 49 村 476 个农民的实证分析[J]. 中国人口·资源与环境, 2012, 22(10): 102-110.

[261] 蔡鹭斌, 段建南, 张雪靓. 农户土地流转意愿及其影响因素分析[J]. 四川理工学院学报(社会科学版), 2013, 28(5): 28-33.

[262] 李景刚, 高艳梅, 臧俊梅. 农户风险意识对土地流转决策行为的影响[J]. 农业技术经济, 2014(11): 21-30.

[263] 钱忠好. 非农就业是否必然导致农地流转——基于家庭内部分工的理论分析及其对中国农户兼业化的解释[J]. 中国农村经济, 2008(10): 13-21.

[264] 胡晨成, 邵景安, 余洋, 等. 不同生计方式农户的土地流转感知——以三峡库区云阳县为例[J]. 西北师范大学学报(自然科学版), 2014, 50(5): 98-105.

[265] 王正环. 农地流转后农户经营效率差异的比较研究[D]. 福州: 福建农林大学, 2011.

[266] 邱韦玮. 社会资本视角下乡村旅游社区参与的影响因素研究——基于福建省 4 个案例村的调查数据[D]. 厦门: 厦门大学, 2018.

[267] SINCLAIR-MARAGH G, GURSOY D, VIEREGGE M. Residents' perceptions toward tourism development: A factor-cluster approach[J]. Journal of Destination Marketing & Management, 2015, 4(1): 36-45.

[268] 郭嘉, 吕世辰. 土地流转影响因素实证研究[J]. 经济问题, 2010(6): 68-70.

[269] 宋良言. 贫困居民对旅游扶贫的感知及参与行为研究——以湖北四大贫困区为例[D]. 武汉: 湖北大学, 2017.

[270] 储成兵, 李平. 农户农用地流转意愿及流转数量影响因素实证分析——基于安徽省 278 户农户的调查数据[J]. 软科学, 2013, 27(4): 83-87.

[271] JUROWSKI C, GURSOY D. Distance effects on residents' attiudes toward tourism[J]. Annals of Tourism Research, 2004, 31(2): 296-312.

[272] LI J, BAI Y, ALATALO J M. Impacts of rural tourism-driven land use change on ecosystems services provision in Erhai Lake Basin, China[J]. Ecosystem Services, 2020, 42: 101081.

[273] BOAVIDA-PORTUGAL I, ROCHA J, FERREIRA C C. Exploring the impacts of future tourism development on land use/cover changes[J]. Applied Geography, 2016, 77: 82-91.

[274] FEI R, LIN Z, CHUNGA J. How land transfer affects agricultural land use efficiency: Evidence from China's agricultural sector[J]. Land Use Policy, 2021, 103: 105300.

[275] KIJIMA Y, TABETANDO R. Efficiency and equity of rural land markets and the impact on income: Evidence in Kenya and Uganda from 2003 to 2015[J]. Land Use Policy, 2020, 91: 104416.

[276] 杨涛, 朱博文. 农村土地流转的效益分析与对策思考[J]. 农业现代化研究, 2002(2): 106-109.

[277] CUCARI N, WANKOWICZ E, ESPOSITO DE FALCO S. Rural tourism and Albergo Diffuso: A case study for sustainable land-use planning[J]. Land Use Policy, 2019, 82: 105-119.

[278] 王天琪. 民族地区农地流转主体行为研究[D]. 银川: 宁夏大学, 2019.

[279] 李梦微. 乡村旅游开发对慢城桠溪生态环境影响分析[J]. 浙江农业科学, 2018(8): 1436-1439.

[280] 王顺然, 陈英, 杨润慈, 等. 非市场环境感知对土地流转意愿的影响研究——以张掖市甘州区为例[J]. 干旱区资源与环境, 2018, 32(3): 50-55.

[281] KLINE R B. Principles and practice of structural equation modeling[M]. New York: The Guilford Press, 1998.

[282] SUN G. Methodology of management research[M]. Shanghai: Truth & Wisdom Press, 2014.

[283] HAIR J F, BLACK W C, BABIN B J, et al. Multivariate data analysis (Seventh Edition)[M]. New York: Pearson Education Limited, 2014.

附 录

附录1 访谈提纲

1. 您在最近几年主要从事什么工作？现在家里有多少地？家里的土地现在有在耕种吗（自己种的还是租给别人）？还有做其他用途吗？
2. 您觉得本地的土地流转情况是怎样的？
3. 您觉得本地乡村旅游发展得怎么样？
4. 为振兴家乡您愿意流转出土地用于发展乡村旅游吗？
5. 什么原因促使您愿意或者不愿意流转出土地发展旅游呢？
6. 您支持本地发展乡村旅游吗？
7. 什么原因促使您支持或者不支持本地发展乡村旅游呢？
8. 您感觉流转出土地给生活带来哪些影响呢？
9. 您觉得本地农户流转出土地并发展乡村旅游后，给当地的经济、社会文化和生态带来了哪些变化呢？
10. 您参与过和乡村旅游旅游发展相关的活动吗？如果有，具体参加了什么活动呢？如果没有，您以后是否会参与呢？
11. 您觉得采取哪些行为可以促进乡村旅游发展呢？
12. 您觉得可以采取哪些行为来监管规范乡村旅游经营活动呢？
13. 您觉得乡村旅游发展有哪些需要改进的地方？您有什么建议吗？

附录2 试调研问卷

乡村旅游地农户农用地流转情况调查问卷

尊敬的先生/女士，您好！我们是××大学××专业的学生，正在对武汉市乡村农用地流转并发展旅游带来的影响以及农户的态度和参与行为等情况进行问卷调查，该问卷仅针对在武汉市乡村生活的拥有农用地承包经营权的农户，调查内容仅用作学术研究，答案绝对保密，请放心作答。答案无对错之分，请根据您的真实想法，在您认为最合适/最接近的选项上打"√"，每题均需作答。

谢谢您的支持！祝您身体健康，一切顺利！

第一部分　农用地流转效益调查

A01.您认为旅游企业利用农用地的亩产值跟村民不流转自留用的产值相比（　　）
1.少很多　　　2.少一点　　　3.差不多　　　4.多一点　　　5.多很多

A02.您认为农用地流转发展旅游后,旅游企业耕作/灌溉机械的使用率跟农户比（　　）
1.少很多　　　2.少一点　　　3.差不多　　　4.多一点　　　5.多很多

A03.您认为农用地流转发展旅游后,农田水利设施比以前（　　）
1.少很多　　　2.少一点　　　3.差不多　　　4.多一点　　　5.多很多（改善）

A04.您认为农用地流转发展旅游后,旅游企业种养殖的产品种类比村民以前种植养殖的（　　）
1.少很多　　　2.少一点　　　3.差不多　　　4.多一点　　　5.多很多

A05.您认为农用地流转发展旅游后,村民就业/创业机会比以前（　　）
1.少很多　　　2.少一点　　　3.差不多　　　4.多一点　　　5.多很多

A06.您认为农用地流转发展旅游后,村民的家庭收入比以前（　　）
1.少很多　　　2.少一点　　　3.差不多　　　4.多一点　　　5.多很多

A07.您认为农用地流转发展旅游后,本地的经济总产值(或政府税收)（　　）
1.降低很多　　2.降低一点　　3.差不多　　　4.增加一点　　5.增加很多

A08.您认为农用地流转发展旅游后,附近农用地租金比以前（　　）
1.少很多　　　2.少一点　　　3.差不多　　　4.多一点　　　5.多很多

A09.您认为农用地流转发展旅游后,抛荒农用地比以前（　　）
1.多很多　　　2.多一点　　　3.差不多　　　4.少一点　　　5.少很多

A10.您认为农用地流转发展旅游后,村民的技能培训机会比以前（　　）
1.少很多　　　2.少一点　　　3.差不多　　　4.多一点　　　5.多很多

A11.您认为农用地流转发展旅游后,从事非农劳动的村民比以前（　　）
1.少很多　　　2.少一点　　　3.差不多　　　4.多一点　　　5.多很多

A12.您认为农用地流转发展旅游后,村民的文娱活动比以前（　　）
1.少很多　　　2.少一点　　　3.差不多　　　4.多一点　　　5.多很多

A13.您认为农用地流转发展旅游后,村民的休闲娱乐设施和场所比以前（　　）
1.少很多　　　2.少一点　　　3.差不多　　　4.多一点　　　5.多很多

A14.您认为农用地流转发展旅游后,农耕文化、习俗的传承和保护比以前（　　）
1.不注重　　　2.不怎么注重　3.差不多　　　4.注重一点　　5.特别注重

A15.农用地流转后,农户的用地纠纷比以前（　　）
1.多很多　　　2.多一点　　　3.差不多　　　4.少一点　　　5.少很多

A16.您认为农用地流转发展旅游后,旅游企业亩均施用的化肥量比村民用的（　　）
1.多很多　　　2.多一点　　　3.差不多　　　4.少一点　　　5.少很多

A17.您认为农用地流转发展旅游后,旅游企业亩均使用的农药量比村民用的（　　）
1.多很多　　　2.多一点　　　3.差不多　　　4.少一点　　　5.少很多

A18.您认为农用地流转发展旅游后,旅游企业亩均使用的塑料薄膜比村民用的（　　）

1. 多很多　　　2. 多一点　　　3. 差不多　　　4. 少一点　　　5. 少很多

A19. 您认为农用地流转发展旅游后,农作物废料(农田垃圾)焚烧比村民烧的(　　)

1. 多很多　　　2. 多一点　　　3. 差不多　　　4. 少一点　　　5. 少很多

A20. 您认为农用地流转发展旅游后,农用地的观赏性(景观)比以前(　　)

1. 差很多　　　2. 差一点　　　3. 差不多　　　4. 好一点　　　5. 好很多

A21. 您认为农用地流转发展旅游后,景观苗木花卉比以前(　　)

1. 少很多　　　2. 少一点　　　3. 差不多　　　4. 多一点　　　5. 多很多

A22. 您认为农用地流转发展旅游后,本地野生动植物(　　)

1. 少很多　　　2. 少一点　　　3. 差不多　　　4. 多一点　　　5. 多很多

第二部分　农用地流转与乡村旅游发展意愿调查

B01. 您愿意转出/继续转出承包农用地用于乡村旅游开发(　　)(选3、4、5的做B02题,选1、2的做B03题)

1. 非常不同意　2. 比较不同意　3. 一般　　4. 比较同意　　5. 完全同意

B02. 您家愿意转出农用地的原因(　　)(可多选)

1. 自己劳动力不足(没有外出打工者);2. 劳动力外出打工(主要从事非农工作,没时间种地);3. 种地收入低,不划算;4. 在集体的干预下不得不流转;5. 看别人都流转了,跟风流转;6. 以后去城里定居发展;7. 其他_____

B03. 您不愿意/没有转出农用地的原因是(　　)(可多选)

1. 没有人愿意转入农用地;2. 不知道有谁愿意转入农用地;3. 转出价格太低;4. 担心转出后难以收回;5. 担心转出后,农用地会受到破坏;6. 担心转出后收益得不到保障;7. 谈判太麻烦,不能有效处理农用地流转的合同纠纷;8. 没有稳定的工作和收入来源;9. 农用地流转过程中可能产生的各项成本高;10. 土地是农民的根;11. 其他_____

B04. 您鼓励亲戚朋友流转农用地用于发展本地乡村旅游(　　)

1. 非常不同意　2. 比较不同意　3. 一般　　4. 比较同意　　5. 完全同意

B05. 如果愿意流转农用地,您希望采取什么方式?(　　)(可多选)

1. 出租收租金　2. 入股按盈亏效益得分红　　3. 转让,被转让地此后与您无关

4. 互换　　5. 其他_____

B06. 您支持本地发展乡村旅游(　　)(选3、4、5的做B09题,选1、2的做B10题)

1. 非常不同意　2. 比较不同意　3. 一般　　4. 比较同意　　5. 完全同意

B07. 您支持本地发展乡村旅游的原因(　　)(可多选)

1. 增加了经济收入;2. 增加了就业创业机会;3. 传承了本地的传统文化;4. 改善了本地的生活环境;5. 促进了本地民主管理;6. 政府、村委会支持;7. 其他_____

B08. 您不支持本地发展乡村旅游的原因(　　)(可多选)

1. 没有提高本地村民收入;2. 没有带动本地经济发展;3. 旅游效益分配不公平 4. 会破坏本地的自然环境;5. 游客打扰了本地农户生活;6. 破坏了本地的传统文化;7. 增加邻居间矛盾;8. 旅游发展管理不民主;9. 其他_____

B09.您支持本地应吸引更多的游客(　　　)

1.非常不同意　2.比较不同意　3.一般　　4.比较同意　5.完全同意

B10.您认为本地政府/村委会应该出人力、物力和资金协助推广当地乡村旅游(　　　)

1.非常不同意　2.比较不同意　3.一般　　4.比较同意　5.完全同意

第三部分　农户参与乡村旅游的行为调查

编号	题项	不会做	可能会做	想做但还没有做	做过	经常做
C01	您会主动了解并与村民谈论乡村旅游企业的建设和经营情况					
C02	您会主动了解、学习与土地流转和经营管理相关知识和技术					
C03	您会主动了解、学习与乡村旅游经营管理相关知识和技术					
C04	您会学习/参加乡村旅游发展相关的技能培训					
C05	您会尝试在乡村旅游企业寻找工作/创业机会					
C06	您会推荐/介绍/邀请亲戚朋友到乡村旅游点来游玩					
C07	您会向游客推荐/介绍附近的乡村旅游产品和本地文化					
C08	您会向旅游企业和有关部门提供乡村旅游发展建议					
C09	您会参加旅游企业举办的传统节日/风俗习惯等活动					
C10	您会向有关部门/村委会反映违规、不正当的乡村旅游经营活动和环境破坏行为					
C11	您会劝阻旅游企业污染、破坏农用地及本地生态环境的行为					
C12	您会自觉不乱扔垃圾、不毁坏苗木、保护本地生态环境					
C13	您会说服亲朋好友不乱扔垃圾、不毁坏苗木、保护本地生态环境					
C14	您会劝阻游客乱扔垃圾、毁坏苗木等破坏生态环境的行为					

第四部分　基本信息

D01.您的性别_____

D02.您的年纪_____

D03.您受教育的程度(含在读阶段)是(　　　)

1.未上过学　　　　　　2.小学　　　　　　　　3.初中

4.高中(含中专或中职)　5.大学(含大专)以上

D04.您目前主要的职业活动是(　　　)

1.在家从事农业生产；2.本地打工；3.本地做生意；4.外地打工；5.公务员或事业单位员工；6.没有工作；7.其他_____

D05.您或者您家的亲戚朋友有在政府部门工作,或者是村干部吗？(　　　)

1.有　　　　　　　　　　2.无

D06.您家的收入来源为(　　　)

1.没有收入　　　　　　　2.只有农业收入　　　　　　3.兼业,农业收入为主

4.兼业,非农业收入为主　　5.只有非农业收入

D07.您家的家庭年总收入为(　　　)

1.<30 000元　　　　　　　2.30 000～59 999元　　　　3.60 000～89 999元

4.90 000～119 999元　　　 5.≥120 000元

D08.您或者您家的亲戚朋友有在附近的乡村旅游企业工作或做乡村旅游相关生意吗？(　　　)

1.有　　　　　　　　　　2.无

D09.采用通常的交通工具从家到最近乡村旅游点要(　　　)？

1.≤10分钟　　2.11～20分钟　3.21～30分钟　4.31～40分钟　5.>40分钟

D10.您家农用地的用途(　　　)

1.自种自家食用　　　　　2.自种部分售卖　　　　　　3.自种全部售卖

4.土地抛荒没种了　　　　5.土地全部转出了

D11.您对国家出台的有关农村农用地流转政策的了解程度(　　　)

1.完全不了解　　　　　　2.不太了解　　　　　　　　3.一般了解

4.比较了解　　　　　　　5.完全了解

D12.您家是否有承包农用地流转用于乡村旅游开发？(　　　)

1.有,转出_____亩,_____元/亩　　　　　　　　　　2.无

附录3　正式调研问卷

乡村旅游地农户农用地流转情况调查问卷

尊敬的先生/女士,您好！我们是××大学××专业的学生,正在对武汉市乡村农用地流转并发展旅游带来的影响以及农户的态度和参与行为等情况进行问卷调查,该问卷仅针对在武汉市乡村地区生活的拥有农用地承包经营权（农村户籍）的农户,调查内容仅用作学术研究,答案绝对保密,请放心作答。答案无对错之分,请根据您的真实想法,在您认为最合适/最接近的选项上打"√",每题均需作答。

谢谢您的支持！祝您身体健康,一切顺利！

第一部分　农用地流转与乡村旅游发展意愿调查

A01.您愿意转出/继续转出农用地用于乡村旅游开发(　　　)

(选 3、4、5 的做 A02 题,选 1、2 的做 A03 题)
1. 非常不同意　　　　2. 比较不同意　　　　　　3. 一般
4. 比较同意　　　　　5. 完全同意

A02. 您愿意流转出农用地的原因(　　　)(可多选)
1. 自己劳动力不足(没有外出打工者);2. 劳动力外出打工(主要从事非农工作,没时间种地);3. 种地收入低,不划算;4. 在集体的干预下不得不流转;5. 看别人都流转了,跟风流转;6. 以后去城里定居发展;7. 其他＿＿＿＿

A03. 您不愿意/没有流转出农用地的原因(　　　)(可多选)
1. 没有人愿意转入农用地;2. 不知道有谁愿意转入农用地;3. 转出价格太低;4. 担心转出后难以收回;5. 担心转出后,农用地会受到破坏;6. 担心转出后收益得不到保障;7. 谈判太麻烦,不能有效处理农用地流转的合同纠纷;8. 没有稳定的工作和收入来源;9. 农用地流转过程中可能产生的各项成本高;10. 土地是农民的根;11. 其他＿＿＿＿

A04. 您鼓励亲戚朋友流转出农用地用于发展本地乡村旅游(　　　)
1. 非常不同意　　　　2. 比较不同意　　　　　　3. 一般
4. 比较同意　　　　　5. 完全同意

A05. 如果愿意流转出农用地,您希望采取什么方式?(　　　)(可多选)
1. 出租收租金;2. 入股按盈亏效益得分红;3. 转让,被转让地此后与您无关;4. 互换;5. 其他＿＿＿＿

A06. 您支持本地发展乡村旅游(　　　)
(选 3、4、5 的做 A07 题,选 1、2 的做 A08 题)
1. 非常不同意　2. 比较不同意　3. 一般　　4. 比较同意　　5. 完全同意

A07. 您支持本地发展乡村旅游的原因(　　　)(可多选)
1. 增加了经济收入;2. 增加了就业创业机会;3. 传承了本地的传统文化;4. 改善了本地的生活环境;5. 促进了本地民主管理;6. 政府、村委会支持;7. 其他＿＿＿＿

A08. 您不支持本地发展乡村旅游的原因(　　　)(可多选)
1. 没有提高本地农户收入;2. 没有带动本地经济发展;3. 旅游效益分配不公平 4. 会破坏本地的自然环境;5. 游客打扰了本地农户生活;6. 破坏了本地的传统文化;7. 增加邻居间矛盾;8. 旅游发展管理不民主;9. 其他＿＿＿＿

A09. 您支持本地应吸引更多的游客(　　　)
1. 非常不同意　　　　2. 比较不同意　　　　　　3. 一般
4. 比较同意　　　　　5. 完全同意

A10. 您认为本地政府/村委会应该出人力、物力和资金协助发展乡村旅游(　　　)
1. 非常不同意　　　　2. 比较不同意　　　　　　3. 一般
4. 比较同意　　　　　5. 完全同意

第二部分　农用地流转效益调查

B01. 您认为旅游企业利用农用地的亩产值跟农户不流转自留用的产值相比(　　　)
1. 少很多　　2. 少一点　　3. 差不多　　4. 多一点　　5. 多很多

B02. 您认为流转出农用地发展旅游后,旅游企业耕作/灌溉机械的使用率跟农户比(　　)

1. 少很多　　　2. 少一点　　　3. 差不多　　　4. 多一点　　　5. 多很多

B03. 您认为流转出农用地发展旅游后,本地农田水利设施比以前(　　)

1. 少很多　　　2. 少一点　　　3. 差不多　　　4. 多一点　　　5. 多很多

B05. 您认为流转出农用地发展旅游后,农户就业/创业机会比以前(　　)

1. 少很多　　　2. 少一点　　　3. 差不多　　　4. 多一点　　　5. 多很多

B06. 您认为流转出农用地发展旅游后,农户的家庭收入比以前(　　)

1. 少很多　　　2. 少一点　　　3. 差不多　　　4. 多一点　　　5. 多很多

B07. 您认为流转出农用地发展旅游后,本地的经济总产值(或政府税收)(　　)

1. 降低很多　　2. 降低一点　　3. 差不多　　　4. 增加一点　　5. 增加很多

B08. 您认为流转出农用地发展旅游后,附近农用地租金比以前(　　)

1. 少很多　　　2. 少一点　　　3. 差不多　　　4. 多一点　　　5. 多很多

B09. 您认为流转出农用地发展旅游后,本地抛荒农用地行为比以前(　　)

1. 多很多　　　2. 多一点　　　3. 差不多　　　4. 少一点　　　5. 少很多

B10. 您认为流转出农用地发展旅游后,农户的技能培训机会比以前(　　)

1. 少很多　　　2. 少一点　　　3. 差不多　　　4. 多一点　　　5. 多很多

B12. 您认为流转出农用地发展旅游后,农户的文娱活动比以前(　　)

1. 少很多　　　2. 少一点　　　3. 差不多　　　4. 多一点　　　5. 多很多

B13. 您认为流转出农用地发展旅游后,农户的休闲娱乐设施和场所比以前(　　)

1. 少很多　　　2. 少一点　　　3. 差不多　　　4. 多一点　　　5. 多很多

B14. 您认为流转出农用地发展旅游后,农耕文化和习俗的传承和保护比以前(　　)

1. 不注重　　　2. 不怎么注重　3. 差不多　　　4. 注重一点　　5. 特别注重

B15. 您认为流转出农用地发展旅游后,农户的用地纠纷比以前(　　)

1. 多很多　　　2. 多一点　　　3. 差不多　　　4. 少一点　　　5. 少很多

B16. 您认为流转出农用地发展旅游后,旅游企业亩均施用的化肥量比农户用的(　　)

1. 多很多　　　2. 多一点　　　3. 差不多　　　4. 少一点　　　5. 少很多

B17. 您认为流转出农用地发展旅游后,旅游企业亩均使用的农药量比农户用的(　　)

1. 多很多　　　2. 多一点　　　3. 差不多　　　4. 少一点　　　5. 少很多

B19. 您认为流转出农用地发展旅游后,农作物废料(农田垃圾)焚烧比农户烧的(　　)

1. 多很多　　　2. 多一点　　　3. 差不多　　　4. 少一点　　　5. 少很多

B20. 您认为流转出农用地发展旅游后,土地的观赏性(景观)比以前(　　)

1. 差很多　　　2. 差一点　　　3. 差不多　　　4. 好一点　　　5. 好很多

B21. 您认为流转出农用地发展旅游后,本地景观苗木花卉比以前(　　)

1. 少很多　　　2. 少一点　　　3. 差不多　　　4. 多一点　　　5. 多很多

第三部分 农户流转农用地与参与乡村旅游的行为调查

编号	题项	不会做	可能会做	想做但还没有做	做过	经常做
C01	您会主动了解并和农户谈论乡村旅游企业的建设和经营情况					
C02	您会主动了解、学习与土地流转和经营管理相关知识和技术					
C03	您会主动了解、学习与乡村旅游经营管理相关知识和技术					
C04	您会学习、参加乡村旅游发展相关的技能培训					
C05	您会尝试在乡村旅游企业寻找工作/创业机会					
C06	您会推荐、邀请亲戚朋友到乡村旅游点来游玩					
C07	您会向游客推荐、介绍附近的乡村旅游产品和介绍本地文化					
C08	您会向旅游企业和有关部门提供乡村旅游发展建议					
C09	您会参加旅游企业举办的传统节日、风俗习惯等活动					
C10	您会向有关部门反映违规、不正当的乡村旅游经营活动和破坏环境行为					
C11	您会劝阻旅游企业污染、破坏土地及本地生态环境的行为					

第四部分 基本信息

D01.您的性别_____

D02.您的年纪_____

1.18～35　　　　　　　　2.36～60　　　　　　　　3.＞60

D03.您受教育的程度(含在读阶段)是(　　)

1.未上过学　　　　　　　2.小学　　　　　　　　　3.初中

4.高中(含中专或中职)　　5.大学(含大专)以上

D04.您目前主要的职业活动是(　　)

1.在家从事农业生产;2.本地打工;3.本地做生意;4.外地打工 5.公务员或事业单位员工;6.没有工作;7.其他_____

D05.您或者您家的亲戚朋友有在政府部门工作或者是村干部吗?(　　)

1.有;　　　　　　　　　2.无

D06.您家的收入来源为(　　)

1.没有收入　　　　　　　2.只有农业收入　　　　　3.兼业,农业收入为主

4.兼业,非农业收入为主　　5.只有非农业收入

D07.您家的家庭年总收入为（   ）
1.＜30 000 元　　　　　2.30 000～59 999 元　　　　3.60 000～89 999 元
4.90 000～119 999 元　　5.≥120 000 元

D08.您或者您家的亲戚朋友有在附近的乡村旅游企业工作或做乡村旅游相关生意吗？（   ）
1.有　　　　　　　　　2.无

D9.采用通常的交通工具从家到最近乡村旅游点要（   ）？
1.≤10 分钟　　2.11～20 分钟　3.21～30 分钟　4.31～40 分钟　5.＞40 分钟

D10.您家种植的农产品的用途（   ）
1.自家食用，　　　　　2.部分售卖，　　　　　　　3.全部售卖
4.农用地抛荒没种了　　5 农用地全部转出了

D11.您对国家出台的有关农村土地流转政策的了解程度（   ）
1.完全不了解　　　　　2.不太了解　　　　　　　　3.一般了解
4.比较了解　　　　　　5.完全了解

D12.您家是否有承包农用地流转用于乡村旅游开发？（   ）
1.有，转出_____亩，_____元/亩　　　　　　　　2.无